知识产权法官论坛

电子游戏司法保护研究

◎孙磊 著

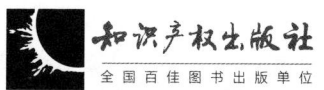
全国百佳图书出版单位

图书在版编目（CIP）数据

电子游戏司法保护研究/孙磊著. —北京：知识产权出版社，2018.1
（知识产权法官论坛）
ISBN 978-7-5130-5382-2

Ⅰ.①电… Ⅱ.①孙… Ⅲ.①电子游戏—知识产权保护—研究—中国 Ⅳ.①D923.404

中国版本图书馆 CIP 数据核字（2017）第 325456 号

内容提要

中国网络游戏产业的蓬勃发展，离不开法律法规的保驾护航，本书从知识产权民事、刑事及行政法规等热点问题进行理论探讨，对比中外游戏法理论及司法实践经验，并搭建中国特色的游戏法理论体系，为对游戏产业法律进一步进行研究与保护提供思路与方法。

责任编辑：崔 玲	责任校对：王 岩
装帧设计：sun工作室 韩建文	责任出版：刘译文

电子游戏司法保护研究

孙 磊 著

出版发行：知识产权出版社有限责任公司	网 址：http://www.ipph.cn
社 址：北京市海淀区气象路50号院	邮 编：100081
责编电话：010-82000860 转 8121	责编邮箱：cuiling@cnipr.com
发行电话：010-82000860 转 8101/8102	发行传真：010-82000893/82005070/82000270
印 刷：北京科信印刷有限公司	经 销：各大网上书店、新华书店及相关专业书店
开 本：880mm×1230mm 1/32	印 张：11.5
版 次：2018年1月第1版	印 次：2018年1月第1次印刷
字 数：280千字	定 价：48.00元

ISBN 978-7-5130-5382-2

出版权专有 侵权必究
如有印装质量问题，本社负责调换。

序

对于大多数学者与司法工作者而言，网络游戏产业是一个陌生的领域，这大约与这一群体很少玩网络游戏有关。应该说，要对由一门产业引发的法律问题进行深入研究，前提是了解产业本身。笔者曾经受托对网络游戏虚拟物品监管现状及对策进行研究，由于笔者不玩游戏良久，只能召集一群研究生打了几个月的网络游戏，这才基本在"实践"中搞清了网络游戏中各类虚拟物品的产生与交易的模式。以此为基础，才能发现问题并提出监管对策。如果只躲在象牙塔内凭空琢磨，而不去接触产业，相关的研究成果难逃隔靴搔痒的命运。

与此相对，一个产业想要持续性地健康发展，也需要扎实的学术研究为其保驾护航。电影产业就是典型的实例，自1888年第一部电影诞生，百余年来学术界与司法界一直在密切关注并热烈讨论对电影的法律保护，促使各国著作权法将电影规定为独立的作品类型，并逐步提高了保护水平，完善了保护机制，成就了电影产业的大繁荣。如今，网络游戏作为新兴的娱乐产业之一，从产值和规模上逐渐有超越电影产业之势。但与此同时，对网络游戏相关的学术研究并没有完全跟上。

本书作者孙磊作为一名法律工作者，将自己的热情与时间都奉献给了网络游戏的理论研究工作，于 2017 年合著出版了《网络游戏知识产权司法保护》一书，从司法实践角度对网络游戏侵权问题进行了分解、梳理，而本书更多地从基础理论层面分析了网络游戏法律问题。许多观点具有新颖性，令人耳目一新，也为进一步的讨论提供了基础。希望本书可以帮助学者与司法工作者们了解游戏产业，提高对网络游戏相关问题的研究水平，共同促进网络游戏产业的有序、和谐发展。

王　迁

华东政法大学

目 录

第一章　"游戏软件名称"及"游戏元素名称" …………… 1

 第一节　游戏软件名称的知识产权保护／1

 第二节　游戏元素名称的知识产权保护／39

第二章　动漫、游戏角色的保护 ……………………………… 59

 第一节　游戏角色的配音／59

 第二节　动漫、游戏角色中"公开权"的界限／64

 第三节　游戏角色中的保护期限／73

第三章　游戏相关合同纠纷 …………………………………… 77

 第一节　改编合同／77

 第二节　其他合同纠纷／91

第四章　电子游戏设计及规则的保护 ………………………… 109

 第一节　电子游戏设计的法律内涵／110

 第二节　电子游戏设计的保护路径／118

第三节 电子游戏认定为类电作品对于保护游戏设计的
意义 / 131

第五章 电子游戏技术措施的破解 ········· 133

第一节 技术保护措施的定义及分类 / 133
第二节 其他国家的立法及判例 / 138
第三节 我国关于技术保护措施的规定与案例 / 155

第六章 电子游戏插件 ················· 164

第一节 游戏内嵌字体 / 164
第二节 游戏外挂 / 170
第三节 游戏操作界面净化插件 / 173
第四节 游戏汉化补丁 / 177

第七章 电子游戏竞技网络直播 ··········· 181

第一节 各方关系 / 181
第二节 相关法律问题 / 186

第八章 电子游戏的专利权保护 ··········· 199

第一节 电子游戏专利保护概况 / 199
第二节 我国目前网络游戏专利申请情况 / 214
第三节 国内网络游戏专利诉讼情况分析 / 218

第九章 电子游戏刑事保护 ·············· 224

第一节 侵犯著作权罪的刑事立法进程 / 224

第二节　外挂入刑问题 / 231

　　第三节　DNS 劫持 / 237

　　第四节　电子游戏虚拟物 / 240

　　第五节　贴牌加工 / 249

第十章　其他国家关于电子游戏的法律规定 …………… 253

　　第一节　电子游戏的宏观历史 / 253

　　第二节　各国电子游戏保护情况 / 259

　　第三节　各国对电子游戏的行政监管 / 281

　　第四节　各国关于侵犯著作权罪的规定 / 291

附录：部分涉游戏法规、规章

　　（2009 年至 2016 年 12 月） …………………… 299

　　网络出版服务管理规定 / 299

　　关于移动游戏出版服务管理的通知 / 313

　　关于贯彻落实国务院《"三定"规定》和中央编办有关解
　　　　释，进一步加强网络游戏前置审批和进口网络游戏审
　　　　批管理的通知 / 317

　　网络游戏管理暂行办法 / 321

　　文化部关于改进和加强网络游戏内容管理工作的通知 / 330

　　关于加强对进口网络游戏审批管理的通知 / 334

　　关于加强网络游戏虚拟货币管理工作的通知 / 336

　　文化部办公厅关于规范进口网络游戏产品内容审查申报工
　　　　作的公告 / 341

文化部办公厅关于立即查处"黑帮"主题非法网络游戏的
　　通知／343
关于开展对"私服"、"外挂"专项治理的通知／344
中央机构编制委员会办公室关于印发《中央编办对文化部、
　　广电总局、新闻出版总署〈"三定"规定〉中有关动
　　漫、网络游戏和文化市场综合执法的部分条文的解释》
　　的通知／348
文化部关于规范网络游戏运营加强事中事后监管工作的通
　　知／352

第一章 "游戏软件名称"及"游戏元素名称"

第一节 游戏软件名称的知识产权保护

一、游戏软件名称的著作权保护

游戏软件名称可以参考关于"图书标题可版权性"的分析路径。对于标题的可版权性,中外的观点并不一致。我国理论界和实务界普遍认为标题不受著作权保护,主要理由是:第一,标题属于思想的范畴,表达量小,独创性空间小;第二,"一举两得"即作品和作品标题同时受著作权法保护的做法不符合法律逻辑。

在"五朵金花"案中,原告(上诉人)赵季康、王公浦于1958年创作了电影文学剧本《五朵金花》,作品署名为季康、公浦,同名电影《五朵金花》于1959年公映。被告(被上诉人)云南省曲靖卷烟厂于1983年将"五朵金花"文字注册为商标,"五朵金花"牌香烟销售至今。赵季康、王公浦以云南省曲靖卷烟厂侵犯其著作权、构成不正当竞争为由,诉至一审云南省昆明市中级人民法院。一审法院判决驳回了原告的诉讼请求,赵季康、王公浦提起上诉。二审法院在判决中指出:"如果把

'是否具有独创性'作为判断作品名称是否享有著作权的唯一标准,势必造成作品名称有独立于作品的著作权的效果。即如果该作品名称具有独创性即可享有著作权,则会形成作品名称有一个独立的著作权、正文又有一个著作权,那么基于同一部作品,相同的作者可以享有两个或两个以上的著作权,这既不符合法律逻辑,也不符合法律规定"。❶ 实际上,云南省高级人民法院是针对电影这种作品类型来说的,因为电影的标题虽不受著作权保护,但其有反不正当竞争法或者商标法为救济途径。在生活中,即便是电影,一样存在标题比电影作品本身更有知名度的情况。比如涉案电影《五朵金花》,受众从电影标题就可联想到模糊的剧情,这就是标题和电影本身的"连接性"。像美国电影《我还是知道去年夏天你干了什么》,❷ 大部分人没有看过,但是都知道这个名字,因为该标题有很强的独创性,这就是属于标题比电影内容本身有价值。如果作品类型不限于电影作品,该案的裁判思路是否可以类推适用到其他类型作品还有待商榷。一些诗歌的标题与诗歌内容几乎一样长,诗歌内容虽然短,但有很强的独创性,标题也很有独创性。如中国诗人白居易的诗歌《自河南经乱,关内阻饥,兄弟离散,各在一处。因望月有感,聊书所怀,寄上浮梁大兄,于潜七兄,乌江十五兄,兼示符离及下邽弟妹》,诗文共计五十六个字,而标题为五十个字,与诗文长度几乎相同。这种情况,是否应该给予标题著作权保护值得进一步讨论。我国澳门特区、法国、加拿大承认标题可以受到版权保护。我国澳门特区主要审查标题的独创性,加拿大主要审查标题的原创性和可区别性,如标题"This

---

❶ 云南省高级人民法院(2003)民三终字第16号民事判决书。

❷ *I Still Know What You did last summer*,Jim Gillespie 导演,1997年10月17日于美国公映。

第一章 "游戏软件名称"及"游戏元素名称"

hour has sixty minutes"没有原创性,"This hour has seven days"则有原创性,而"生命中不能承受之轻"有很强的独创性。至于可区别性,实际上借鉴了商标法中的混淆理论。❶ 应该看到,我国澳门特区、法国和加拿大对受版权法保护的作品的独创性要求比较低,所以标题能够受到版权法保护。加拿大对此的态度一直很坚定,其最早于1931年《版权法》就规定了标题的可版权性,直到2005年针对《版权现代化法案》改革的"C-60"法案中,出于社会公共利益,在扩大了《版权法》中使用者权利的同时相应减少了对版权人的保护强度,但对于标题的法律条文始终没有删减。实际上,即便给标题提供著作权保护,侵权者也很容易以"戏仿、致敬"等合理使用的形式抗辩。比如美国作家雷蒙德·卡佛经典的短篇小说《当我们谈论爱情,我们在谈论什么》,这本书的标题如此有独创性,以至于一直到现在很多文章、娱乐节目都还在使用"当我们在谈论某某,我们在谈论什么"这种表达句式。

  游戏软件名称是否受到著作权法保护,需要考虑以下因素:首先,游戏软件名称的独创性的发挥空间和文学性要比文章标题狭窄很多。一般情况下电子游戏名称多为两个字如"奇迹MU"、三个字如"轩辕剑"、四个字如"魔兽争霸""梦幻西游",或五个字如"仙剑奇侠传",基本不存在类似"当我们谈论爱情,我们在谈论什么""我还是知道你去年夏天干了什么"这种冗长名字。当然,并不是绝对没有长名字,比如"是男人就过100关"这种网页Flash小游戏,再比如游戏"植物大战僵尸",其标题名称也就维持在六到七个字的长度,因为过长将不方便玩家记忆。其次,游戏名称要体现游戏本身的内容,而游

---

❶ 卢海君.版权客体论[M].2版.北京:知识产权出版社,2014:352.

戏的内容一般涉及题材有限。这点，从几年前著名的日本游戏公司抢注中国"四大名著"商标事件就可以看出。由于取得其他知名作品改编权的成本日益攀高，很多游戏公司时至今日也喜欢用已进入公共领域的小说加以改编，那么名字无非就限定在"某某西游""某某三国""某某孔明""某某水浒"等，难有独创性发挥的余地，这种情况在移动端游戏中更为明显。但是，这只是说游戏名称目前不能受到著作权保护，因为目前现有的游戏名称很难达到独创性测试的标准。但这条路是否走不通，有待讨论。毕竟，我们无法预测某天是否会出现一款名称足够长，而且有足够的显著性和独创性的游戏。

二、游戏软件名称的商标保护

（一）游戏软件名称的商标行政保护

1. 游戏软件名称是否天然缺乏显著性

对于标题的商标法地位，经典案例是美国的 Cooper 案。美国专利商标局认为，文学作品的标题仅仅是要求"获得"（call for）商品时必须使用的描述性术语；单个作品的标题是识别特定作品用的，而不是识别商品来源用的；版权是有限的，商标在理论上可以通过续展而无限，一个版权的有限保护都不能给的东西，更不能给它无限的保护；描述性的标志不能作为注册商标。❶ 然而，美国版权法区分单个作品的标题和丛书的标题。对于丛书的标题，由于其摆脱了描述内容的问题，逐渐建立起作品与出版商、作者的对应联系，故可以注册为商标。应该说，游戏名称更接近于丛书的标题，因为一款游戏升级和换代的频

---

❶ 卢海君. 版权客体论 [M]. 2版. 北京：知识产权出版社，2014：353.

第一章 "游戏软件名称"及"游戏元素名称"

率很快,游戏玩家会更关注游戏开发者和游戏运营者。在涉及游戏名称的商标驳回复审行政案件中,真正以"缺乏显著性"为由被驳回的案件虽不多,但依然存在。

在"倩女幽魂 ONLINE"案中,原告(上诉人)网易(杭州)网络有限公司因商标驳回复审行政纠纷,不服被告(被上诉人)国家工商行政管理总局商标评审委员会作出的商评字〔2015〕第 56600 号关于第 12962288 号"倩女幽魂 ONLINE 及图"商标驳回复审决定,向北京知识产权法院提起行政诉讼。该被诉决定认定:诉争商标"倩女幽魂 ONLINE"为网络游戏名称,指定使用在计算机网络上提供在线游戏等服务上,消费者不易将其作为表明服务来源的标志进行识别,缺乏商标应有的显著性,诉争商标的注册已构成《商标法》第十一条第一款第(三)项❶所指之情形。一审法院驳回了原告的诉讼请求,原因在于游戏名称直接取自古典小说《聊斋志异》,描述了游戏内容。原告提出上诉,二审法院维持了一审判决。❷ 在"MODERN WARFARE 现代战争"案中,原告阿克蒂弗辛出版公司因商标驳回复审行政纠纷,不服被告国家工商行政管理总局商标评审委员会于 2013 年 2 月 25 日作出的商评字〔2013〕第 04927 号关于第 8180204 号"MODERN WARFARE"商标驳回复审决定,向北京市第一中级人民法院提起行政诉讼。被诉决定认定:申请商标"MODERN WARFARE"为网络游戏名称,指定使用

---

❶ 《商标法》第十一条第一款规定:"下列标志不得作为商标注册:(一)仅有本商品的通用名称、图形、型号的;(二)仅直接表示商品的质量、主要原料、功能、用途、重量、数量及其他特点的;(三)其他缺乏显著特征的。"

❷ 北京知识产权法院(2015)京知行初字第 5404 号行政判决书,北京市高级人民法院(2016)京行终字第 2151 号行政判决书。后于(2016)最高法行申 4722 案、4724 案中被驳回再审申请。

（在计算机网络上）提供在线游戏、娱乐等服务上，消费者不易将其作为表明服务来源的标志进行识别，缺乏商标应有的显著性，属于《商标法》第十一条第一款第（三）项所指不得作为商标注册之标志。一审判决维持了被诉决定，因为现代和战争皆为无独创性用语，而原告只提供百度和谷歌的搜索结果证据，不能证明消费者将游戏名称与游戏开发者形成对应关系。❶ 原告未提出上诉，该案一审判决已生效。

在"奥拉星"案中，该案第三人（原审第三人）蓝新公司向被告（被上诉人）国家工商行政管理总局商标局申请注册第8506916号"奥拉星及图"商标并在第41类提供在线电子出版物（非下载的）、（在计算机网络上）提供在线游戏等商品、服务上获得注册，百田公司向商标评审委员会提出争议申请被驳回。原告（上诉人）广州百田信息科技有限公司不服被告国家工商行政管理总局商标评审委员会作出的商评字〔2014〕第053576号关于第8506916号"奥拉星及图"商标争议裁定，向一审法院提起行政诉讼。原告起诉理由为争议商标违反了《商标法》第三十一条及第四十一条第一款之规定。❷ 一审法院维持了被诉裁定。二审法院认为："'奥拉星'是电子游戏名称，属于作品名称，不具有商标区分商品或者服务来源的功能。根据百田公司提交的证据，'奥拉星'是其开发的网络游戏名称，同时也是计算机软件作品的名称，通过该公司的广告宣传、游戏

---

❶ 北京市第一中级人民法院（2013）一中知行初字第1222号行政判决书。
❷《商标法》第三十二条规定："申请商标注册不得损害他人现有的在先权利，也不得以不正当手段抢先注册他人已经使用并有一定影响的商标。"《商标法》第四十四条第一款规定："已经注册的商标，违反本法第十条、第十一条、第十二条规定的，或者是以欺骗手段或者其他不正当手段取得注册的，由商标局宣告该注册商标无效；其他单位或者个人可以请求商标评审委员会宣告该注册商标无效。"

内测、签订游戏卡销售合同等使用方式，使该名称可以与作品提供者产生产源上的联系，使之具有了商标的识别功能。百田公司在行政程序以及诉讼程序中提交的证据可以证明，自2009年8月至争议商标申请日，其通过网络推广、游戏内测、签订游戏卡销售合同等方式，已使'奥拉星'在相关公众中具有了一定影响。由于'奥拉星'游戏的受众多为学龄儿童，因此，已能够涵盖争议商标核定使用的各项服务所涉及的相关公众。蓝新公司作为同行业经营者，理应知晓'奥拉星'为百田公司开发的'奥拉星'电子游戏，其提交的使用证据不足以证明争议商标已能够与百田公司的'奥拉星'区分开来，故其申请注册争议商标属于抢注有一定影响未注册商标的行为，违反了《商标法》第三十一条的规定，应予撤销。"❶ 二审法院撤销了一审判决及被诉裁定。原告通过举证证明，虽然电子游戏名称属于作品名称不具有商标区分商品或者服务来源的功能，但通过使用获得了识别性。

2. 游戏软件名称申请注册商标涉及的商品、服务类别

实践中，游戏公司在商品、服务注册类别的选择上会呈现两个极端：第一种是多类别注册，一般都是大游戏公司针对某款热门游戏的策略。忽略每年的年费，这种注册优劣都比较明显。优处为：因为取得的是注册商标，日后在开展针对商标侵权的维权活动中，无论是进行行政举报还是提起商标侵权诉讼，商标获得注册是前提条件，尤其是针对知名游戏商标在其他商品、服务类别的周边商品上被冒用的侵权行为，多类别注册往往可以提供较为全面的保护。在举证时，只要证明商标的近似

---

❶ 北京市第一中级人民法院（2014）一中知行初字第6319号行政判决书，北京市高级人民法院（2015）高行（知）终字第301号行政判决书。

即可。劣处为：目前我国知名商标被抢注的情况比较严重，实现"全类别注册"的商标布局很困难，当然，一些商标管理较成熟的国内大游戏公司，多类别注册可能会实现（如网易公司拥有的"梦幻西游"商标），而对于一些国外游戏公司和一些国内新成立的游戏公司，准备在中国境内注册游戏名称的商标时才发现自身的主力游戏名称在诸多类别上已被他人在先注册，此时，往往只能通过商标交易或者发起商标行政程序来解决。第二种是有针对性选择类别：游戏软件名称可以选择的常用商品、服务类别基本与其他计算机软件一样，包括针对"单机游戏"的第9类，针对"游戏机"的第28类，针对"通讯、电视节目服务"的第38类，针对"网络在线游戏"的第41类，针对"软件服务"的第42类。

在商标行政授权案件中，商标授权机关根据《类似商品与服务区分表》将第9类单机游戏、第41类网络在线游戏的商品类别明确划分为两个类别。但是在商标民事侵权诉讼中，有的法院根据《最高人民法院关于审理商标民事纠纷案件适用法律若干问题的解释》第十一条第三款的规定认定第9类和第41类属于类似商品或者服务。❶ 在"古剑奇谭"案中，原告（上诉人）北京网元圣唐娱乐科技有限公司拥有"古剑"及"古剑奇谭"商标在全球范围内的普通使用许可权利及相关权利，"古剑奇谭"作为一款知名单机游戏，最早于2009年7月发行运营。原告发现被告（被上诉人）广州菲音信息科技有限公司、深圳市迅雷网络技术有限公司发行运营游戏"古剑奇侠"，原告认为，该款游戏与原告的"古剑"商标之文字相同，与"古剑奇

---

❶ 该款规定："商品与服务类似，是指商品和服务之间存在特定联系，容易使相关公众混淆。"

第一章 "游戏软件名称"及"游戏元素名称"

谭"商标之文字相近似,足以引起公众混淆,侵害了其商标权。虽然一审、二审法院都认定"古剑奇侠"与"古剑奇谭""古剑"商标不相同或不近似,被诉游戏软件名称不构成商标侵权,但针对"是否构成相同或类似商品、服务",一审、二审法院的观点并不相同:一审法院认为单机游戏和在线游戏未构成相同或类似商品、服务;二审法院则认为,第9类单机游戏和第41类网络在线游戏构成类似商品、服务,同时又认为单机游戏和网络游戏玩法有区别,消费者不会混淆误认。❶

3. 游戏软件名称申请注册商标被驳回的理由

(1) 游戏软件名称显示商品、服务的内容。

游戏软件名称由于游戏题材有限,并且出于让玩家方便记忆的原因,在设计游戏软件名字时,难以避免地会直接反映游戏的内容。这种情况尤其在以小说、影视剧、漫画等知名作品改编的游戏软件中较为突出。这种类型的游戏软件名称申请注册商标容易被以违反《商标法》第十一条第一款而被驳回。❷

在"倩女幽魂ONLINE"案中,商标评审委员会在驳回决定中认为:"诉争商标'倩女幽魂ONLINE'为网络游戏名称,指定使用在计算机网络上提供在线游戏等服务上,消费者不易将其作为表明服务来源的标志进行识别,缺乏商标应有的显著性。"故对申请商标予以驳回。一审法院认为:"诉争商标为'倩女幽魂ONLINE及图'组合商标,其中的显著识别部分为中文汉字'倩女幽魂',根据原、被告双方提供的证据,'倩女幽

---

❶ 广州市天河区人民法院(2013)穗天法知民初字第1969号民事判决书,广州知识产权法院(2015)粤知法商民终字第84号民事判决书。

❷《商标法》第十一条第一款规定:"下列标志不得作为商标注册:(一)仅有本商品的通用名称、图形、型号的;(二)仅直接表示商品的质量、主要原料、功能、用途、重量、数量及其他特点的;(三)其他缺乏显著特征的。"

魂'最初为电影、电视剧名称，后网易公司推出了名为'倩女幽魂'的系列网络游戏，并经长期宣传，使该系列游戏取得了一定的知名度。在此基础上，诉争商标使用在'在计算机网络上提供在线游戏'等服务上时，相关公众容易认为'倩女幽魂'为在线游戏或服务的名称或内容，而不是将其作为服务提供者加以识别……商标不具有显著性分为两种情形，一是商标标志本身不具有显著性，不论其用于何种商品或服务上；二是商标与指定使用的商品或服务的联系过于紧密，导致商标针对其指定的商品或服务而言，不具有显著性"。因此法院驳回了在原告在第41类商品、服务上申请注册诉争商标。[1] 后原告提出上诉，二审法院维持了一审判决。在"MODERN WARFARE 现代战争"案中，原告阿克蒂弗辛出版公司不服被告中华人民共和国国家工商行政管理总局商标评审委员会于2013年2月25日作出的商评字〔2013〕第04927号关于第8180204号"MODERN WARFARE"商标驳回复审决定，向北京市第一中级人民法院提起诉讼。该决定认定："申请商标'MODERN WARFARE'为网络游戏名称，指定使用的第41类（在计算机网络上）提供在线游戏、娱乐等服务上，消费者不易将其作为表明服务来源的标志进行识别，缺乏商标应有的显著性"，故对申请商标予以驳回。法院认为，"本案申请商标由英文'MODERN WARFARE'组成，含义为'现代战争'，属于固有词汇。'MODERN WARFARE'是原告推出的一款游戏名称，其使用在'提供在线的计算机游戏及相关的技巧和战略、安排和组织计算机游戏竞赛'等服务项目上，易使相关公众作为游戏名称识别，而不会使消费者对应到

---

[1] 北京知识产权法院（2015）京知行初字第5404号行政判决书，北京市高级人民法院（2016）京行终字第2151号行政判决书。

某个服务者。"故维持了被诉决定。❶ 原告未提出上诉，现已生效。从上述两个案例可以看出：第一，对于由改编自其他知名作品而来的电子游戏，应避免直接把原作品的名字注册在游戏上，否则会因构成《商标法》第十一条第一款第（三）项的情形被驳回。第二，对于原创电子游戏，设计游戏软件名称时应注意名称应有足够的独创性，如果是英文名称，可考虑臆造词汇；如果是汉语名称，避免使用常规词汇或常规词汇的简单叠加。

当然，也有成功取得商标注册的案例。在"DIABLO（暗黑破坏神）"案中，原告暴雪娱乐有限公司不服国家工商行政管理总局商标评审委员会于2009年9月21日作出的商评字〔2009〕第25421号《关于第5201401号"DIABLO"商标驳回复审决定书》，向北京市第一中级人民法院提起诉讼。该决定书认定，"第5201401号'DIABLO'商标为一款游戏的名称，指定使用在第28类游戏机、娱乐游戏用玩具等商品上，相关公众不易将其作为区分商品来源的标志，不具有商标的显著特征"，故对申请商标予以驳回。法院认为，"'DIABLO'英文单词原无明确含义，并不为相关领域消费者所熟知。由于原告公司出品了'DIABLO'系列游戏，该游戏取得了很高的知名度，'DIABLO'及原告公司开始为相关领域消费者所熟知。由于'DIABLO'游戏为原告公司所独立开发，至今尚无其他公司出品同样以'DIABLO'命名的游戏，故相关消费者看到'DIABLO'标志，就会联想到原告公司，'DIABLO'标志与原告公司之间已经建立起唯一对应关系。本案申请商标为'DIABLO'指定使用在游戏机、娱乐游戏用玩具等商品上，能够使相

---

❶ 北京市第一中级人民法院（2013）一中知行初字第1222号行政判决书。

关消费者将商品与原告公司相联系，从而起到区分商品产源的作用，因而具备商标所应具备的显著性"，故而撤销了被诉决定。❶ 原告未提出上诉，一审判决已生效。正是由于暴雪公司申请的"DIABLO"系臆造词汇，通过使用证据，可以证明消费者已把"DIABLO"与暴雪公司形成了对应关系，这种对应关系对应到商品服务的提供者上。实际上，"DIABLO"确实不是英文词汇，英文对应的只有"diablerie"（妖术）、"diabolatry"（魔鬼崇拜）等，但大概的意思都是魔鬼；兰博基尼也曾经出过"DIABLO"系列的跑车，不过已经停产。"DIABLO"词源来自西班牙词汇"魔鬼"。由于我国是汉语国家，判断外文词汇的标准，还是按照权威词典的常规解释，而不会像外语学术研究那样深挖词根、词源。这即是创造性的"尺度"。

如果游戏软件是通过其他知名作品改编而来的，那么通过足够的证据，也是有机会证明名称与商品、服务来源的对应性的，不过这种证明的举证要求比较严格。在"奥拉星"案中，原告（上诉人）广州百田信息科技有限公司不服被告（被上诉人）国家工商行政管理总局商标评审委员会于 2014 年 4 月 14 日作出的商评字〔2014〕第 053576 号关于第 8506916 号"奥拉星及图"商标争议裁定，向一审法院提起诉讼。该裁定中认定："百田公司提交的证据不足以证明其对'奥拉星'商标已在第 41 类（在计算机网络上）提供在线游戏等相同或类似服务上在先使用并具有一定知名度，故第三人北京蓝新网科科技有限公司的第 8506916 号"奥拉星及图"商标未违反《中华人民共和国商标法》第三十一条后半句规定。百田公司提交的证据不足以证明其对'奥拉星'作品享有在先著作权，且争议商标设计

---

❶ 北京市第一中级人民法院（2010）一中知行初字第 1141 号行政判决书。

第一章 "游戏软件名称"及"游戏元素名称"

手法、表现形式、视觉效果与百田公司主张的'奥拉星'作品存在明显差异,未构成实质性相似。撤销理由不成立",故裁定争议商标予以维持。一审法院认为,"百田公司提交的证据大部分或未显示'奥拉星'商标,或形成于争议商标申请日之后,或属于其'奥拉星'商标在其他商品或服务类别上的使用情况,尚不足以证明在争议商标申请日之前,百田公司的'奥拉星'商标已经在(在计算机网络上)提供在线游戏等相同或类似服务上在先使用并具有一定知名度,因此,商标评审委员会认定争议商标未构成以不正当手段抢先注册他人在先使用并有一定影响的商标的情形的结论正确,本院应予支持。百田公司认为其'奥拉星'网络游戏于2010年7月16日全面上线,且在上线前已经进行了半年的内测,其'奥拉星'商标已经在相关公众中形成了一定的知名度。对此,本院认为,网络游戏的内测是指在游戏开发完成的初期,由游戏公司或软件公司发送限定数量的激活码或账号给玩家,由玩家测试并向游戏公司反馈使用情况和存在的问题,以促进游戏的进一步完善的前期准备过程。尽管百田公司称在2010年7月16日之前,其已将'奥拉星'网络游戏进行了为期半年的内测,但是该内测过程并非针对全部的相关公众,亦不能产生覆盖全部相关公众的影响力和知名度。此外,百田公司所称的'奥拉星'游戏正式上线时间与争议商标的申请注册日非常接近,而一款网络游戏从正式上线到被玩家所知晓,再到玩家感受体验游戏内容及服务,并最终在玩家中形成一定的知名度需要一个较长的时间过程,百田公司提交的证据亦不足以证明在很短时间内其'奥拉星'网络游戏在相关公众中产生了一定的知名度。"故一审法院维持了被诉裁定。❶ 二审法院则认可了原告提交的使用证据,认为涉案的游戏软件名称通过使用获得了显著性,撤销了一审判决。

(2)游戏软件名称构成通用名称。

第一个案例是"ACE DRIVER"案。原告株式会社万代南梦宫游戏不服被告国家工商行政管理总局商标评审委员会于2010年11月8日作出的商评字〔2010〕第31929号关于第6332147号"ACE DRIVER"商标驳回复审决定,向北京市第一中级人民法院提起诉讼。电子游戏"ACE DRIVER"是原告于1994年出品的一款3D、第一视角赛车类游戏,原告将"ACE DRIVER"商标申请注册在第9类单机游戏上。被诉决定认定,"'ACE'意为'第一流的、极好的','DRIVER'意为'驱动程序',申请商标整体可译为'一流的驱动程序、卓越的驱动器',包含了通用名称并且直接表示了商品的质量特点。"故对申请商标予以驳回。原告在起诉状中认为:"申请商标所包含的英文('ACE DRIVER')不是固有、成文的英文词组,亦不具有固定、成文的中文含义……商标评审委员会所认为的含义并非申请商标最普通、最常见的中文含义;申请商标并不包含使用在第9类商品的通用名称。"为支持其上述主张,原告提交了如下证据:①上海译文出版社2007年出版的《英汉大词典》(第2版)等多份英汉词典工具书的部分复印页,用以证明申请商标的含义与第31929号决定中认为的"一流的驱动程序、卓越的驱动器"不同;②上海译文出版社2010年出版的《汉英大词典》(第3版)的部分复印页,用以证明申请商标的构成要素并不包含指定使用的第9类商品的通用名称;③若干包含"DRIVER"的已经核准注册的商标图样,用以证明"DRIVER"一词

---

❶ 北京市第一中级人民法院(2014)一中知行初字第6319号行政判决书。

第一章 "游戏软件名称"及"游戏元素名称"

具有识别性,可以作为商标注册使用。法院认为:"根据《商标法》第十一条的规定,对于仅有本商品的通用名称、图形、型号的,或者仅仅直接表示商品的质量、主要原料、功能、用途、重量、数量及其他特点的商标,不得作为商标进行注册。其中,对于通用名称的判断时,应当审查其是否属于法定的或者约定俗成的商品名称。对于相关公众普遍认为某一名称能够指代一类商品的,应当认定该名称为约定俗成的通用名称。被专业工具书、辞典列为商品名称的,可以作为认定约定俗成的通用名称的参考。首先,英文'DRIVER'一词虽然通常会被认读为驾驶员、司机等含义,但是申请商标指定使用的商品中绝大多数均为录制有已编码视频游戏程序的数码载体,'DRIVER'用在与游戏机相关的商品上,相关公众通常会将'DRIVER'识别为'驱动器'或'驱动程序',而非原告所主张的'司机'等含义。而且,在原告向本院提交的多份英汉工具书中显示,'DRIVER'一词具有包括'驾驶员、赶车者、监工、驱动器、驱动程序'等多种名词含义。因此,商标评审委员会认定'DRIVER'一词构成申请商标所指定使用在第9类'视频游戏的数码载体'等商品的通用名称的结论正确,应予支持。其次,'ACE'作为名词使用时,被公众普遍识别的第一含义是'纸牌中的A';但是'ACE'作为形容词时,其中文含义为'第一流的、极好的'。在本案中,'ACE'与'DRIVER'共同使用时,'ACE'属于形容词,具有描述'DRIVER'的作用。所以,可以认定'ACE'在申请商标中对指定商品的质量特点有描述作用。商标评审委员会认定申请商标整体可译为'一流的驱动程序、卓越的驱动器',包含了通用名称并且直接表示商品的质量特点的结论正确，应予支持。"故维持了被诉决定书。❶ 原告未提出上诉，现已生效。上述案例反映了游戏软件名称在商标注册中的"尴尬"：如果游戏公司以"涉案游戏系赛车类游戏，故ACE DRIVER应翻译为"最佳赛车手"或"最强马力"作为主张，在回避了构成《商标法》第十一条第一款第（一）项❷规定情形的同时，又会因为直接说明了商品、服务的内容而构成《商标法》第十一条第一款第（三）项的情形。

第二个案例是"大富翁诉盛大富翁"商标侵权民事案。该案虽为民事案件，但可放在"商标行政"部分分析。原告（上诉人）台湾大宇咨询股份有限公司将"大富翁"文字商标注册在第41类在线游戏等商品、服务上。原告指控被告（被上诉人）上海盛大网络发展有限公司在网站上使用"盛大富翁"的图形、文字标识以及在推介、在线指导时使用"盛大富翁"游戏名称的行为，侵犯了原告享有的商标权。本案第一个争议点在于，"大富翁"是否属于通用名称，第二个争议点在于两商标是否近似。针对第一个争议点，被告列举了诸多的证据，力图证明"大富翁"是源自1933年的一种棋牌游戏，现已成为这种游戏形式的通用名称。原告认为，首先不认可"大富翁"为通用名称，其次，即便"大富翁"为棋牌类游戏的通用名称，其也是仅涉及第28类上的，而注册商标是在第41类上的，注册商标不应受影响。就此，一审法院认可了被告的抗辩："由于游戏的发明人将其发明的一种'按骰子点数走棋的模拟现实经商之道的游戏'命名为Monoply，而使这类'按骰子点数走棋的模拟

---

❶ 北京市第一中级人民法院（2011）一中知行初字第1136号行政判决书。
❷ 《商标法》第十一条第一款规定："下列标志不得作为商标注册：（一）仅有本商品的通用名称、图形、型号的；（二）仅直接表示商品的质量、主要原料、功能、用途、重量、数量及其他特点的；（三）其他缺乏显著特征的。"

第一章 "游戏软件名称"及"游戏元素名称"

现实经商之道的游戏'与之相对应。中文'大富翁'与这类游戏的联系无从查考，但被告提供的证据足以证明英文与中文'大富翁'的相互对应和所指的同一性……进入20世纪80年代的电子计算机时代后，游戏的经营者们又将'大富翁'引入了PC版游戏、网络版游戏、手机版游戏的领域。正像传统游戏象棋、扑克之类进入计算机和互联网后，它仍然在消费者中产生了约定俗成的名称'电脑象棋''网络扑克'一样，'大富翁'在进入新的领域后，也仍未改变其'按骰子点数走棋的模拟现实经商之道'的本质元素，使得'大富翁'作为一类'按骰子点数走棋的模拟现实经商之道的游戏'的通用名称，在PC版游戏领域、手机版游戏领域、网络版游戏领域都得到了延伸……因此，尽管原告注册的是第41类服务商标，由于'大富翁'是一类游戏的通用名称的事实的确立，原告不能禁止他人对'大富翁'在表示一类'按骰子点数走棋的模拟现实经商之道的游戏'的名称时的正当使用。"针对第二争议点，一审法院认为："从文字的形上看，两个商标的字体不同；从音和义上看，被告的标识使用于其自身的网站，被告字号是'盛大'，'富翁'是个通用词汇，网站上还有对'盛大富翁'游戏的介绍。故进入被告网站的相关公众对'盛大'字号必然有所认知，对'盛大富翁'认读并理解为'盛大+富翁'的可能性会很大，而认读并理解成'盛+大富翁'的可能性几乎没有。其次，从被告的使用方式看，被告将'盛大富翁'图形、文字标识使用于其运营'盛大富翁'网络游戏的网站，对'盛大富翁'游戏的推出者有明确的介绍，网页上也标明了网站的所有者即某公司的名称。被告所要传达的信息是：'盛大富翁'是一款'由盛大公司推出的大富翁类游戏'；使用'盛大富翁'标识的网站是'由盛大公司运营的网站'。因此，被告对'盛大富翁'标识、文字的使用直接反映了服务的来源，也反映了该标识与被告的关系。再次，从原告注册商标的显著性和知名度看，由前述分析已经得出'大富翁'是一款'按骰子点数走棋的模拟现实经商之道的游戏'的通用名称的结论。能否以通用名称注册为商标应由商标管理部门审查核定，法院对此不作评判。但一旦以通用名称注册为商标，该注册商标的显著性必然先天不足。而原告在注册了这一商标后从未将'大富翁'当作商标进行过使用，故也无从得出经过使用使该注册商标显著性增强而获得'第二含义'的结论，未经使用的注册商标在相关公众中也很难有知名度。故原告的'大富翁'文字商标的显著性和知名度都很弱。"❶ 因此一审法院认定被告使用的'盛大富翁'图形、文字标识及游戏名称与原告的'大富翁'文字注册商标不构成近似。原告提出上诉，二审法院维持了一审判决。

借鉴上述两个案例，游戏公司在针对游戏名称申请注册商标时应当注意以下两点：第一，游戏公司在注册商品、服务类别第9类、第41类、第42类时，应避免使用与"软件"相关词汇有牵连的中文或者英文（尤其是英文），尽量使用其他词汇；第二，"大富翁"游戏的玩法原理参考了 Monopoly 游戏，但有更加丰富、现代、独创性的游戏模式，在设计游戏软件名称时，应该检索与原始游戏有关的媒体报道，避免被媒体的新闻报道中所使用的中文翻译名词"淡化"成通用名称。

（3）游戏软件名称包含不良影响因素。

游戏软件名称申请商标构成《商标法》第十条第一款第（八）项规定的"有害于社会主义道德风尚或者有其他不良影响

---

❶ 上海市浦东新区人民法院（2006）浦民三（知）初字第125号民事判决书，上海市第一中级人民法院（2007）沪一中民五（知）终字第23号民事判决书。

的"这一情形的案件在实务中相对较少。一般涉案游戏的主题比较集中在恐怖悬疑、解谜、古代神话、战争、枪战、竞技、格斗等方面,在设计游戏软件名称时,一方面需要尽量使用简单的名称来吸引玩家,另一方面还要和诸多同类型的游戏名称有所区别,实属不易。这其中的尺度如何把握,需要通过失败和成功的案例来不断地进行揣测。

在"植物大战僵尸"案中,原告(上诉人)电子艺界有限公司因商标驳回复审行政纠纷一案,不服被告(被上诉人)国家工商行政管理总局商标评审委员会作出的商评字〔2013〕第108495号关于第9781702号"植物大战僵尸"商标驳回复审决定,向北京市第一中级人民法院提起行政诉讼。该决定认定:"申请商标中'僵尸'是封建迷信中的一种鬼怪,作为商标使用易产生不良影响,已构成2001年《商标法》第十条第一款第(八)项所指情形。"对此,一审法院持不同意见,"'僵尸'为传说中的一种身体僵硬的尸体,带有一定的迷信、恐怖色彩;但申请商标的整体为'植物大战僵尸',该词组本身并非固定搭配,也不具有固有含义,按照字面可以理解为'植物与僵尸的斗争或战争',带有中性色彩;现有证据可以证明,原告的以卡通、休闲、可爱、幽默为特点的'植物大战僵尸'系列游戏在中国境内具有一定的影响力,而且该游戏系攻防类策略游戏,并非涉及恐怖色彩的角色扮演游戏,这种情况下,相关公众看到'植物大战僵尸'文字时,更多地会将其与'植物大战僵尸'系列游戏相联系……根据现有证据,除'植物大战僵尸'系列游戏深受欢迎并具有一定的知名度外,也出现了大量以该游戏为主题的图书、画报、服饰、日用品和影视文学作品,而且没有证据证明这些与'植物大战僵尸'相关的作品、商品及其传播的事实会对儿童、成人具有不良影响……但考虑到'植物大战僵尸'作为游戏名称的知名度,申请商标指定使用在'游戏机、非与外接显示屏或监视器连用的游戏机、自动和投币启动的游戏机、非与外接显示屏或监视器连用的电子游戏机'商品上,容易使相关公众误认为游戏机的游戏内容为'植物大战僵尸'系列游戏,从而对商品的内容或特点产生误认,具有不良影响,违反了2001年《商标法》第十条第一款第(八)项的规定,第108495号驳回复审决定关于该部分商品的认定结论并无不当。"❶一审法院判决撤销了被诉裁定。原告提出上诉,二审法院认为:"以相关公众的认知水平,申请商标中的'僵尸'是传说中的一种身体僵硬的尸体,是具有封建迷信色彩的一种鬼怪。鉴于申请商标中含有'僵尸'这一具有封建迷信色彩的构成要素,可能对中国政治、经济、文化、宗教、民族等社会公共利益和公共秩序产生消极、负面影响,故申请商标属于2001年《商标法》第十条第一款第(八)项所规定的不得作为商标使用情形。商标评审委员会对此认定有事实和法律依据,应予维持。一审法院对此认定虽然错误,但处理结果正确。"二审法院维持了一审判决。

可以看出,一审法院的审理思路是把"游戏的设计风格""游戏类型""游戏周边"作为参考因素,进而预估用户的内心评价,从而认定申请商标"植物大战僵尸"未构成2001年《商标法》第十条第一款第(八)项规定的有不良影响之情形。而二审法院的审理思路是:第一,所谓的"社会公众利益"是高度抽象的,不仅限于游戏的实际玩家,一审预估评价公众心理实际是缩限解释了"社会公众利益";第二,2001年《商标法》第十条第一款第(八)项是绝对条款,判断时不应区分实际使

---

❶ 北京市第一中级人民法院(2014)一中知行初字第4283号行政判决书。

用的商品、服务和申请注册的商品、服务,故只要出现了"禁用词",就构成2001年《商标法》第十条第一款第(八)项之情形。❶

需要注意的是,现今国家之间的文化传播速度比以往更加迅速,尤其涉及电子游戏领域,基本可以做到与世界同步,随之而来的西方舶来词汇和网络创设词汇层出不穷,在审理中,如何正确评价这些新生词汇,需要注意。

在"白富美"案中,原告(上诉人)蚌埠同鼎化工有限公司因商标驳回复审行政纠纷一案,不服被告(被上诉人)国家工商行政管理总局商标评审委员会作出的商评字〔2014〕第92951号关于第11874601号"白富美BAIFUMEI"商标驳回复审决定,向北京知识产权法院提起行政诉讼。该决定认定:第11874601号"白富美BAIFUMEI"商标中"白富美"使用在指定商品上,易产生不良社会影响,已构成《商标法》第十条第一款第(八)项规定之情形。一审法院认为:"'白富美'在现实社会中指向的是年轻、貌美、具有大量财富的女子,在一定程度上宣扬了不必通过艰苦奋斗、服务社会而获取大量财产的价值追求,该价值追求违背了我国人们共同生活及其行为的准则、规范及在一定时期内社会上流行的良好风气和习惯。因此。'白富美'属于有害于社会主义道德风尚的标识,不得作为商标使用。"故判决驳回了原告诉讼请求。原告提出上诉。二审法院则认为,"白富美"一词系中性词汇,法官不宜以一部分人的价值标准"反推"社会公众的判断标准,故判决撤销了一审判决及商标评审委员会复审决定。❷ 该案中,"白富美"即属于网络

---
❶ 北京市高级人民法院(2015)高行(知)终字第543号行政判决书。
❷ 北京知识产权法院(2015)京知行初字第578号行政判决行政判决书,北京市高级人民法院(2015)高行(知)终字第2549号行政判决书。

创造的词汇，两审法院作出的判决结果不同，本质上还是不同法官对于网络词汇的看法存在差异，同时也反映出，法官在涉及对网络词汇进行判断时，应尽量避免掺杂个人价值标准，而以社会大众的普世标准来认定。

在"SF 特种部队"案中，原告蜻蜓 GF 株式会社不服被告国家工商行政管理总局商标评审委员会作出的商评字〔2010〕第32876号《关于第5784453号"SF 特种部队及图"商标驳回复审决定书》，向北京市第一中级人民院提起行政诉讼。该被诉决定认为，"第5784453号'SF 特种部队及图'商标中采用的汉字'特种部队'是世界各国军队中普遍存在的执行特殊战斗任务的部队编制，用作商标易产生不良影响。故申请商标属于《商标法》第十条第一款第（八）项所指不得作为商标使用的标志。"一审法院认为："'特种部队'是与常规部队相对应的概念，是指经过特种训练，装备和战斗力通常超出常规部队，且用于执行特殊任务的部队编制。特种部队作为当代军事大国中普遍存在的部队编制，因其装备、战力和其在当前国际政治军事大环境下所执行的特别任务，正得到社会公众越来越多的关注。在此政治背景下，将'特种部队'作为商标的组成部分，容易使社会公众联想到国内外有关政治军事敏感问题。"❶ 一审判决维持被诉决定，原告未提出上诉。从此案可以看出，开发战争类、对战类等类型游戏的公司，在申请将游戏软件名词注册为商标时，应该避免涉及"军队""军衔""兵种""国家"等词汇，当然，可以使用引申含义的词汇。比如美国艺电游戏公司发行经典战争游戏"命令与征服：红色警戒"，就非常含蓄地指明了游戏涉及美苏"冷战"的时代背景，但游戏名称上未直接

---

❶ 北京市第一中级人民法院（2011）一中知行初字第1619号行政判决书。

第一章 "游戏软件名称"及"游戏元素名称"

道出,这就是非常成功的战争题材游戏的名称。在"CLASHOF-CLANS"案中,原告(上诉人)超级细胞有限公司因商标驳回复审行政纠纷一案,不服被告(被上诉人)国家工商行政管理总局商标评审委员会作出的商评字〔2015〕第4078号关于国际注册第1138661号"CLASHOFCLANS"商标驳回复审决定,向北京知识产权法院提起行政诉讼。被诉决定认为:"申请商标可以翻译成'宗教冲突',作为商标指定使用于玩具和娱乐品等商品上,易产生不良的社会影响。"一审法院认为:"申请商标由英文'CLASHOFCLANS'构成,其对应中文翻译为'宗族冲突'或'部落冲突',虽然被诉决定中将申请商标翻译为'宗教冲突'有误,但申请商标使用在玩具和娱乐品等商品上,易对我国文化、宗教、民族等社会公共利益和公共秩序产生消极、负面影响。"一审法院驳回了原告诉讼请求。❶ 原告提出上诉。二审法院同样认为:"如果商标标志具有多个含义,只要其中一个含义可能对我国政治、经济、文化、宗教、民族等社会公共利益和公共秩序产生消极、负面影响,就应当认定该商标标志具有《商标法》第十条第一款第(八)项所述的不良影响"。❷ 就此维持了一审判决。通过该案例,可以看出目前法院对于以英文游戏软件名称申请注册商标的案件审理思路:第一,游戏软件的中英文名称若分别提出注册申请,那么两者之间的判断标准是独立的,尤其是在适用绝对条款的时候,游戏公司难以以游戏软件名称的中英文指向性和对应性作为理由。第二,在使用英文词汇或词组进行商标注册申请时,需要排除该词汇存在其他包括"不良因素"翻译的风险,游戏公司对于这种"不良

---

❶ 北京知识产权法院(2015)京知行初字第1376号行政判决书。
❷ 北京市高级人民法院(2015)高行(知)终字第3473号行政判决书。

因素"的尺度需要结合我国实际国情。在该案中，虽然一审法院认定商标评审委员会将"CLASHOFCLANS"译为"宗教冲突"有误，但一审法院认为可以翻译为"宗族冲突"。"宗族冲突"相对于"宗教冲突"的不良影响要轻，但在中国部分地区，尤其是南方部分省份，"宗族"的意义是很重要的。很多地方都修建祖宗祠堂以纪念各自的"宗族"，这种中国特色传统文化使得"宗族冲突"也构成了《商标法》第十条第一款第（八）项所指的不良影响。原告作为一家美国游戏公司，如果在美国当地申请商标注册，"宗族"可能不会构成"社会不良影响"。这种问题更多出现在中国游戏公司代理国外游戏运营的情况下。

　　当然，也有申请商标被法院认定未具有不良影响的案例。在"夺魂之镰"案中，原告（被上诉人）暴雪娱乐有限公司因商标驳回复审行政纠纷一案，不服被告（上诉人）国家工商行政管理总局商标评审委员会作出的商评字〔2015〕第21153号关于第13172795号"夺魂之镰"商标驳回复审决定，向北京知识产权法院提起行政诉讼。"暗黑破坏神：夺魂之镰"是原告出品的"暗黑破坏神"系列游戏的第三部，该决定认定，"诉争商标作为商标使用在计算机游戏光盘等商品上，易产生不良的社会影响，已构成《商标法》第十条第一款第（八）项规定之情形。"原告向一审法院补充提交了如下证据：①百度百科对于"夺魂之镰"的介绍；②www.17173.com网站刊载的题为《〈暗黑破坏神3：夺魂之镰〉首周销量破270万》的报道；③新浪网刊载的题为《好评如潮〈暗黑破坏神3：夺魂之镰〉销量达270万》；④暴雪公司在百度网上搜索"夺魂之镰"的搜索结果；⑤国家新闻出版广电总局网站上对原告的网络游戏《暗黑破坏神3：夺魂之镰》审批情况的查询结果。一审法院支持了原告的意见："诉争商标指定使用的商品均与计算机游戏相关，结合计算机游戏类商品名称、画面和内容情节设置上通常具有的特点，诉争商标的含义并未超过其相关公众的接受和容忍标准。同时，结合原告运营的包含诉争商标文字的游戏已经国家新闻出版广电总局审批通过的事实，以及原告对该游戏进行的商业宣传和市场表现，可以认定诉争商标使用在计算机游戏光盘等商品上，不会导致相关公众产生误解并产生不良的社会影响。"故判决撤销了被诉决定。被告提出上诉，二审法院维持了一审判决。[1] 在该案的审理思路中，一审、二审法院将"游戏特点""注册类别""游戏经过广电总局批准""游戏宣传和市场表现"等作为考量因素，这种分析路径实际与"植物大战僵尸"案类似，但判决结果不尽相同。究其原因，在于个案中游戏软件名称的"敏感度"有所区别："植物大战僵尸"案直接出现了词汇"僵尸"，在综合考量"游戏类型""游戏特点""游戏宣传和市场表现"等因素后，词汇本身的"敏感性"未能削减。而在本案中，游戏软件名称"夺魂之镰"虽会令人间接联想到"死神"之类的意象，鉴于这种"间接性"，综合考量"游戏特点""注册类别""游戏经过广电总局批准""游戏宣传和市场表现"等因素，词汇本身的"敏感性"被削减，从而被法院认定未构成《商标法》第十条第一款第（八）项所指的不良影响。

（二）游戏软件名称的商标民事保护

1. 游戏软件名称商标民事侵权诉讼中"混淆测试"证据的效力

在游戏软件名称商标侵权民事诉讼中，原告为了进一步证

---

[1] 北京知识产权法院（2015）京知行初字第3471号行政判决书，北京市高级人民法院（2016）京行终字第121号行政判决书。

明被诉游戏软件名称与自己的游戏软件名称注册商标构成混淆误认，往往会向法院提交"混淆测试"证据。实践中，这种"混淆测试"的形式五花八门，目前各地法院对于"混淆测试"证据的态度也不尽相同。

（1）论坛、贴吧中网友留言、提问。

对于原告将互联网论坛、贴吧的网友针对两款游戏混淆误认的留言、提问作为证据，法院目前的态度分为两种：

第一种是认可该类证据的证明力。在"奇迹MU"案中，原告上海壮游信息科技有限公司拥有韩国Webzen公司创作的网络游戏"奇迹MU"在中国大陆地区的独家运营权，2014年，原告发现第一被告广州硕星信息科技有限公司开发了一款网页游戏"奇迹神话"，并授权第二被告广州维动网络科技有限公司通过"91wan网页游戏平台"进行运营和推广，还通过第三被告上海哈网信息技术有限公司的"99YOU"网站进行推广。原告认为"奇迹神话"完全抄袭了"奇迹MU"，在作品名称、故事情节、地图场景、角色、技能、怪物、装备等的名称、造型等多个方面与"奇迹MU"构成实质性相似，向上海市浦东新区人民法院起诉。在诉讼中，原告提供了被诉侵权游戏"奇迹神话"论坛中的网友针对两款游戏混淆误认的留言，以证明相关公众对原、被告的游戏产生了实际的混淆误认。对此，一审法院持认可态度："在原告游戏已具有较高知名度的情况下，两被告的上述行为极易使相关公众产生混淆，误认为'奇迹神话'与'奇迹MU'存在某种特定的联系。而根据第二被告官方论坛中的网友留言，亦确有玩家认为'奇迹神话'系'奇迹MU'网络游戏的页游版，已实际产生混淆。"[1] 三被告提出上诉。在

---

[1] 上海市浦东新区人民法院（2015）浦民三（知）初字第529号民事判决书。

第一章 "游戏软件名称"及"游戏元素名称"

"斗破苍穹"案中,原告(被上诉人)成都页游科技股份有限公司、原告(被上诉人)成都泽洪品牌营销策划有限公司起诉被告(上诉人)广州菲音信息科技有限公司、被告(上诉人)广州维动网络科技有限公司发行的游戏"斗破乾坤"抄袭模仿了其游戏"斗破苍穹",构成了著作权侵权及不正当竞争,向广东省广州市天河区人民法院起诉。一审法院支持了原告的诉讼请求。二被告提起上诉,二审维持一审判决。其中,原告也提供了"百度贴吧中玩家表示混淆两游戏的帖子"作为混淆误认证据,二审法院亦予以认可:"被上诉人提交'斗破苍穹'游戏知名度的证据包括:发布百度品牌专区广告的 5 份合同和发票,及百度品牌专区广告截屏,运营及开服数统计,百度贴吧中玩家表示混淆两游戏的帖子,此外还有与游戏相关的小说知名证据如介绍、连载情况、点击量等。首先,广告服务合同、广告费发票、百度品牌专区广告页面截屏可以证实其为网页游戏'斗破苍穹'进行了较大的宣传投入,运营商数量、开服数从销售角度证实其某一阶段的市场情况,上述证据已经举证证明其商品具有一定市场知名度。虽然其证据未全部覆盖游戏销售及宣传相关的上述全部领域,以及作为知名商品受保护的情况,但法律并未规定原告举证证据必须完全涵盖各类证据,而是综合考虑上述因素作出判断。此外,网页游戏一般存在寿命较短的特点,其被公众所熟知的时间和虚拟销售的具体情况,均会受制于这一特点而与一般商品不同,人民法院在认定时应予以考虑。"❶

第二种是对该类证据不予认可。在"古剑奇谭"案中,"古

---

❶ 广州市天河区人民法院(2013)穗天法知民初字第 1870 号民事判决书,广州知识产权法院(2015)粤知法著民终字第 30 号民事判决书。

剑""古剑奇谭"商标在第 41 类、第 42 类商品类别上分别获准注册，商标持有人为案外人上海烛龙信息科技有限公司。原告（上诉人）北京网元圣唐娱乐科技有限公司从游戏"古剑奇谭"作者上海烛龙信息科技有限公司处获得相关商标授权。2013 年原告发现被告（被上诉人）广州菲音信息科技有限公司、深圳市迅雷网络技术有限公司开发运营的游戏"古剑奇侠"在多家网站上集中出现，投入商业运营。游戏名称与原告的"古剑"商标之文字相同，与"古剑奇谭"商标之文字相近似，足以引起公众混淆，侵害了原告的商标权，故向广东省广州市天河区人民法院提起诉讼。针对游戏"古剑奇侠"是否对游戏"古剑奇谭"及涉案注册商标造成了公众混淆的问题，原告提供了北京市方圆公证处作出的（2013）京方圆内经证字第 43678 号公证书，欲证明分别登录名为"上帝的啤酒肚""方杖"的微博账号，部分微博内容显示有游戏玩家通过微博平台投诉反映以下情况，一是通过百度搜索"古剑奇谭"，搜索的结果出现"古剑奇侠"，二是古剑奇侠游戏的命名及宣传使玩家误以为是古剑奇谭系列产品——古剑（二），即古剑奇侠游戏造成了公众混淆。"一审法院驳回了原告的诉讼请求。原告提出上诉。二审法院针对该份混淆证据，认为"关于古剑与古剑奇侠是否混淆的问题，经查，'古剑奇侠'名称虽然包含了'古剑'二字，但因'古剑奇侠'有特定的含义，且'古剑'商标并没有在相应核定的商品上实际使用，故不会导致相关公众产生混淆。另外，根据互联网搜索引擎工作原理搜索得出的结果并不必然等同于相关公众（游戏玩家或者相关经营者）对相关产品来源的识别判断，故上诉人主张以搜索引擎的结果可以说明相关公众被误导并致混淆的观点不成立。"❶ 可以看出,该案中,二审法院针对原告提交的互联网游戏论坛网友留言证据,认为无法确定互联网论坛留言主体的身份。究其原因,因为互联网中的用户多习惯不使用真实姓名,留言的真实性无法保障;尤其是原告游戏的上线时间与该案立案时间比较接近或留言时间与举证时间比较接近,且无其他相关证据进行补强,难以排除系原告自行上传留言的可能性。

(2)第三方出具的调查报告。

报告一般由原告委托独立的第三方调查机构出具,相比于互联网中的"网友留言",该报告要相对客观和公正。当然,调查表的问题设计是否存在诱导性、受统计群体的选择、调查表数据的有效性等因素,都会影响到统计结果,但相对于完全置于网络开放空间的"网友留言",由第三方做出的报告公正性和独立性高,证据的效力相对也更高。

在"龙之谷"案中,"龙之谷(DragonNest)"是由该案案外人韩国艾登特堤游戏公司开发的一款游戏,原告(被上诉人)上海盛大网络发展有限公司经授权在中国大陆地区运营和推广,拥有相关权利,并享有第 7278861 号"龙之谷"注册商标(注册在第 41 类在计算机网络上提供在线游戏等服务类别上)的独占使用权。被告(上诉人)深圳市天岚科技有限公司认为原告使用的"龙之谷"游戏名称侵犯了其持有的第 6771249 号"龙谷"商标(注册在第 9 类计算机软件、计算机游戏软件、计算机程序等商品上)的商标专用权,原告向上海市浦东新区人民法院提出确认不侵权诉讼。该案中,原告向一审法院提交

---

❶ 广州市天河区人民法院(2013)穗天法知民初字第 1969 号民事判决书,广州知识产权法院(2015)粤知法商民终字第 84 号民事判决书。

了其委托上海零点市场调查有限公司（以下简称"零点公司"）就公众对"龙之谷"和"龙谷"商标的看法以及公众是否会对两商标产生混淆进行调查所作的调查报告。报告显示："零点公司在上海、广州两地对不同性别、不同年龄、不同类型社会民众展开社会调查后出具了调查报告，报告表明在对广州和上海两地随机调查获取的404个样本数据分析结果显示，'龙之谷'和'龙谷'商标并未构成混淆，其中就商标认知度，'龙之谷'商标认知度为36.6%，'龙谷'商标认知度为12.4%；就商标区别度，94.3%的受访者认为两商标的设计有区别，其中61.6%的受访者认为两者有比较大的区别；就商标使用范围，90.6%的受访者认为'龙之谷'商标属于IT行业，其中88.5%的受访者认为其属于网络游戏领域；就商标所属公司，68.6%的受访者认为'龙之谷'商标属于原告（被上诉人）上海盛大网络发展有限公司。"一审法院判决确认原告未侵犯被告的商标专用权，被告提出上诉。二审法院对此份调查报告持肯定态度："原审法院已查明，被上诉人（原审原告）为运营和推广'龙之谷'在线网络游戏投入了高额的广告费用，且'龙之谷'游戏在2009年起就已享有较高的知名度。而上诉人（原审被告）的注册商标主要使用在其'龙谷'网站，该网站功能系电子商务平台服务。虽然上诉人（原审被告）在二审审理期间称该网站上也有网络游戏服务，但上诉人（原审被告）并未就其将系争商标用于在线网络游戏服务提供相应的证据，即使存在相应的游戏，其知名度也与被上诉人（原审原告）运营的'龙之谷'游戏相差甚远。此外，原审审理期间被上诉人（原审原告）提供的市场调查报告也表明，'龙之谷'标识与系争'龙谷'商标具有比较明显的区别。因此，被上诉人（原审原告）在其在线网络游戏上使用'龙之谷'标识不会造成相关公众混淆和误认为该游戏

第一章 "游戏软件名称"及"游戏元素名称"

系上诉人的商品或与上诉人具有某种特定的联系。被上诉人（原审原告）使用'龙之谷'标识的行为不构成《商标法》第五十二条❶所规定的商标侵权行为。"❷

（3）搜索引擎结果。

在前述"古剑奇谭"案中，原告（上诉人）北京网元圣唐娱乐科技有限公司从该案案外人上海烛龙信息科技有限公司获得注册商标6909399、6909400、6909403"古剑"及注册商标6909397、6909401、6909402"古剑奇谭"的商标许可使用权以及制止侵权行为的相关权利。原告（上诉人）认为被告（被上诉人）广州菲音信息科技有限公司、被告（被上诉人）上海三七玩网络科技有限公司运营的网络游戏"古剑奇侠"的游戏名称侵犯了其商标专用权，向广东省广州市天河区人民法院起诉。原告（上诉人）为了证明两款游戏名称的构成混淆，提供了两款游戏软件名称的百度搜索结果，据此主张，"在网络环境下，相关公众搜索相关产品，尤其是游戏，通常是通过搜索引擎来实现，而通过搜索引擎搜索此类商品时，更重要的是商品的文字信息和听觉信息，仅知道其名称或者名称的一部分就可以完成搜索，无需考虑该商品的图形等视觉效果。而相关公众在该案中应是指游戏玩家或者相关网民、看过'古剑奇谭'电视剧的观众，而对于此类人来说，'古剑'是'古剑奇谭'的简称，

---

❶ 《商标法》（2001年）第五十二条规定："有下列行为之一的，均属侵犯注册商标专用权：（一）未经商标注册人的许可，在同一种商品或者类似商品上使用与其注册商标相同或者近似的商标的；（二）销售侵犯注册商标专用权的商品的；（三）伪造、擅自制造他人注册商标标识或者销售伪造、擅自制造的注册商标标识的；（四）未经商标注册人同意，更换其注册商标并将更换商标的商品又投入市场的；（五）给他人的注册商标专用权造成其他损害的。"

❷ 上海市浦东新区人民法院（2011）浦民三（知）初字第19号民事判决书；上海市第一中级人民法院（2011）沪一中民五（知）终字第178号民事判决书。

已特指'古剑奇谭'这个商标和使用这一商标的商品。在搜索引擎模糊搜索'古剑'亦出现'古剑奇侠'的结果。"一审法院驳回了原告的诉讼请求,原告提出上诉。对此,二审法院认为,"根据互联网搜索引擎工作原理搜索得出的结果并不必然等同于相关公众(游戏玩家或者相关经营者)对相关产品来源的识别判断,故上诉人(原审原告)主张以搜索引擎的结果可以说明相关公众被误导并致混淆的观点不成立。"[1] 可以看出,"混淆测试"无论形式如何,在证据群中的地位属于辅助角色,但仍可影响法官自由心证。所以对待证据的态度就显得重要,委托第三方专业调查公司出一个群体统计调查报告,还是简单地提交搜索引擎结果,证明效果可能是不同的。

在证明商标侵权赔偿损失的数额时,原告多会提供被告在互联网上公布的一些销售数据,以证明被告因侵权行为获利巨大。但法院对此的态度和对待"混淆测试"证据的分析路径一致,即,鉴于目前互联网上的数据报告并非财务报表,往往带有夸大和广告推广成分,法院对待此类证据会十分谨慎。在"地下城与勇士"案中,"地下城与勇士"是该案案外人韩国新人类股份有限公司开发的一款网络游戏,相关商标有第5710753号"地下城与勇士"(注册在第9类)、第6640963号"地下城与勇士DNF"(注册在第42类)、第6640964号"地下城与勇士DNF"(注册在第41类)、第7476602号"地下城与勇士DNF"(注册在第42类)。原告腾讯科技(深圳)有限公司经授权享有"地下城与勇士"在中国大陆境内涉及的商标、版权等各项知识产权及维权权利。被告北京掌娱无限软件技术有限公司、被告

---

[1] 广州市天河区人民法院(2013)穗天法知民初字第1947号民事判决书,广州知识产权法院(2015)粤知法商民终字第30号民事判决书。

第一章 "游戏软件名称"及"游戏元素名称"

上海永晨软件科技有限公司同期推出了游戏"地下城勇士与魔女",原告认为该游戏名称侵犯了其商标专用权,向北京市石景山区人民法院起诉。为证明二被告获利巨大,原告提交了被告在互联网上登载的一些宣传文章的公证书作为证据。就此,法院认为"对于商标侵权赔偿损失的数额,原告欲通过公证一些网站上的宣传文章证明二被告侵权获利巨大,对此本院认为,在没有其他证据相互印证的情况下,这些文章本身具有的宣传作用可能使其内容存在不真实或夸大的情形,即使该报道内容真实,二被告开发、运营涉案游戏的获利也不宜全部作为涉案游戏名称侵犯原告商标权产生的利润,因此上述报道不应作为判定赔偿数额的依据,本院将综合考虑二被告的侵权过错程度、侵权范围、侵权持续时间、商标的声誉酌定赔偿数额。"❶ 该案原被告未提出上诉,现已生效。

网络游戏的盈利周期短、淘汰率高,其中移动端游戏的周期仅在六个月到一年间。开发公司及运营公司为了在短时间内吸引更多的游戏玩家、导入更多流量、抢占游戏市场,"刷榜"❷、夸大数据的情况时有出现。相对于"刷榜"的低廉成本,广告宣传的费用是其十倍乃至几十倍,出于成本考虑,很多游戏公司会优先选择"刷榜",有的游戏厂商甚至组建了自己的刷榜团队。此时,仅仅依靠互联网或 App Store 的数据,难以反映一款游戏的真实情况。相对之下,财务报告、审计报告、上市披露的财务报表等则具备更强的证明力,法院一般也会优先考虑。在 2016 年审结的"神武"案中,原告广州网易计算

---

❶ 北京市石景山区人民法院(2014)石民初字第 66 号民事判决书。
❷ "刷榜"即:一些游戏公司或者团队通过破解 App Store 算法将 App 暂时排名榜单前几位。手游开发者为了节省成本,快速将游戏推出去,投入大量资金主动去获得推广机会,也有同行为了打击竞争对手常采用刷榜手段。

机系统有限公司系游戏"梦幻西游"的所有者和经营者,其认为被告广州多益网络股份有限公司推出的游戏"神武"侵犯了其著作权,构成了不正当竞争,向广州知识产权法院起诉。最后法院支持了原告的主张,判决被告赔偿原告经济损失1 500万元,其中对于被告侵权数额的认定,就参考了被告此前在上市时提交公开的财务报表的数据❶。

2. 游戏软件名称商标民事侵权纠纷判决对于注册商标效力的评价

在游戏软件名称商标侵权民事诉讼中,有些被告会抗辩自己使用的是通用名称,实际上针对原告的注册商标提出效力上的异议。对此抗辩如何处理,各地法院处理方式有所不同。

第一种思路认为,对于经行政程序申请取得的注册商标权的评价,应在商标授权确权行政诉讼中解决,故对于被告提出商标权效力的异议,避免直接评述。在"大富翁诉盛大富翁"案中,原告(上诉人)台湾大宇咨询股份有限公司将"大富翁"文字商标注册在第41类在线游戏等商品、服务上。原告认为被告(被上诉人)上海盛大网络发展有限公司在网站上使用"盛大富翁"的图形、文字标识以及在推介、在线指导时使用"盛大富翁"游戏名称的行为,侵犯了原告享有的商标权,向上海市浦东新区人民法院起诉,一审法院驳回了原告的诉讼请求,原告提出上诉。二审法院认为,"从被告注册商标的显著性和知名度看,由前述分析已经得出'大富翁'是一款'按骰子点数走棋的模拟现实经商之道的游戏'的通用名称的结论。能否以通用名称注册为商标应由商标管理部门审查

---

❶ 广州知识产权法院(2015)粤知法著民初字第19号民事判决书。

核定，法院对此不作评判。"❶ 此案一审、二审判决认为被告使用的"盛大富翁"商标与原告的"大富翁"商标不近似，驳回了原告的诉讼请求。

第二种思路认为，应该正面回应被告提出的商标权效力的异议，正面评价原告的涉案注册商标的法律性质，对于明显不符合商标法关于商标显著性及通用性的规定与精神的，不应再判决被告侵权。在"三代"案中，法院即评价了注册商标的"通用名称"问题。原告陕西盛唐在线网络信息有限公司为第5872445号商标"三代"（注册在第41类提供娱乐场所、娱乐、游戏、在计算机网络上提供在线游戏上）的所有人。2011年10月"三代"商标被认定为西安市著名商标，2011年12月被认定为"陕西省著名商标"。原告认为被告深圳市腾讯计算机系统有限公司、被告深圳市腾讯计算机系统有限公司西安分公司擅自在网站提供标识为"3代"和"三代"的网络棋牌游，侵犯了其商标专用权，向陕西省西安市中级人民法院起诉。针对通用名称问题，一审法院认为，"首先，本案争讼之注册商标是否属于通用名称……如果以商品的通用名称作为商品的商标，那么商标的识别功能就不可能发挥作用，即仅从通用名称自身无法反映商品提供主体的信息和识别商品来源，因此商品通用名称不能由某一企业作为商标注册而专用，否则可能损害公众的利益。根据本院查明的事实，三代游戏是来自陕西民间流行的一款扑克牌游戏，代表和结合了斗地主、挖坑、跑的快三款游戏的特点和优点，更富游戏性和娱乐性。在陕西，一代指的是红桃4，第二代是挖坑，第三代是三代。三代游戏的另外一个含义

---

❶ 上海市浦东新区人民法院（2006）浦民三（知）初字第125号民事判决书，上海市第一中级人民法院（2007）沪一中民五（知）终字第23号民事判决书。

是代表了斗地主,代表了挖坑,代表了跑的快。三代游戏源自渭南本土,不仅贴近当地的群众生活,也有广泛深厚的群众基础。由此事实可以证明,三代游戏作为特定扑克牌游戏名称存在并被公众使用,其与斗地主、挖坑均属于牌类游戏的通用名称,已为相关公众普遍知悉和接受。"因此,法院驳回了原告的诉讼请求。[1] 该案原被告未上诉,一审判决现已生效。在另一起"古剑奇谭"[2]案中,法院同样评价了注册商标的"显著性"问题。原告(上诉人)北京网元圣唐娱乐科技有限公司从该案案外人上海烛龙信息科技有限公司获得"古剑"(注册号:6909399、6909400、6909403)及"古剑奇谭"(注册号6909397、6909401、6909402)商标的许可使用权以及制止侵权行为的相关权利。原告认为被告(被上诉人)广州菲音信息科技有限公司、被告(被上诉人)上海三七玩网络科技有限公司发行的游戏"古剑奇侠"的游戏名称,与其"古剑"商标之文字相同,与"古剑奇谭"商标之文字相近似,侵犯了其商标专用权,向广东省广州市天河区人民法院起诉。一审法院驳回了原告的诉讼请求,原告提出上诉。二审法院认为,"虽然'古剑奇谭'与'古剑奇侠'均与'古剑'相关,但'古剑'作为常用传统个人武器之一,属于武侠类文学作品和游戏中的常用元素,其显著性并不明显。被控侵权游戏作为古装武侠类游戏,在名称和游戏内容中采用'古剑'这一元素是正常现象,虽然'古剑'系注册商标,但其注册行为并不能排斥其他武侠类作品对这'古剑'元素的正常使用。"

著作权、商标等知识产权从性质上属于"禁用权",而不是

---

[1] 陕西省西安市中级人民法院(2013)西民四初字第247号民事判决书。
[2] 广州市天河区人民法院(2013)穗天法知民初字第1947号民事判决书,广州知识产权法院(2015)粤知法商民终字第30号民事判决书。

第一章 "游戏软件名称"及"游戏元素名称"

"自用权",商标注册旨在禁止他人未经许可使用,但商标权人自身的商标使用,亦可能构成对他人的民事权利的侵犯,由此,民事侵权案件中同样可对注册商标进行评价,通过停止侵权等方式,禁止注册商标对于民事权利的侵害。另一方面,《商标法》第四十五条第一款❶规定了五年的无效请求期,对于超过五年期限的,可以通过民事诉讼以停止侵权的方式,限制注册商标的使用。

3. 游戏软件名称商标侵权民事诉讼中的商品类似

在商标授权确权类行政案件中,针对《商标法》第三十条,❷商标评审委员会和法院会结合引证商品的关联性和混淆可能性,提供突破《类似商品和服务区分表》的跨类别保护。同样,在游戏软件名称商标侵权民事诉讼中,法院同样会参考涉案商品、服务的关联性和混淆可能性,在个案中突破《类似商品和服务区分表》。在审判实践中,主要是针对第9类单机游戏与41类在线游戏的商品类别。

在"龙之谷"案中,"龙之谷(DragonNest)"是由案外人韩国艾登特堤游戏公司开发的一款游戏,原告(被上诉人)上海盛大网络发展有限公司经授权在中国大陆地区运营和推广,拥有相关权利,并享有第7278861号"龙之谷"注册商标(注册在第41类在计算机网络上提供在线游戏等服务类别上)的独占使用权。被告(上诉人)深圳市天岚科技有限公司认为原告

---

❶ 《商标法》第四十五条第一款规定:"已经注册的商标,违反本法第十三条第二款和第三款、第十五条、第十六条第一款、第三十条、第三十一条、第三十二条规定的,自商标注册之日起五年内,在先权利人或者利害关系人可以请求商标评审委员会宣告该注册商标无效。对恶意注册的,驰名商标所有人不受五年的时间限制。"

❷ 《商标法》(2013年)第三十条规定:"申请注册的商标,凡不符合本法有关规定或者同他人在同一种商品或者类似商品上已经注册的或者初步审定的商标相同或者近似的,由商标局驳回申请,不予公告。"

使用的"龙之谷"游戏名称侵犯了其持有的第 6771249 号"龙谷"商标（注册在第 9 类计算机软件、计算机游戏软件、计算机程序等商品上）的商标专用权，原告向上海市浦东新区人民法院提出确认不侵权诉讼。原告认为自己的行为包括："一、提供单机版和网络版客户端的下载服务；二、分别下载安装完毕后，在无网络环境下运行单机版，在有网络环境下运行网络版。"被告主张，步骤一即为提供计算机软件产品的下载，属于第 9 类商品范围，步骤二中单机版的运行系就已下载完毕的软件本身的运行，亦属第 9 类商品范围。步骤二中网络版的运行，因需借助于原告的服务器和原告提供的网络环境，属于第 41 类。原告认为上述两个步骤是一个整体，是以标示和指向原告提供的网络服务为目的，并非商品销售，属于第 41 类服务类别。一审法院判决原告未侵犯被告的商标权，被告提出上诉。

对此，二审法院的观点突破了《类似商品和服务区分表》中第 9 类和第 41 类的划分界限："就双方争议较大的单机版客户端的下载问题，单机版客户端虽然与一般软件产品相同，下载安装后，在脱离网络环境及原告的服务器的情况下能独立运行。但该单机版的内容系为玩家熟悉网络版游戏内容所做的准备，单机版中仅有少量的角色和场景，并明确标明了'教程'字样，对角色的运作和场景的转换，在单机版中有详细的提示信息。因此，上述内容足以表明，单机版的目的是教会初学的玩家在简单的环境中先行熟悉游戏的环境，实现到网络版中更为复杂的游戏环境进行游戏的过渡，目的还是为网络版服务。对原告（被上诉人）而言，若无网络版，其不可能单独销售单机版游戏软件，这些简单的游戏界面，并不能吸引游戏玩家出资购买，故单独销售单机版游戏软件是无商业意义的。综上，原告（被上诉人）提供单机版和网络版客户端的下载服务并提

第一章 "游戏软件名称"及"游戏元素名称"

供单机版程序的运行行为与原告的网络版游戏的运行系一个整体,网络版游戏的运行不能缺少客户端的下载,否则玩家与原告(被上诉人)的服务器无法建立联系。而单机版是为网络版提供服务,系依附于网络版而存在的。因此,上述所有行为均系提供在线游戏服务的行为,属于其被许可使用的第7278861号注册商标核定的服务类别,其使用'龙谷'商标的行为并未侵犯被告的商标权。"❶

第二节 游戏元素名称的知识产权保护

一、游戏元素名称的定义

"游戏元素名称"的外延广泛,包括游戏角色名称、游戏物品名称、游戏技能名称、游戏境界名称、NPC❷名称等。根据游戏元素的取得方式,可以分为原创元素与其他知名作品改编元素。在其他知名作品改编元素中,又可分为公有领域作品改编与权利期内作品改编。为了最低限度地降低开发游戏的成本、规避侵权风险,一些游戏习惯使用如中国"四大名著"等共有领域作品改编元素,这种模式可以最低限度地降低侵权风险,但由于同类游戏作品众多,游戏往往难以脱颖而出。随着中国游戏的迅速发展,游戏公司间的竞争也更加激烈,尤其针对移动端电子游戏而言,游戏生命周期的短暂导致了游戏公司急于把收回成本、赚取利润的战线相应缩短,那么,权利期内的知

---

❶ 上海市浦东新区人民法院(2011)浦民三(知)初字第19号民事判决书,上海市第一中级人民法院沪一中民五(知)终字第178号民事判决书。

❷ NPC:Non-Player Character,即"非游戏玩家控制角色"。

名作品改编成了游戏公司的首选。

二、游戏元素名称是否构成作品

(一) 国内关于游戏元素名称法律性质的意见

1. 游戏元素名称不构成著作权保护作品

该观点的分析路径与第一部分中"游戏软件名称"部分大致相同,主要认为名称与标题类似,文字过短,存在表达形式和独创性方面的瑕疵,不能构成受《著作权法》保护的"表达"和"作品",属于思想范畴。审判实践和学者研究大多持此观点。实际上,在美国 1976 年版权法之前,美国版权办公室就发布了规定特定材料不具备可版权性的一系列规则,第一个规则就是"单词和诸如名字、标题与口号的短语;常见符合或图案……"❶

在"我叫 MT"案中,原告北京乐动卓越科技有限公司为移动终端游戏"我叫 MTonline""我叫 MT2"(统称"我叫 MT")的著作权人,前述游戏改编自动漫"我叫 MT",原告拥有对该作品的游戏改编权、要素独占使用权。原告认为被告北京昆仑乐享网络技术有限公司、北京昆仑在线网络科技有限公司、北京昆仑万维科技股份有限公司发行的游戏"超级 MT"游戏中抄袭原告游戏中五个人物形象,且将原告游戏中的呆贼形象作为其游戏 App 头像,侵犯了其著作权,构成不正当竞争,向北京知识产权法院提起诉讼。一审法院认为涉案游戏的游戏人物名称不构成著作权法上的文字作品:"原告关于被诉行为构成对'我叫 MT'动漫名称,以及'哀木涕''傻馒''劣人''呆贼''神

---

❶ 卢海君. 版权客体论 [M]. 2 版. 北京:知识产权出版社,2014:351.

棍德'五个人物名称文字作品著作权的侵犯的主张是否成立，其前提之一在于上述动漫名称、人物名称是否构成文字作品……对于名称、标题等词组或短语而言，判断其是否有创作性，应考虑其是否同时具有以下特征：其一，该词组或短语是否存在作者的取舍、选择、安排、设计。对于作者不具有选择与安排空间的词组或短语，因属于'思想与表达的混合'，故不被认定有创作性。普通的或者常用的词组或短语，亦不具有独创性。其二，该词组或短语能否相对完整地表达或反映出作者的思想情感、传达一定的信息。作品是作者思想情感的表达，是沟通作者和其他社会成员的桥梁或纽带，一个词组或短语如果不能给予读者一个确切的意思，不应认定其有创作性。……至于'哀木涕''傻馒''劣人''呆贼''神棍德'五个人物名称，公众在不知晓原告游戏，而仅仅看到上述名称的情况下，显然无法对其所表达的含义有所认知。因此，上述名称并未表达较为完整的思想，未实现文字作品的基本功能。虽然公众在结合动漫'我叫MT'的情况下，足以知晓上述名称的含义，但这一认知已不仅仅来源于上述名称本身，而系来源于该动漫中的具体内容，这一情形不足以说明上述名称本身符合文字作品的创作性要求。"❶ 该案原被告未上诉，一审判决现已生效。

2. 所有游戏元素名称作为整体构成作品

该观点认可单个的游戏元素名称表达过于简单或难以证明系首创，但认为不应将游戏元素拆分为单个进行分析，而应该"打包"作为一个整体游戏的剧情，作为文字作品保护。

在"奇迹MU"案中，原告上海壮游信息科技有限公司系电子游戏"奇迹MU"的中国地区代理运营商，拥有著作权人的相

---

❶ 北京知识产权法院（2014）京知民初字第1号民事判决书。

关许可授权。同期，被告广州硕星信息科技有限公司、广州维动网络科技有限公司、上海哈网信息技术有限公司发行了电子游戏"奇迹神话"，原告认为被告游戏"奇迹神话"中擅自使用其游戏中的地图、角色、技能、武器、装备、怪物、NPC等单个的名称或简介及"亚特兰蒂斯"等部分名称，侵犯了其著作权，向上海市浦东新区人民法院起诉。一审法院的审理思路即参考了上述观点，一审判决认为，"地图、角色、技能、武器、装备、怪物、NPC等单个的名称或简介，其表达过于简单，难以达到著作权法所要求的独创性，且亚特兰蒂斯等部分名称并非网禅公司首创，原告对此不能获得著作权法的保护。但是上述名称、简介等文字对应的是相应游戏素材在游戏中所具备的功能介绍，将其组合成一个整体，可以视为游戏的剧情而作为文字作品予以保护。"❶ 宣判后被告提出上诉，二审维持原判。

与"奇迹MU"案的审理思路类似，在"斗破苍穹"案中，《斗破苍穹》系知名网络修仙题材小说，原告（被上诉人）成都页游科技股份有限公司、成都泽洪品牌营销策划有限公司系小说《斗破苍穹》改编电子游戏的权利人，被告（上诉人）广州菲音信息科技有限公司、广州维动网络科技有限公司同期发行了电子游戏"斗破乾坤"，原告认为被告游戏中使用了原著《斗破苍穹》及其游戏中的作品名称、角色名称、境界名称、角色争夺的目标物品名称"异火"等元素，侵犯了其著作权，并构成了不正当竞争，向广东省广州市天河区人民法院起诉。一审法院支持了原告的诉讼请求。二被告提起上诉，二审维持了一审判决。针对游戏元素名称，二审法院持同样的观点："作品名称、角色名称、境界名称、角色争夺的目标物品名称'异火'

---

❶ 上海市浦东新区人民法院（2015）浦民三知初字第529号民事判决书。

第一章 "游戏软件名称"及"游戏元素名称"

这四个方面的因素构成《斗破苍穹》小说具有独创性的基本表达……角色名称和境界名称,贯穿整个作品始终,出现频率非常高,角色和境界的设置还影响着故事整体框架。可以说无论是小说还是游戏,整个作品就是由这些角色在这些境界的修炼升级中构成的。角色争夺的目标物品名称'异火',也同样贯穿作品始终,角色对不同异火的争夺获取,影响其修炼所达到的境界而决定其在作品中的威力……被告主张《斗破苍穹》小说的作品名称、角色名称、境界等级和物品名称不具有独创性,上述元素也不能脱离小说而单独享有著作权的问题。本院认为,本案中原审并非以上述元素单独作为作品认定其分别享有著作权,而是以网页游戏是否利用了由该些元素构成的小说独创的基本表达,来判定是否侵犯小说改编权。"❶

在 Manfred Rehbinder 的《著作权法》一书中,针对"科学作品"未获得著作权法保护问题,认为通说忽视了一点,尽管并非所有通过独创性方式表达出来的东西都可以作为"作品"受到保护,但是它们可以作为一个整体而受到著作权法的保护。❷ 我们可以看出,Manfred Rehbinder 针对的还是"科学作品"这种"基于社会利益而不视为作品"的类型,认为其对应的汇编是可以构成作品的,当然,作为汇编作品,其受保护的是其选择、编排的"表达"。依据"整体论"的观点,游戏元素名称的集合体并不是汇编作品——因为如果定性为汇编作品,实际上就单独使用元素本身的行为无法获得著作权保护,而须整体定性为文字作品。在《WIPO 著作权与邻接权法律术语汇

---

❶ 广州市天河区人民法院(2013)穗天法知民初字第1870号民事判决书,广州知识产权法院(2015)粤知法著民终字第30号民事判决书。

❷ M. 雷炳德. 著作权法[M]. 张恩民,译. 北京:法律出版社,2005:146.

编》中，有"文字作品"与"文学作品"的区别，❶"文学作品"在形式和内容的审美、情感效果中要求更高。但我国《著作权法》中统一以"文字作品"称呼，根据《著作权法实施条例》第四条第（一）项的定义，"文字作品是指小说、诗词、散文、论文等以文字表现的作品"，虽然文字作品不要求多高的审美、多深刻的思想性，但基本的思想性要求还是有的。而"整体"的诸多游戏元素名称，作为文字作品的思想性还是有所欠缺，"整体论"的观点有待商榷。

3. 单独游戏元素名称构成独创性作品

持这种观点的亦非少数，涉及案件主要是针对改编权的。很多热门小说作品已经通过作品改编权授权合同多次进行了改编，有时这种知名作品改编权的交易费用甚至比文字版权费用要昂贵。在早期，这种改编权交易费用占到游戏开发成本的30%至50%。至今，很多原作品的作者已经采取游戏收益的"保底加分成"模式，由于改编权的交易成本居高不下，导致游戏公司对擅自使用原作品元素名称的行为更加难以容忍。

在"大掌门"案件中，原告温瑞安是系列武侠小说《四大名捕》的作者，该系列小说共有一百多部。原告认为被告北京玩蟹科技有限公司在其手机游戏"大掌门"中，擅自使用了《四大名捕》系列小说中的元素名称及人物关系等，侵犯了其改编权，向北京市海淀区人民法院起诉。法院认为："被告公司在其开发经营的'大掌门'游戏中，通过游戏界面信息、卡牌人物特征、文字介绍和人物关系，表现了原告小说的几个主人公的形象，是以卡牌类网络游戏的方式表达了原告小说中的独创

---

❶ 世界知识产权组织. WIPO 著作权与邻接权法律术语汇编 [M]. 刘波林，译. 北京：北京大学出版社，2007：146，265.

第一章 "游戏软件名称"及"游戏元素名称"

性武侠人物,属于对原告作品中独创性人物表达的改编,侵害了原告对其作品享有的改编权。"❶ 该案原被告未上诉,一审判决现已生效。在"全民武侠"案中,法院持同样的审理思路。原告(被上诉人)北京畅游时代数码技术有限公司是依法改编作家金庸小说的电子游戏"天龙八部"的著作权人,被告(上诉人)北京奇游互动网络科技有限公司、被告北京炫游在线网络技术有限公司未经原告或金庸先生的许可,在其移动端游戏"全民武侠"中存在大量依照上述金庸作品原著情节、人物名称、武功名称或装备名称为蓝本的内容。原告认为被告的游戏侵犯了其著作权,向北京市海淀区人民法院起诉。一审法院同样认为,"对比表中的装备、武功、情节,均具较高的独创性,属于著作权法保护的作品。至于对比表中的人物,仅就其姓名的独创性而言,或有争议。但是,上述人物在涉案武侠小说中被金庸赋予了特定性格,带入了特定故事情节,融入了特定人物关系,因此产生了独创性"。一审法院判决二被告赔偿原告经济损失150万元,驳回了原告其他诉讼请求,被告北京奇游互动网络科技有限公司提出上诉,二审法院维持了一审判决。❷

实际上,该案中二被告北京奇游互动网络科技有限公司、北京炫游在线网络技术有限公司擅自使用原告北京畅游时代数码技术有限公司取得改编权的文字作品中主人公名称是事实,但由于手机游戏和卡牌游戏的游戏类型限制,被告实际在卡牌人物介绍中针对"人物关系""人物性格""人物技能""招式名称"等游戏元素,加起来只有几十字到几百字,如果是以几十万字的原小说作为主张权利的作品,无论是诉"复制权"还

---

❶ 北京市海淀区人民法院(2015)海民(知)初字第32202号民事判决书。
❷ 北京知识产权法院(2015)京知民终字第1619号民事判决书。

是"改编权"都会因为被诉游戏中使用量过少而不被支持。所以，原告只能以小说元素本身为主体，但如果承认被告游戏侵犯了针对这些游戏元素名称的改编权，则必须承认这些游戏元素名称构成作品。需要注意的是，原告游戏上线时正值原告小说改编的电影放映期间，而其游戏人物虽系漫画形象，但依然可以与电影中的形象呼应。原告也是基于这点，主张造成了混淆。在前述"斗破苍穹"案中，原告（被上诉人）成都页游科技股份有限公司、原告（被上诉人）成都泽洪品牌营销策划有限公司系小说《斗破苍穹》改编电子游戏的权利人，其认为被告（上诉人）广州菲音信息科技有限公司、被告（上诉人）广州维动网络科技有限公司同期发行的电子游戏"斗破乾坤"中使用了其大量的游戏元素，构成侵权，起诉至广东省广州市天河区人民法院，一审宣判后被告提出上诉。针对被告作出的"小说元素不能作为改编权的客体"的辩解，广州知识产权法院同样认为，"根据作品的定义，著作权法仅保护作品的表达，而不及于作品的思想。本案中，作品名称、角色名称、境界等级和物品名称等元素属于表达，被告认为应以故事情节作为基本内容来界定改编权的观点，以及认为只能以游戏的背景主线和小说的故事情节来判断是否构成侵犯改编权的主张，依据不足，本院不予采信。"❶

（二）角色元素单独构成作品的可行性

这个问题实际是由上一个问题展开的：当一个知名作品的知名虚拟角色的元素被擅自使用，该角色是否可以成为单独的

---

❶ 广州市天河区人民法院（2013）穗天法知民初字第1870号民事判决书，广州知识产权法院（2015）粤知法著民终字第30号民事判决书。

第一章 "游戏软件名称"及"游戏元素名称"

作品？这涉及角色商品化权或者公开权的问题。

美国的"公开权"（又作"形象权"）最早是从"隐私权"发展而来的，在"Haelan Laboratories"案中获得承认，但初期"仅仅是适用不正当竞争原则的另一种途径，仅仅是贴了另外一个标签的不正当竞争，而不是另外一个独立的诉因"。❶ 到后期，公开权的法律责任明确为：以商业为目的，未经对方同意，通过使用个人的姓名、肖像或其他身份标记，盗用个人身份的商业价值。身份标记包括诸如原告的嗓音、名言警句、有着醒目标志的汽车等身份标记，法律还将保护延伸到可以组合起来认定个人身份的零散标识，比如原告醒目的服饰、发型和姿势。❷ "商品化权"是日本的翻译称谓，沿用至我国。应该说"商品化权"只是"公开权"的一部分，在"章金莱与蓝港在线（北京）科技有限公司肖像权、名誉权纠纷案"❸ 中，二审法院首次承认了"公开权、形象权"。应该说，"公开权"并不仅限于商标行政领域，在欧洲和美国，其同样适用于版权领域。而在我国，"公开权"以"商品化权"为名字，更多使用在商标行政案件中，在著作权法领域未有突破。

有学者将虚构角色（fictional characters）分为四种：纯粹角色、文字角色、视觉角色和卡通角色。纯粹角色指并没有出现在作品中的角色；文字角色是来自小说或剧本，由描述和情节塑造的角色；视觉角色是写实和纪录影片中的角色；卡通角色比动画角色要广，用来指以线条画所表现的角色。在"Hill

---

❶ 贝弗利-史密斯. 人格的商业利用 [M]. 李志刚, 缪因知, 译. 北京: 北京大学出版社, 2007: 177, 178.

❷ 贝弗利-史密斯. 人格的商业利用 [M]. 李志刚, 缪因知, 译. 北京: 北京大学出版社, 2007: 206.

❸ 北京市第一中级人民法院（2013）一中民终字第05303号民事判决书。

v. Whalen & Martell"案中,美国法院指出,"所谓的名字、风格、习惯、个性特征,都是角色的实质性人格特征,因此,角色的构成要素就是角色的实质性人格特征。"❶ 有学者总结道:"文字角色的塑造来自小说或剧本的描述和情节,它唯一的区别性特征是其名字和特征的文字描述。从历史维度来看,法院赋予文字角色最少的版权保护。文字角色是抽象的角色,只能通过思维进行把握。读者通过作者对角色的文字描述,经过抽象思维,在心目中构造角色的形象。而每个人认识事物的能力和视角并不相同,相同的角色在不同人的思维中可能形成不同的形象。因此,文字角色的表现形式难以具体把握,这是其受到的版权保护比较少的重要原因之一。"❷

即便在美国,针对虚拟人物的版权保护也很严格,以"007"系列电影中的主角詹姆斯·邦德为例,不论是依据原作者伊恩·弗莱明小说改编的13部电影,还是后续电影公司在购买"007"电影版权后自创的电影,都是持续性地、稳定地塑造"詹姆斯·邦德"这样一个虚拟角色,即便演员不断更替,但"詹姆斯·邦德"始终如一,因为《美国版权法》中没有邻接权的概念,故而美国法院为"詹姆斯·邦德"提供版权保护。

(三) 文字作品改编游戏的法律分析

1. 改编权的定义

关于"改编权"的定义,各国的模式大致分为如下两种:第一种为"归纳式",我国《著作权法》第十条第(十四)项规定,"改编权,即改变作品,创作出具有独创性的新作品的权

---

❶ 卢海君.版权客体论[M].2版.北京:知识产权出版社,2014:314.
❷ 卢海君.版权客体论[M].2版.北京:知识产权出版社,2014:315.

利。"WIPO中关于"改编"的定义为,"一般理解为对已有作品进行从一种体裁到另一种体裁的改动,诸如小说或音乐作品的电影改编。改编也可以是同一体裁范围内对作品进行的变更,以使之适于不同的利用条件,诸如将小说改写为少儿版本。与翻译仅转换作品的表现形式不同,改编还涉及变更作品的结构。改编他人受著作权法保护的作品,需要经该作品的著作权所有人的授权。"❶

第二种为"列举式",代表国家为埃及、南非、英国。《埃及著作权法》第二条 a 款规定:"改编是指:ⅰ就戏剧作品而言,将其转变为非戏剧作品;ⅱ就文学或美术作品而言……转变为戏剧作品;ⅲ就文学或戏剧作品而言,对该作品或任何版本,其中故事或者情节全部或主要以适于由书籍、报纸、杂志或类似以期刊复制的图画形式来表达……就任何作品而言,以重新编排或变更的方式对该作品的任何使用。"《南非著作权法》第一条第一款第一项规定"改编作品,文学作品,包括—如果是非戏剧作品,则指将其转换为戏剧作品的版本;ⅱ如果是戏剧作品,转换为非戏剧作品的版本。"《英国著作权法》第二十一条规定:"改编"对于文字作品或者戏剧作品,不包括计算机程序或数据库,是指ⅰ对……的翻译;ⅱ戏剧作品与非戏剧作品的转换;ⅲ故事情节或动作完全或主要地转化为适于书、报、杂志等的图书(漫画改编)。

2. 文字作品改编游戏的特点

针对文字作品的改编,可以看出,虽然法律并未限定转换的形式,但"改编"需要延用原作品的主要表达,即文字。这

---

❶ 世界知识产权组织. 著作权与邻接权法律术语汇编[M]. 刘波林, 译. 北京: 北京大学出版社, 2007: 3.

种文字的转换，可以通过戏剧、电影、广播、读书 App 等从书面转换为"台词"形式，也可以通过漫画、电影转换为"视觉加语言"的形式，这种形式的转换需要把原作的表达和思想情感一并转换，因而改编作品在一定程度上可以体现针对原作品的"替代性"。举个例子，很多人都是先看了《西游记》《天龙八部》《神雕侠侣》的电视剧，产生兴趣后才去阅读原著小说的。虽然改编作品往往很难表现原作的全部细节，但是可以大致上了解原作的基本表达和整体风貌，如果改编作品脱离原作太远，就会侵犯到原作品的保护作品完整权。而在文字作品改编为游戏时，由于游戏的特殊性，其强调的是用户的参与性。如果说，早期的单机游戏或 RPG 游戏❶尚可通过植入的 NPC 台词、内置的剧情发展轨迹来最大限度地延续小说的表达和思想感情，那么到了如今，在线游戏已经很难再延续小说的文字表达和思想感情，只能把原作中的主人公名称、武功名称、境界名称、物品名称等可符号化的元素添附在游戏中，它吸引的是那些对原作品已经熟知的受众，而首次接触的受众难以通过游戏来体验原作品到底是讲什么的，这就是所谓把小说的符号与基本表达、思想剥离。

《德国著作权法》中"对他人作品的改动"可分为"改编"（Umgestaltung）与"重编"（Neugestalting）。而"重编"指通过改编已经脱离了原作品，即原创作品的各项要素已经被完全独立地重新演绎过，因而人们可以看到一部完全独立的作品。为了确定是否构成重编，人们提出了"距离学说"，重编的作品必须清晰地远离原作品的内在与外在的形式——在重编的作品中，不允许存在原作品之所以成为作品的特征（原作品的独创性）。

---

❶ RPG 游戏，Role-Playing Game，即角色扮演类游戏。

就这一理论,人们还采纳了几个关键词:被改编的作品所具有的独创性特征必须从新作品中"隐退"。❶重编与演绎是并列的,如果被界定为重编,就意味着不再是对原作品的演绎。可以看出,文字作品元素"改编"游戏作品,非常接近德国法中的"重编"概念。在"斗破苍穹"案中,针对上诉人(原审被告)关于"不能以作品名称、角色名称、境界等级和物品名称等元素作为界定是否侵犯小说改编权的标准,而应该以故事情节作为基本内容来界定,因此本案不符合改编权定义"的抗辩,二审判决作出的回应中也间接承认了这点:"将小说改编成网页游戏就是在表现形式上进行了创新,符合改编定义的特点。也正因为两者是不同的表现形式,从客观上来说,网页游戏不可能像小说一样,表现为大段文字和具体故事情节的描述。"❷

三、游戏元素名称的反不正当竞争法保护

著作权法与反不正当竞争法的关系如同"家"与"围墙"的关系:筑起一道墙来保护自己的家园,"家园"是有著作权的,但"墙"本身则没有。若有人在墙上凿了个洞,可以窥视家里,凿洞行为本身并不算是对著作权的侵犯,但实际上产生的就是侵权的效果,所以目前只能以反不正当竞争法来补强,以符合中国的国际法律义务和责任。关于游戏元素名称的权利定性,实务界和理论界都尚有争议。一些法院并没有纠结于如何给游戏元素名称在著作权法中一个"合理的解释",而是转向"墙"的思路,在反不正当竞争法中考虑保护路径。关于反不正当竞争法的思路,大致分为两点:1993年《反不正当竞争法》

---

❶ M. 雷炳德. 著作权法 [M]. 张恩民, 译. 北京: 法律出版社, 2005: 45.
❷ 广州知识产权法院 (2015) 粤知法著民终字第30号民事判决书。

第五条第（二）项❶与第二条❷。

（一）知名商品的特殊装潢

1. 游戏元素名称不构成知名商品的特有装潢

一些原告在提出游戏元素构成"作品"的主张同时，还主张游戏元素名称构成了反不正当竞争法中知名商品的特殊装潢，即1993年《反不正当竞争法》第五条第（二）项，一些法院对此持否定态度。

在"奇迹 MU"案中，针对原告提出的"'奇迹 MU'游戏元素构成知名商品的特有装潢"的主张，一审法院认为："依据《反不正当竞争法》第五条第（二）项及国家工商行政管理总局《关于禁止仿冒知名商品特有名称、包装、装潢不正当竞争行为的若干规定》第三条的规定，擅自使用知名商品特有装潢的不正当竞争行为须具备如下要素：一是装潢具有外观性，即为识别与美化商品而在商品或其包装上附加的文字、图案、色彩及其排列组合。二是须针对知名商品实施，即在市场上具有一定知名度，为相关公众所知悉的商品。三是装潢具有特有性，即商品的装潢非为相关商品所通用，并具有显著的区别性特征。权利人应使用某个特有的文字、图案或其排列组合作为其商品

---

❶ 1993年《反不正当竞争法》第五条规定："经营者不得采用下列不正当手段从事市场交易，损害竞争对手：……（二）擅自使用知名商品特有的名称、包装、装潢，或者使用与知名商品近似的名称、包装、装潢，造成和他人的知名商品相混淆，使购买者误认为是该知名商品……"

❷ 1993年《反不正当竞争法》第二条规定："经营者在市场交易中，应当遵循自愿、平等、公平、诚实信用的原则，遵守公认的商业道德。本法所称的不正当竞争，是指经营者违反本法规定，损害其他经营者合法权益，扰乱社会经济秩序的行为。本法所称的经营者，是指从事商品经营或者营利性服务（以下所称商品包括服务）的法人、其他经济组织和个人。"

装潢，而不能使用多个、非固定的文字、图案及其组合，否则将导致相关公众无法辨识商品来源。四是使用行为造成混淆，使购买者误认为是该知名商品。本案中，原告主张的装潢为'奇迹MU'网络游戏的角色、场景、怪物等众多游戏素材。'奇迹MU'具有一定的知名度，相应游戏素材虽非贴附于商品或其包装上，但对于网络游戏这一特殊商品，玩家进入游戏后即可看到，故亦具有外观性。然而，原告主张的上述游戏素材数量众多且如何呈现取决于玩家的操作，相关公众无法据此识别商品来源。因此，相关游戏素材不属于商品的装潢，对于原告的该项主张，本院不予支持。"❶ 被告提出上诉，二审维持原判。

在"炉石传说"案中，原告暴雪娱乐有限公司、上海网之易网络科技发展有限公司系卡牌游戏"炉石传说"的开发者、中国大陆地区运营者，二原告认为被告上海游易网络科技有限公司发行的卡牌游戏"卧龙传说：三国名将传"，构成擅自使用知名商品特有装潢纠纷、虚假宣传纠纷，向上海市第一中级人民法院起诉。法院认为，"就本案而言，虽然依据本院查明的事实可以认定'炉石传说'具有一定的知名度，游戏中的炉石标识、单个战斗场地界面、382张卡牌及套牌组合有一定的独特性，但是，能否就此认定属于特有装潢为反不正当竞争法所保护，仍须综合考量是否具备区别商品来源的功能。'炉石传说'游戏于2013年10月23日才开始正式向中国公众开放，距离被告于2013年10月25日首次发布'卧龙传说'仅隔两天。鉴于相关公众对于'炉石传说'标识的接触和知晓需要一段时间持续的过程，在被控不正当竞争行为发生之时，游戏运行过程中

---

❶ 上海市浦东新区人民法院（2015）浦民三（知）初字第529号民事判决书。

才能逐渐展示给相关公众的炉石标识、单个战斗场地界面、382张卡牌无法为相关公众所普遍知晓，更难以具备区别商品来源的功能。因此，被告即便使用了与'炉石传说'相近似的装潢，也不会因此而造成相关公众的混淆与误认。综上，对于两原告认为被告擅自使用'炉石传说'游戏特有装潢构成不正当竞争行为的主张，本院不予支持。"❶ 宣判后，原被告未上诉，现已生效。

在"凡人修仙传"案中，原告上海玄霆娱乐信息科技有限公司系"起点中文网"的运营商，系小说《凡人修仙传》的著作权人。被告杭州乐港科技有限公司系"乐都网"（www.ledu.com）的经营者，在该网站上运营网络游戏"热血三国2"。原告发现，在"百度"网站搜索"凡人修仙传"得到的搜索结果中存在链接至"乐都网"的名称为"全新凡人修仙传改编游戏"的推广链接，所链接的网页系"凡人修仙传"游戏的开始页面，页面的左上角突出使用了"凡人修仙传"字样，右上角使用了"忘语古典仙侠小说改编网游"字样，中间使用了韩立、南宫婉的姓名及人物形象，左侧使用了"朝游南海暮苍梧"等特定诗句，但按页面提示注册进入该游戏后发现该游戏并非根据小说《凡人修仙传》改编的游戏，而是"热血三国2"游戏。原告认为被告使用"凡人修仙传"名称以及作品类型、作者姓名、主要人物姓名及其形象、特定诗词等，构成擅自使用原告知名商品的特有名称、包装的不正当竞争，向上海市浦东新区人民法院起诉。法院认为："对知名商品的保护是基于其名称等经使用而已具有标识性，构成擅自使用知名商品的特有名称等不正当竞争行为一般应当发生在相同或者类似商品上。小说由文字组成，

---

❶ 上海市第一中级人民法院（2014）沪一中民五（知）初字第22号民事判决书。

网络游戏系计算机软件,两者在内容、功能、用途、载体等方面不同,不存在需要结合使用等方面的关系,相关公众通常不会将两者混淆,故小说商品《凡人修仙传》与网络游戏商品'凡人修仙传'不属于相同或者类似商品。在原告主张权利的知名商品为小说《凡人修仙传》、被告行为发生在对网络游戏商品的宣传推广上的情况下,被告行为不属于《反不正当竞争法》第五条第(二)项规定的仿冒类的不正当竞争"。❶ 该案原被告未上诉,一审判决现已生效。

2. 游戏元素名称构成知名商品特有名称

"我叫MT"案中,原告北京乐动卓越科技有限公司为移动终端游戏"我叫MTonline""我叫MT2"(统称"我叫MT")的著作权人,前述游戏改编自动漫"我叫MT",原告拥有对该作品的游戏改编权、要素独占使用权。原告认为被告北京昆仑乐享网络技术有限公司、被告北京昆仑在线网络科技有限公司、被告北京昆仑万维科技股份有限公司发行的游戏"超级MT"游戏中抄袭原告游戏中五个人物形象,且将原告游戏中的呆贼形象作为其游戏App头像,侵犯了其著作权,构成不正当竞争,向北京知识产权法院提起诉讼。针对原告"'我叫MT'游戏名称及人物元素名称构成知名商品的特有装潢"的主张,法院认为,"知名商品或服务的特有名称、包装或装潢的实质为未注册商标,通常情况下,能够起到区分商品或服务来源作用的标志均可受到上述规定的保护。可见,虽然本案所涉游戏名称及人物名称并不属于严格意义上的服务名称,但如果其足以起到区分来源的作用,亦可以依据上述规定获得保护……因对于手机游戏而言,游戏玩家的数量在相当程度上可以证明该游戏在相关

---

❶ 上海市浦东新区人民法院(2014)浦民三(知)初字第763号判决书。

公众中的知名度,故在结合考虑该游戏已获得数十奖项,且颁奖方包括协会及众多的游戏网站等因素的情况下,本院认定相关公众足以依据原告'我叫 MT'游戏名称及涉案五个人物名称识别该游戏的来源,上述名称已构成原告在手机游戏类服务上的知名服务特有名称。"❶ 该案原被告未上诉,现已生效。

"斗破苍穹"案中,《斗破苍穹》系知名网络修仙题材小说,原告(被上诉人)成都页游科技股份有限公司、原告(被上诉人)成都泽洪品牌营销策划有限公司系小说《斗破苍穹》改编电子游戏的权利人,被告(上诉人)广州菲音信息科技有限公司、被告(上诉人)广州维动网络科技有限公司同期发行了电子游戏"斗破乾坤",原告认为被告游戏中使用了原著《斗破苍穹》及其游戏中的作品名称、角色名称、境界名称、角色争夺的目标物品名称"异火"等元素,侵犯了其著作权,构成不正当竞争,向广东省广州市天河区人民法院起诉。一审法院支持了原告的诉讼请求。二被告提起上诉。二审法院认为,"根据《关于禁止仿冒知名商品特有的名称、包装、装潢的不正当竞争行为的若干规定》第三条规定,本规定所称特有,是指商品名称、包装、装潢非为相关商品所通用,并具有显著的区别性特征。本规定所称知名商品特有的名称,是指知名商品独有的与通用名称有显著区别的商品名称。但该名称已经作为商标注册的除外。可见,非通用性和具有区别功能是知名商品特有名称的必要条件,此外还要排除注册商标。……本案中,第一,'斗破苍穹'是小说作者独创的名称,非属任何商品通用名称,具有显著的区别性,也无证据表明其是注册商标;第二,对于'斗破苍穹'这一知名网页游戏来说,'斗破苍穹'是其独有的

---

❶ 北京知识产权法院(2014)京知民初字第 1 号民事判决书。

网页游戏名称并与其已建立起稳定的、唯一的对应关系,与其他网页游戏名称有显著区别性。综上分析,足以认定'斗破苍穹'属于特有名称。"二审维持了一审判决。❶

(二) 众元素构成知名商品的竞争优势

另外一种思路,一些法院认为游戏元素名称难以构成知名商品,故而在1993年《反不正当竞争法》原则性条款第二条中寻求提供保护的依据。

在"炉石传说"案中,原告暴雪娱乐有限公司、上海网之易网络科技发展有限公司系卡牌游戏"炉石传说"的开发者、中国大陆地区运营者,二原告认为被告上海游易网络科技有限公司发行的卡牌游戏"卧龙传说:三国名将传",构成擅自使用知名商品特有装潢纠纷、虚假宣传纠纷,向上海市第一中级人民法院起诉。针对"炉石传说"的游戏规则,法院认为:"电子游戏远不只仅为大众娱乐而存在,而是具有极大的商业价值,游戏行业作为新兴行业,已经成为经营者投资获利的重要市场。为了规范游戏行业的健康发展,中国软件行业协会还组织制定了《中国游戏行业自律公约》,鼓励游戏行业从业者开展合法、公平、有序的竞争。本案原被告均为游戏产品的同行业竞争者,理应恪守反不正当竞争法及游戏行业自律公约的相关规定,开展公平竞争。本案中,原告游戏作为一种特殊的智力创作成果,需要开发者投入大量的人力、物力、财力,凝聚了很高的商业价值。被告并未通过自己合法的智力劳动参与游戏行业竞争,而是通过不正当的抄袭手段将原告的智力成果占为己有,并且

---

❶ 广州市天河区人民法院 (2013) 穗天法知民初字第1870号民事判决书,广州知识产权法院 (2015) 粤知法著民终字第30号民事判决书。

以此为推广游戏的卖点,其行为背离了平等、公平、诚实信用的原则和公认的商业道德,超出了游戏行业竞争者之间正当的借鉴和模仿,具备了不正当竞争的性质……游戏规则尚不能获得著作权法的保护,并不表示这种智力创作成果法律不应给予保护。游戏的开发和设计要满足娱乐性并获得市场竞争的优势,其实现方式并不是众所周知的事实,而需要极大的创造性劳动。同时,现代的大型网络游戏,通常需要投入大量的人力、物力、财力进行研发,如果将游戏规则作为抽象思想一概不予保护,将不利于激励创新,为游戏产业营造公平合理的竞争环境。"[1]

---

[1] 上海市第一中级人民法院(2014)沪一中民五(知)初字第22号民事判决书。

第二章　动漫、游戏角色的保护

动漫、游戏角色的保护可分为两块：一块是外在的，即美术作品；另一块是游戏角色的配音。下面分开论述。

第一节　游戏角色的配音

一、"声优"职业的现状

动漫、游戏角色的配音是也是一个作品中不可或缺的一部分，在美国，一些大制作的动漫、游戏会邀请影视明星来配音，我国目前也是效仿美国的模式；而在日本，有专门的配音演员——声优，声优有专门的声优事务所进行管理，与其他以事务所形式进行演艺活动的明星并无不同。

从曾为《七龙珠》中"孙悟空"一角色配音的野泽女士的一次访谈内容，可以看出日本声优的价格模式：根据"一集（以30分钟为例）动漫声优的价目表"所示，从低到高分别是新人"15 000日元"❶，紧接着是"16 000日元""17 000日元""20 000日元"不等。处于最高层的声优们没有列入排名，因为

---

❶　当时汇率约为100日元≈6元人民币。

他们可以交涉薪酬。所谓等级制是由协同组合"日本演职人员联合会"❶制定的制度。在这个组织注册的声优按照一定的规定划定等级决定报酬。"初级等级"为最低等级，报酬为一集15 000日元，一般声优注册未满三年一直会处于这个等级。满三年之后，从F到A等级不同，报酬也不同。最高的A等级据悉一集动画可以拿到45 000日元。诸如野泽这样的大牌声优，报酬也变得"无等级"即无上限，完全可以不遵循等级制而自由地进行讨价还价。

野泽女士还提到视出演作品种类不同报酬也不同。从高到低大体是按照"外国电影→动漫→柏青哥（赌博游戏）→游戏"这一顺序。说到游戏配音，野泽女士也坦言道："靠游戏是赚不到钱的，拿到的报酬也是不痛不痒的数额"。某游戏界相关人士透露道："声优的报酬也有用篇幅来换算的场合，所以不能一概而论，真的要具体问题具体分析。也有启用人气声优的例子，录一小时的报酬大概是20万日元。所以与等级制森严的动漫报酬相比，对于声优来说，给游戏配音说不定是个收益比较好的工作呢。"按照篇幅计算，就是根据剧本台词篇幅决定声优具体报酬的方法。在旁白以及游戏配音里，很多都是按照这个方法来决定声优的报酬。虽然根据签约内容及分量最终报酬多少有些不同，但据电视相关从业人员透露，也曾有过给两个小时的综艺节目配一次音支付声优10万日元报酬的例子。❷

日本科技公司"Crypton未来媒体"的热门产品——日本虚拟偶像"初音未来"，即是利用声优的声音作为商业化使用的成功案例。消费者可以通过编程，让"初音未来"在电脑上演唱

---

❶ 类似于中国的协会类组织。

❷ [EB/OL]．[2016-10-01]．http：//jp.hjenglish.com/new/p548865/．

任何歌曲。"初音未来"的嗓音即以日本女歌手藤田咲的声音为样本。

二、"配音"的法律定性

很多国内游戏公司，为了吸引玩家，也购买了日本知名声优的"版权"来为游戏配音。那么，游戏配音属于版权的何种权利呢？

1. 公开权（人格权）

美国的"公开权"系由英国传统的"隐私权"发展而来，涵盖了肖像权、名誉权等权利无法覆盖的细微范围。

美国 Midler 诉 Ford Motor Co. 案代表了对"声音"这一人格标识模仿的案件："原告 Bette Midler 是美国著名歌手，曾经获得过格莱美奖和 1979 年奥斯卡最佳女演员提名，受到大家的广泛喜爱。被告福特汽车公司的一家广告代理商邀请原告演唱一首名为 Do You Want to Dance 的歌曲为福特公司做广告，原告是这首歌曲的原唱，但是原告拒绝演唱。广告代理商便找到另一位歌手模仿原告的声音演唱了这首歌，这个广告播出后，熟悉原告歌声的人都误以为是原告的演唱。为此，原告要求对其声音予以保护，诉至加州联邦地区法院，被驳回起诉后，原告不服又上诉至第九巡回上诉法院。第九巡回上诉法院认为：'声音如同面孔一样，具有可区别性与个性。人类的声音是表明身份的最易感受的方式'，而原告控诉被告不适当地盗用了她的声音价值，是对其身份所享有的财产性利益的侵犯，因此，第九巡回上诉法院推翻了原审法院的判决，认定被告行为构成侵权。"[1]

上述案例中，第九巡回上诉法院的思路即是以"公开权"

---

[1] 李明德. 美国形象权法研究 [J]. 环球法律评论，2003，25（129）：474-491.

提供保护。但适用"公开权"有一个先决条件，即权利人应该是社会知名人士，其人格的肖像、声音、标志性动作，乃至文身、口头禅等，应该有一定程度的商业化价值。此处就排除了"非知名人士"——当然，"知名度"的判定还是依靠法院的个案判断，但可以肯定，不是所有的配音演员或者"声优"可以享有这项权利，针对声音，除了知名度判断，还需要针对"声音"本身的辨识度进行判断，这种对声音辨识度的判断类似于著作权法中"独创性"的判断。

2. 表演者权

鉴于我国目前支持上述"公开权"的判例，很多学者认为对于"配音"可以按照"表演者权"进行保护。但这里面又存在一些理论障碍："表演者权"的基础是对"作品"的演绎，放在游戏配音上讲，就是对所对应的台词——文字作品的表演。对于动漫来说，人物对白是贯通全篇的，无论从文字量还是从剧情性来看都是可以按照"文字作品"保护的。但对于游戏而言，人物的对白是片段的，很多时候是基于场景触发时才跳出，而对于交互性强的网络游戏而言，人物大段的对话或独白则更少，那么，这时对应的文字是否还能构成"文字作品"，就需要个案测试。但从实际版权买卖的实际角度考虑，游戏公司购买的还是声优独特的"声音"，而非是其表演的"文字作品"。最典型的例子，就是诸如"高德地图"等电子地图的导航语音包，每个明星对应的文字脚本都是固定的，应该说，也没有独创性（都是"左拐、右拐、并线"之类的词），而这些声音本身在脱离作品的承载之外，受何种权利保护，是需要探讨的。在美国，这种声音是属于"公开权"或者"形象权"的保护范畴的。

三、其他国家关于"声音"的立法保护

1. 《加拿大魁北克省民法典》

《加拿大魁北克省民法典》第三十六条规定:"特别是有下列行为之一的,为侵犯他人隐私:(1)进入或者占领他人的住宅。(2)故意截取或者使用他人的私人通信工具。(3)盗用或者使用他人的肖像或者声音,尽管在私人寓所内。(4)尽一切可能持续将他人的私生活公开。(5)使用他人的姓名、肖像、形象或者声音,但向大众合理公开信息的除外。(6)使用他人的信件、手稿或者其他的私人文件。"❶

2. 《美国加利福尼亚州民法典》

《美国加利福尼亚州民法典》第九十九条规定:"任何人以任何方式将死者姓名、声音、签名、照片或画像用于产品、商品或以广告、销售、招揽购买商品、接受服务的客户,而没有获得本条(c)款规定的人事先许可,应当对因此受害的人负损害责任⋯⋯"❷

3. 《捷克斯洛伐克社会主义共和国民法典》

《捷克斯洛伐克社会主义共和国民法典》第十二条规定:"(1)有关于公民或其个人性质意见的私人文件、肖像、风景照片或录音,只有取得他本人的许可才能加以利用。(2)为了职务上的目的,根据法律利用私人文件、肖像、风景照片或录音的时候,不需要取得许可。(3)为了科学和艺术上的目的,以及为了报刊、影片、广播和电视报道,对于肖像、风景照片和

---

❶ 袁雪石,译.魁北克民法典人格权部分节译[M]//杨立新.民商法前沿(第2辑).北京:法律出版社,2004:262.

❷ 王利明.中国民法典学者建议稿及立法理由——人格权编,婚姻家庭编,继承编[M].北京:法律出版社,2005:113.

录音,也可以用适当的方式不经公民本人的许可而加以利用。但是这种利用不得与公民的合法利益相抵触。"❶

4.《中国澳门地区民法典》

《中国澳门地区民法典》第八十条规定:"一、未经本人同意,不得对其肖像或其他在视觉上能认别本人之标志进行摄取、展示、复制、散布,或者做交易之用;肖像人死后,则由第六十八条第二款按顺序所指之人给予许可。二、基于肖像人之知名度或担任之职务,或基于安全或司法方面之要求,或为着学术、教学或文化之目的,而有合理理由者,则无须肖像人同意;如该肖像系在公众地方、与公共利益有关之事实或公开进行之事实当中所摄得之影像之一部分,亦无须肖像人同意。"❷

5.《印度电台商业广告准则》

《印度电台商业广告准则》第四条规定:"广告复制中的虚假行为必须被禁止,并且这样的复制行为不应该被商业电台所接受。与商品广告相联系的名人声音的模仿也被禁止,除非提供了善意的证据证明模仿他或她的声音得到该名人的许可。"❸

第二节 动漫、游戏角色中"公开权"的界限

一、肖像权改编的游戏角色

近期,制造热门游戏《侠盗猎车手5》的 Rockstar 公司和其

---

❶ 捷克斯洛伐克民法典[M].陈汉章,译.北京:法律出版社,1981:10-11.
❷ 王利明.中国民法典学者建议稿及立法理由——人格权编、婚姻家庭编、继承编[M].北京:法律出版社,2005:103.
❸ 王利明.中国民法典学者建议稿及立法理由——人格权编、婚姻家庭编、继承编[M].北京:法律出版社,2005:113.

第二章 动漫、游戏角色的保护

母公司 Take-Two Interactive Software 于 2014 年 7 月被美国女星、模特 Lindsay Lohan 向纽约州法庭起诉，Lohan 的诉请是该款游戏的一角色侵犯了隐私权（Privacy of right）。

大家一度并不看好这件诉讼，尤其是当被告提出，该角色实际是从某不知名模特手里拿的肖像权和公开权的授权，与 Lohan 无关。

就算是对外国人的面部识别会出现"脸盲症"的情况，但大家都可以发现被诉游戏角色 Lacey Jonas 还是与无名模特更神似一些。问题是：Lohan 提出，首先，被告特意找的是一个与其神似的模特；其次，这个游戏角色的人物设定用的都是其特殊经历：都是美国好莱坞女星，都是长期入住好莱坞酒店 Hotel Cheateau Marmont（这个酒店是真实存在的），都曾有过"性爱视频"丑闻（在游戏中，该角色甚至安排了玩家去狗仔队处偷视频的任务环节）。被告申请驳回原告诉请。然而事情的反转出现了，美国纽约州最高法院法官 Joan Kennedy 宣判此案不会被驳回，法官特意指出："被告的角色任务/故事线与原告的地理位置、设置方向、生活事件相似，使该角色及角色任务明确地指向了原告。"当然，据了解该案 Lohan 仍然未获支持。

实际上 Rockstar 和 Take-Two Interactive Software 公司并不是第一次因此被诉，2014 年 2 月 Karen Gravano 就曾就《侠盗猎车手 5》中的角色安东尼亚波提诺提出侵犯隐私权的诉讼。

说实话，原告与被诉游戏角色确实不完全近似。但问题还是一样：Karen Gravano 的父亲是山米·格拉瓦诺（Sammy Gravano），系前甘比诺（Gambino）家族二当家，先前曾接受辩诉交易成为政府的污点证人。而在《侠盗猎车手 5》中，这名游戏角色向玩家说明自己的身份，其生活经历和背景与原告完全一致。

现在我们可以看出问题的端倪了：游戏角色要出彩，需要与名人挂靠，但要拿名人的肖像权授权，费用不便宜。那怎么办？一些为省钱的游戏公司先找一位与该名人长的差不多的无名模特，拿到其的授权（当然其授权费就便宜的多了），然后把名人的生活经历和背景资料安进游戏人物。如果有名人来诉肖像权，那么其可以拿出原始授权合同，告诉法院其是有授权的，以规避诉讼风险。

美国在隐私权的基础上，发展出了公开权的概念，所以原告一般的诉请都是隐私权和公开权（Right of Publicity and Privacy）。美国曾经一度认为公开权虽然在 Haeden Laboratories 案中获得承认，但仅仅是适用不正当竞争原则的另一种途径，仅仅是贴上了另外标签的不正当竞争，而不是另外的独立的诉因。最终在 1977 年获得最高法院的承认，并承认了原则为"保护个人对于自己行为所享有的金钱权利，部分目的是鼓励这样的一种娱乐活动"❶ 盗用（Misappropriated）的方法很多，虽然辨认一个的身份最一般的方法是通过姓名，昵称或肖像，但目前越来越多的游戏公司使用原告的嗓音、名言警句、醒目的标志的汽车等身份标记，还有零散标识，比如醒目的服饰、发型和姿势。在普通法中，故意不是必要因素。(因为是普通法权利，所以上述诉讼会在州法院审理，而同样涉及公开权的"拆弹部队"案因为涉及宪法第一修正案，所以在第九巡回法院审理。)

"公开权"在我国，翻译成了"形象权"和"商品化权"，境遇则各不相同。"商品化权"的突破口从商标确权授权行政案件中打开，甚至从真人扩张到虚拟形象；另外一方面，由于肖

---

❶ 胡·贝弗里-史密斯. 人格的商业利用 [M]. 李志刚, 缪因知, 译. 北京：北京大学出版社, 2007.

第二章 动漫、游戏角色的保护

像权的案件在传统民事审判庭审理,由于民法通则没有"形象权"或者"公开权"的概念,且在目前审理的肖像权案件中,主要是"真人——真人"的使用侵权,比如直接把照片使用在广告或产品中等,对于"真人——动画"的案件较少,所以一直严格按照容貌的相似比对原则。直到"章金莱诉蓝港在线公司肖像权纠纷"案中,二审法院首次扩张了肖像权的范围,提出:"在我国,《民法通则》第一百二十条第一款规定:'公民的姓名权、肖像权、名誉权受到侵害的,有权要求停止侵害,恢复名誉,消除影响,赔礼道歉,并可以要求赔偿损失',该条作为肖像权保护的请求权基础开始施行于 1987 年 1 月 1 日。纵观二十几年的司法实践,涉及侵犯肖像权的纠纷多是与人的自然相貌紧密相关,即例如自然人的照片被擅自使用等情形,虽偶有以漫画的方式侵犯肖像权纠纷,但是无论哪种情形,由于涉及的侵权行为往往能够直接反映出人的自然相貌特征,所以,肖像与自然人的相貌特征之间的可识别性成为无可争议的结论。久而久之,由于实务中涉及的侵犯肖像权的纠纷多是直接反映自然人的体貌特征,在适用法律时,肖像权中所蕴含的可识别性也被逐渐淡化了。但是,法律之所以保护肖像权,是因为肖像中所体现的精神和财产的利益与人格密不可分。而当某一形象能够充分反映出个人的体貌特征,公众通过该形象直接能够与该个人建立一一对应的关系时,该形象所体现的尊严以及价值,就是该自然人肖像权所蕴含的人格利益……另外,面临以商品化的方式侵害人格标识的纠纷日益增多之现状,在比较法中,对具有标识性的人格利益可以采公开权、形象权之内容予以保护。这种对具有人格标识性的形象予以保护的世界发展趋势,说明与人格利益密切相关的形象具有可保护利益已成为共识。所以,对肖像权的解释,恰恰应当进行适当的扩张解释,

积极面对现实并顺应时代的发展,而不是一审判决所认为的'无法随意突破作扩大解释'。"❶

该案因为不涉及原告的生活经历、背景资料和个人行为特征等其他因素,所以二审法院虽然通过扩张解释间接承认了"形象权"的概念,但比对环节依然认为不构成实质性近似,故驳回了原告的诉讼请求。

随着中国动画产业和游戏产业的发展,诸如《侠盗猎车手5》这样的情况慢慢出现、激增,如果说"侵犯著作权罪"中的问题属于刑民交叉的产物,那么涉及真人改编游戏/动漫角色的问题则属于传统民事和知识产权民事交叉的产物。同样一个权利,在知识产权领域换了个马甲(商品化权)以"市益"的形式得以生根发芽,在传统民事领域(形象权)则依然还是水土不服。

二、公开权的保护范围

2016年2月,玩具巨头美泰公司(Mattel)和孩之宝公司(Hasbor)尝试进行合并,联手对抗乐高公司。业界将其形象地比喻为"芭比娃娃携手变形金刚对抗乐高小人"。

同样是玩具公司,三家公司的IP模式并不同:孩之宝公司基本靠老IP过活,手里的王牌就是变形金刚,模式是通过推广动画、衍生电影从而扩张玩具市场——实际上目前日本和中国也基本是这种模式。除了自己直接购买动画的版权(《变形金刚》当初就是低价从日本买过来的IP),也去买其他公司IP的玩具化授权;乐高公司因为目标年龄层相对低,所以对于IP的利用不是很依赖,主要以原创为主,动画挂靠性也不强,诸如"生化战士""忍者"等系列都是先推出的玩具再推出的原创动

---

❶ 北京市第一中级人民法院(2013)一中民终字第05303号民事判决书。

画。当然到后期，其也通过购买其他公司的 IP 玩具化权来扩大目标年龄层，推出一些面向成人的高阶拼装，诸如"世界经典建筑"系列、星球大战系列，但数量不多。

美泰公司的道路最为特殊，因为其主力产品芭比娃娃是仿真人玩偶，所以其主要依赖的是肖像权授权和时装原创。但涉及版权及不正当竞争层面，更为复杂。

1. Mattel. Inc v. Radio City Entertainment. Inc：人偶面部特征（facial features）的可版权化之争

Radio City 公司的主营业务本不是娃娃，而是音乐。为了纪念火箭女郎乐队在美国纽约的演出，其推出了名为"Rochettes 2000"的娃娃，美泰公司起诉其侵犯了自己旗下芭比娃娃的版权。

真人玩偶玩具可分为两部分：头雕（脸部）和素体（身体）。素体涉及体态和可动性问题，而真人玩偶玩具的精华就在于那颗小小的头雕。设计师做一次头雕需要花费极长的时间，所以当一个头雕设计成功后，玩具公司会持续地使用这一设计，只会在发型、素体、衣服、化妆上更新。美泰公司起诉被侵犯的两个经典头雕就是 Neptunes Daughter Barbie（1992 年）和 CEO Barbie（1999 年）。

一审地方法院提出：因为仿真人玩偶的头雕是根据每个国家、不同人种的事实特征来设计的，可选择表达的方式很少，美泰公司主张的版权部分（full faces, pert, upturned noses, bow lips, large, widely space eyes, slim figures）独创性没有足够强，故而认定仿真人玩偶的面部特征不受版权法保护。这个结论对于以芭比娃娃为主营点的美泰公司是个沉重的打击，美泰公司提出上诉。二审法院持与一审法院相反的观点，认为不能一概否定仿真人偶玩具面部特征的可版权性，2004 年将该案发回，随后在公开信息搜集渠道找不到此事后继进展的内容。笔者猜测应该是在发回后双方进行了和解。所以，美国地方法院只给出了结论：不能一概否定仿真人偶玩具面部特征的可版权性。我们都知道，仿真人玩偶确实由于表达的有限性，不可能所有的细节部分都受版权保护，但到底哪些部分受保护，哪些部分属于共有领域，该案没有给出答案。

实际上，除了芭比娃娃，兵人玩具公司也一直面对这个问题：要么是直接从明星手里拿肖像权的授权，制作完全还原的头雕；要么就是原创头雕。如果是原创头雕，就会面临美泰公司上述案子中出现的问题：当其他公司只借用你的头雕，素体和衣服等全部自己开发，你就没法按照玩具整体作为美术作品要求版权保护，只能退而要求头雕本身的版权保护，但因为是真人改编制作，表达的方式是有限的——再怎么"表达"，也不能把鼻子大、头朝上、耳朵跑头上，尤其是原创的头雕往往都是设计成"大众脸"。

另外，因为是原创的玩具，不涉及人格，也没法按照肖像权保护。在章金莱与蓝港公司肖像权案中，法院界定了肖像权的法益：法律之所以保护肖像权，是因为肖像中所体现的精神和财产的利益与人格密不可分。而当某一形象能够充分反映出个人的体貌特征，公众通过该形象直接能够与该个人建立一一对应的关系时，该形象所体现的尊严以及价值，就是该自然人肖像权所蕴含的人格利益。❶

根据美国1998年通过的著作权延长法案（*Sonny Bono Copyright Term Extension Act*），公司或法人的著作权延长至出版后95年或作品完成后120年。所以，诸如美泰公司等仿真人玩偶公

---

❶ 北京市第一中级人民法院（2013）一中民终字第05303号民事判决书。

司不会轻易让自己的宝贵资产脱离版权的保护在市场上裸奔，但如何进入保护圈，是个问题。

2. Mattel. Inc v. MGA Entertainment. Inc：Bratz Doll 的创意到底属于谁

2007 年，美泰公司起诉另外一家主营真人玩偶的 MGA 公司侵犯著作权及商业秘密，标的达十亿美元。缘起是美泰公司的前员工 Carter Bryant 在职期间，通过一则皮鞋的设计广告，想出了大头娃娃的设计思路，其跳槽去美泰公司的竞争对手 MGA 公司后，带走了这个设计，MGA 公司就此生产出了热销产品"Bratz Doll"。该案至本书完稿时亦未有结论。除了使用商业秘密保护，玩偶的设计除非是精确的设计图复制，否则在版权领域由于属于"思想"范畴，很难无法受到保护的。

巧的是，2008 年，因为 Carter Bryant 在诉 MGA 公司案中关于"自己是看了某鞋的广告而想出的创意"的证言，该广告设计者 Belair 蹦出来，起诉美泰公司和 MGA 公司：不管你俩谁抄谁的，反正你俩都抄的我的创意。

3. Day v. Mattel. Inc：盗用名人的专属物品造型设计是否侵权

2010 年，丹麦摇滚乐队 Horror Pops 的主唱 Day 起诉美泰公司侵犯公开权和商标权。

美泰公司新推出了"摇滚女孩"系列芭比娃娃，这系列芭比娃娃的形象不是原创的，而是需要摇滚女明星的肖像权授权。Day 起诉称：其中一款名为"Hard Rock café doll"的芭比娃娃，盗用了其本人的穿衣风格、烟熏妆、上臂文身（black hairstyle, eyeliner, red lipstick, pencil skirts, tattoo），最关键的是盗用了该歌手的标志性乐器：Tatoo Bass。Day 是该乐队的主唱兼低音贝斯手，但她之前是学古典乐的，所以她突发奇想，用大提琴来充当贝斯，这个大提琴也贴满了文身图样：大提琴两侧有两只蓝色的燕子，下侧有玫瑰藤条延伸上来……

美国的公开权最早是从隐私权发展而来的，并在 Haelan Laboratories 案中获得承认，但初期"仅仅是适用不正当竞争原则的另一种途径，仅仅是贴了另外一个标签的不正当竞争，而不是另外一个独立的诉因"❶。到后期，公开权的法律责任明确为：以商业为目的，未经对方同意，通过使用个人的姓名、肖像或其他身份标记，盗用个人身份的商业价值……身份标记包括诸如原告的嗓音、名言警句、有着醒目标志的汽车等身份标记，法律还将保护延伸到可以组合起来认定个人身份的零散标识，比如原告醒目的服饰、发型和姿势。❷

之所以 Day 的诉讼理由不包括肖像权，是因为该款芭比娃娃的头雕及身体不太可以对应到 Day 本人，尤其是头雕——芭比娃娃明显比 Day 好看太多。至于那些穿衣风格、烟熏妆等，基本玩摇滚的都这身打扮，够不上"标识"性——如果是 Lady Gaga 的经典发型和服饰，应该可以受到公开权的保护。至于 Day 上臂的文身图样，版权应该属于文身设计师。所以 Day 转而从公开权出发，把焦点放在那把标志性的大提琴上。

需要注意的是，美泰公司在设计玩偶的那把大提琴时也没有完全照搬。无论是大提琴的颜色，还是文身图案都与实际不一样，唯一一样的就是上面都出现了蓝色燕子的图案。但另外一方面，业内使用文身大提琴当贝斯的只有原告。

首先，针对公众人物的知名物品身份标记，公开权的比对标准是什么？如果是参考版权中复制权的比对标准，那么是够不上侵权的，因为其只是盗用了"思想"。同时，因为芭比娃娃

---

❶❷ 胡·贝弗里-史密斯. 人格的商业利用 [M]. 李志刚，缪因知，译. 北京：北京大学出版社，2007.

是静态的,美泰公司也没有特别说明这把大提琴是用来当贝斯使的,单独一个用文身图案美化过的大提琴是否构成指向性的混淆?一旦知名人物自己将自身置于公众的注意之下,则美国宪法第一修正案要求对知名人物的形象进行评论、戏仿、讽刺及其他性质的表现性使用的权利必须给予更宽泛的范围。❶ 那么芭比娃娃是否因此也不构成侵权?遗憾的是,该案还是没有结论。

最后提出一个设想出的问题:假如在我国,有公司把原告 Day 的这把 tatoo bass 风格的大提琴申请了图形商标,那么 Day 该如何维权?假设公众极为可能看到该枚商标混淆误认为这是 Day 授权的。但一是 Day 既没法主张肖像权,也没法主张著作权,二是 Day 也没法对这把琴主张"商品化权",三是 Day 也没有进行过生产使用。那么,是不是这样的情况真的就"用了白用"了?

第三节 游戏角色中的保护期限

以一起真实的案子为例:国内一公司把某美国知名动漫公司的某知名动漫角色作为一个图形商标使用在鞋上,美国知名动漫公司以侵犯著作权为理由提出民事诉讼。

由于该美国知名动漫公司之前经历过一段经营惨淡的时期,逼不得已把自己手底下的超级英雄的版权纷纷卖出,涉案动漫角色的版权亦曾转卖给索尼公司。国内公司使用的形象是初代

---

❶ 胡·贝弗里-史密斯. 人格的商业利用 [M]. 李志刚,缪因知,译. 北京:北京大学出版社,2007.

的英雄角色形象，即 1962 年的。被告提出：该动漫角色形象作为美术作品，已经超过了著作权 50 年的保护期，已经进入公有领域。难题抛给了原告方：如何保护一个"大龄"热门动漫人物形象呢？后来，原告公司选择撤诉。

无独有偶，2015 年 9 月 23 日，持续了打了 4 年的 DC Comics v. Towle 案终审。Towle 销售改装过的蝙蝠车（batmobile），仿制的是 1989 年和 1990 年《蝙蝠侠》motion picture 中的两款车型。DC 公司认为 Towle 侵犯了其对于蝙蝠车的著作权和商标权，Towle 认为，蝙蝠车最早于 1941 年在漫画中出现，DC 公司对于蝙蝠车不享有著作权。

美国的版权法原则上是不保护虚拟人物的著作权的，孙远钊教授认为这是出于功能性的考虑，越容易受到其他权利（商标权、外观设计专利）保护的，越不容易获得著作权的保护。历史上，认定过享有著作权的虚拟人物只有詹姆斯·邦德（诞生于 1952 年，第一部电影于 1962 年公映）、哥斯拉等仅有的几个。就像蝙蝠侠在漫画中始终都是布鲁斯·韦恩，但他的外形是不断变化的，从最初的紧身衣到现在高强度纤维外套。截至 2014 年，蝙蝠车也出现了十个版本。美国法院认为，最早的 1941 年版本的蝙蝠车没有著作权，因为它实际就是拿一辆现成的红色敞篷车简单改装的，没有创造性。同时认定，从 1966 年第二版本的车起开始享有版权。该案中，美国法院重审了认定动漫形象著作权的"三步法"标准：第一，有实体形象及实际意义（see Air Pirates, 581 F. 2d at 775）。法院引用了在认定詹姆斯·邦德著作权中的观点：虽然扮演该形象的人物不停更换，但都是有物理化实体特征的：喜欢女人，爱喝马提尼酒，喝的时候必须得事事儿地来一句"shaken, not stirred"，右脸颊、左肩和右手背有疤痕，皮肤较黑，有杀人执照，必说"我叫邦德，

第二章 动漫、游戏角色的保护

詹姆斯·邦德"等。蝙蝠车虽然从 1941 年开始创作公开，历经数个版本，形象不断发生改变，但依然是有共同的实体形象和设计思想：动力强劲，后部有辅助动力喷射装置，车载电话能随时连线高登市长的办公室，座椅有弹射装置，有武器压制设备，有蝙蝠元素，本身为黑色等。对于 Towle 辩称自己的车与 1986 年版本的蝙蝠车（坦克版）有很大不同，法院亦认为，作为一个可版权保护的动漫形象，蝙蝠车并不需要在每一部章节中一直保持固定不变的形象，只要它特有的属性和特征不变。❶第二，该形象必须有足够的识别度与类似的动漫形象区分。即不能是一个动漫人物的通常形象（It is not merely a stock character）。就此，法院引用了迪士尼公司的米老鼠（Rice）案：迪士尼之前有个《大魔法师》的短片，内容是米老鼠身为魔法师的学徒，趁师傅不在的时候，擅自用魔法打扫房间，结果一团糟的故事。迪士尼公司主张这个短片中米老鼠穿魔法衣形象的著作权，法院驳回了其主张，其认为这个形象是常规魔法师的形象，穿个大袍子，戴个大尖帽，拿个魔法棒，属于这个角色的常规形象（stock character）。蝙蝠车除了 1941 年版本的没有独创性，其他历代版本足以与其他动画片的汽车区分开，不是属于"超级英雄汽车"的常规形象。第三，有独创性，并包含独特的表达元素。

可以看出美国和我国对于动漫人物形象保护问题的差异：

首先，认定难度不同。美国对于虚拟形象的著作权保护非常严格，其版权登记采取准实体审查。而中国相反，首先版权登记不做实体审查，基本上动漫形象都可以获得版权登记，在网易公司的"梦幻西游"案中，网易公司把 78 个游戏人物都进

---

❶ See e.g., Warner Bros. Entmt, Inc, 644F.3d at 599 n.8.

行了版权登记。就一个蝙蝠车是否构成著作权的案子，美国审了四年，在中国，动漫形象经过版权登记后，法院基本都承认其享有著作权。

其次，保护的思路不同。美国对于为虚拟形象提供著作权保护十分谨慎，但一旦决定提供保护，是把一个动漫形象作为一个整体来保护，而不是简单地割裂来看。而我国采取单幅认定、单幅比对的方法，这点在新生动漫人物著作权诉讼中还没有暴露出问题。但一旦经过大浪淘沙，一些经得起时间考验的优质动漫 IP 慢慢逼近保护期大限的时候，问题就会出现：对于这些陪伴了几代人的热门大龄动漫人物，是否还继续提供著作权保护？当然，保护的前提是它这些年一直在活跃着，迭代更替。比如蜘蛛侠案，如果按照美国的保护思路，采取整体系统保护，那么认定侵犯著作权是没问题的。

第三章　游戏相关合同纠纷

第一节　改编合同

随着游戏市场竞争越发激烈，使用原始作品的二次开发、多次开发成为一项重要的吸引目标受众的手段，同时与原始作者签订改编合同、拿到授权的费用也变得高昂。"客观来讲，大家进入游戏行业是为了金钱。游戏是暴利行业，如果花500万元投资一个团队，产品能在 App Store 排行榜前十的话，一个月的营收能做到1 000万元，团队做半年之后就能拿到不错的收益。正是这样的暴利使得抄袭成风……蓝港在线 CEO 王峰就指出，时下页游市场，一款新产品的成功率为1%，而手游市场的存活率仅0.1%。有业内人士称，时下的这0.1%的存活率，也大多被资源丰富的大公司所占据。而在如此的生存压力下，中小游戏公司大多选择赌一把，去疯狂山寨，以求得生存。"[1] 针对改编游戏的相关诉讼数量在2015年至2017年游戏类侵权诉讼中占非常大的比例。

---

[1] 张书乐.手游产业的山寨之路 [J].法人，2014 (1).

一、游戏改编行为的法律性质

1. 改编权的核心

我国关于"改编权"的定义规定在《著作权法》(2010年)第十条第十四款,但用语比较含糊——"改编权,即改变作品,创作出具有独创性的新作品的权利。"其中的要求在于"改变作品"及"独创性",对于新作品必须具有独创性无争议,而"改变作品"中如何界定"改变"就需要进一步解释。

各国的定义模式大致分为如下两种:

(1) 归纳式。

WIPO中关于"改编"的定义:"一般理解为对已有作品进行从一种体裁到另一种体裁的改动,诸如小说或音乐作品的电影改编。改编也可以是同一体裁范围内对作品进行的变更,以使之适于不同的利用条件,诸如将小说改写为少儿版本。与翻译仅转换作品的表现形式不同,改编还涉及变更作品的结构。改编他人受著作权法保护的作品,需要经该作品的著作权所有人的授权。"❶

(2) 列举式。

如《德国著作权法》第二十三条规定:"关于改作与加工:将作品制作成电影或者……"

《埃及著作权法》第二条a款规定:改编是指:ⅰ就戏剧作品而言,将其转变为非戏剧作品;ⅱ就文学或美术作品而言,……转变为戏剧作品;ⅲ就文学或戏剧作品而言,对该作品或任何版本,其中故事或者情节全部或主要以适于由书籍、

---

❶ 世界知识产权组织. 著作权与邻接权法律术语汇编 [M]. 刘波林, 译. 北京: 北京大学出版社, 2007.

报纸、杂志或类似以期刊复制的图画形式来表达；……就任何作品而言，以重新编排或变更的方式对该作品的任何使用。

《南非著作权法》第一条第一款第一项规定："改编作品，文学作品，包括——如果是非戏剧作品，则指将其转换为戏剧作品的版本"；"ⅱ如果是戏剧作品，……转换为非戏剧作品的版本。"

《英国著作权法》第二十一条规定："改编"对于文字作品或者戏剧作品，不包括计算机程序或数据库，是指ⅰ对……的翻译；ⅱ戏剧作品与非戏剧作品的转换；ⅲ故事情节或动作完全或主要地转化为适于书、报、杂志等的图书（漫画改编）。❶

可以看出，在诸多定义中，WIPO 的定义相对而言更加全面、准确。改编行为可以提炼为三个基本原则：第一，作品形式（体裁）的转换。第二，改编后有足够的独创性表达，而不是对于原作品的"复制"。（美国曾有一例针对改编权的诉讼，原告根据迪士尼的动漫形象，制作了立体的塑料玩具雕像，被告则制作了小比例的金属玩具雕像。美国法院认为，原告本身的改编作品，只是对迪士尼卡通形象的完全复制，没有独创性，所以不能作为一个"新作品"，故判定被告不侵权）第三，要继承原作品的基本思想和表达，即"表达的继承性"。

举个例子：很多小朋友在阅读《西游记》的文字作品之前，基本都是在寒暑假通过各种改编动画片、电视剧来了解西游记的，这样的改编动画片、电视剧甚至在韩国、日本，乃至美国都有（美国曾邀请演员吴彦祖主演过以西游记改编的美剧《荒原》）。不同的动画片、电视剧改编水平参差不齐，但基本的思想和表达都继承了原著的主要的人物名称、人物性格、武器名

---

❶ 十二国著作权法 [M]. 北京：清华大学出版社，2011.

称、主要的妖怪和场景名称、"长途取经"的意象等。当这些小朋友的阅读能力所有提升时,他们会开始阅读各种版本的《西游记》文字改编作品,最后,他们一部分人会阅读半文言文的原著。这是现在社会中很典型的一种"逆向体验"的现象,它充分说明了改编作品与原作品的继承关系,改编作品如果与原作品没有延续性,那么就顶多算是"借势宣传"。即便像《红楼梦》后面的续写部分,同样也是继承了原作品的思想和表达。

  从另一个角度看,"改编权"应该是有边界的,并不是所有的"改变"都可能满足上述这三点:我们可以将一部文字作品改编为电影、戏剧作品、漫画(美术作品)、朗诵等作品,但实践中是没有办法改编为音乐作品(注意,歌词是文字作品)、计算机软件或者工程图作品的,这正是因为不是所有的作品之间都可以实现表达和思想的"互通"。举个例子,某个新的交响乐可以声明是由《西游记》改编,但文字和音符是没有办法实现"互通"的,在隔离审查中,估计绝大部分受众是不会从音乐节奏与原作品本身联系起来的。当然,在实践中有"电影配乐演出",但这种音乐与原电影作品之间的联系并不是"改编"的关系,它们是呈平等的、对应的、同步的关系,受众对音乐与电影建立的联系,还是来自音乐之外。

  2. 游戏改编的特殊性

  (1)电子游戏的法律定性混乱。

  电子游戏改编的特殊性在于电子游戏本身的法律定性的模糊性。实际上,电子游戏的法律定性问题是困扰世界各国的难题,电子游戏整体可被定性为计算机软件、类电作品或视听作品、汇编作品。

  作为"汇编作品",电子游戏包含了美术作品(人物造型、场景等)、文字作品(剧本设定)、计算机软件(背后的操作指令)、音乐作品等,每个作品的作者独立享有对应作品的权利。

作为类电作品,电子游戏的权利归属于游戏开发者(类似于电影制片人),这样的集中权利便于游戏后续的授权、运营、改编等。其他作品的作者通过合同或者法律默示许可的方式,将自己的权利转给游戏开发者。这种思路参考了德国和西班牙著作权法的思路。《德国著作权法》第八十八条规定,如果作者已许可他人将自己的作品改编成电影,在约定不明的情况下,应视为该作者授予此人下列权利:①对作品的原始形式,或作品经转换、改编后的形式为拍摄电影作品的目的加以使用;②对电影作品、电影作品的翻译作品以及其他电影作品的演绎作品以所有已知的使用类型加以使用。《西班牙著作权法》一方面在第八十八条规定,只要视听作品的各作者(导演、改编者和专为电影作品创作的音乐作品的词曲作者等)签订了许可制作视听作品的合同,就应推定其向制片者转让了复制权、发行权、公开传播权和对电影作品合成声音和字幕的权利;另一方面其又在第八十九条针对原作品作者专门规定,许可使用作品拍摄电影的合同,应根据第八十八条推定作者已将利用电影作品的权利转让给了制片者。❶

我国已经有法院认定了电子游戏构成了类电作品,这种认定不失为一种好的尝试,但认定之余,后续也可能因此产生一些问题。比如,王迁老师曾指出我国《著作权法》(2010年)针对改编行为,在第十二条规定了"不得侵犯原作品的权利"。而在第十五条针对电影作品的规定中,并没有像其第十二条那样规定"行使著作权时不得侵犯原作品的著作权",也没有规定他

---

❶ 王迁."电影作品"的重新定义及其著作权归属与行使规则的完善[J]. 法学, 2008 (4).

人对电影作品的利用需要同时取得制片者和原作品著作权人许可。换言之,从该法第十五条的用语来看,电影作品之上并不存在"双重权利",其整体著作权不受限制地归属于制片者。我国《著作权法》第十五条的规定带来了如下后果:如果原作品(如小说、戏剧等)的作者已经许可将其作品改编成电影剧本并拍摄电影,电影一旦拍摄完成,电影作品的整体著作权完全归属于制片者,而不再受原作品著作权的制约。无论制片者以何种手段利用电影作品,都不再需要经过原作品著作权人许可,即使原作品作者并未在合同中许可制片者以放映之外的其他方式使用电影作品……其次,根据我国《著作权法》,电影作品的全部著作权归属于制片者,而且制片者的著作权并不受到原作品著作权的制约。这样,至少从逻辑上看,电影作品制片者有权自行对电影作品加以改编,并对改编而成的作品加以利用,无需再经过原作品著作权人的许可。同样,他人如果希望改编电影作品并利用通过改编形成的新作品(如将电影改编成漫画作品出版),也只需要经过制片者许可,而无需经过原作品著作权人的许可。❶——针对此问题,王迁教授在其最新版的《著作权法》中调整了观点,认为针对电影的改编行为,还是需要经过原作者授权的,否则难以适应《伯尔尼公约》第十四条的要求,而对于电影作品后续的利用行为,则无需再经原作品的授权。

对应在电子游戏上,如果电子游戏作为一个类电作品,其经过原作品作者的授权,改编而成一款电子游戏,那么,该款电子游戏后续的使用行为(信息网络传播、复制、发行、出版等)都无须再经过原作品作者的同意。当然,该电子游戏的二

---

❶ 王迁."电影作品"的重新定义及其著作权归属与行使规则的完善[J].法学,2008(4).

次开发或多次开发,再改编为电影作品或改编为漫画(美术作品),还是需要经过原作品作者授权的——否则,按照王迁教授最初的观点,第三方会利用《著作权法》第十五条的漏洞,间接架空第十二条的约束。例如,一个文字作品改编为一个类电作品,第三方意图将文字作品改编为一款漫画,未能拿到该文字作者的授权;但他可以转而向类电作品的制片人处寻求授权,再由类电作品改编为漫画(美术作品),实际上绕开了原作品的权利人,使原作品的权利人丧失了继续授权、进行"二次开发"的权利和经济机会。

(2)游戏改编的种类。

游戏改编可分为正向改编和逆向改编两种类型。所谓"正向改编"是指从文字作品(如网络文学)改编为美术作品、类电作品、录音制品等,再转换为电子游戏。实践中,这种"正向改编"往往不是递进的关系,经常会出现原作品同时向不同的公司授权了类电作品和电子游戏的改编。

【案例1】
案情介绍:

原告系电影《风声》的著作权人,依法对该电影的电影剧照、人物形象、服装造型、剧情,以及该电影名称的字体设计等享有著作权。上述著作权包括但不限于复制权、发行权、修改权、改编权、保护作品完整权、信息网络传播权等各项权利。且原告有权就该电影的侵权事宜进行全权处理。原告经原《风声》小说作者授权,有权进行《风声》电脑游戏、网络游戏的开发。被告与原告同属娱乐文化行业,其在未经原告授权的情况下,公然在其经营的"风声"在线游戏、"风声"桌面游戏、"风声"纸质游戏中使用原告电影名称的字体设计、电影剧照、人物形象、人物名称、剧情等，但原告从未授权许可被告将电影《风声》改编成同名桌游"风声"，故原告认为被告侵犯了其改编权，同时构成反不正当竞争。

质证中，被告辩称，其开发"风声"游戏同样基于《风声》小说作者合法授权，并且"风声"游戏与电影《风声》中改编后的部分并不构成实质性相似，因此被告未侵犯原告著作权。同时，被告拥有"风声THEMESSAGE"在第二十八类游戏机、纸牌等商品上的商标权。

法院认定及判决结果：

（1）关于"风声THEMESSAGE"的比对。被告使用的美术作品中"风声""千智风声""THEMESSAGE"的字体与原告的不同，作品背景亦不相同。二者不具有一致性。

（2）关于原告电影剧照、海报、人物形象、情节、台词等与被告游戏中相关元素的比对。法院比对了电影《风声》中的演员与游戏《风声》中对应游戏角色的角色形象、设定，虽然被告辩称该游戏角色系由原著《风声》中对应的文字表达改编设计的，但法院经过比对，仍认为游戏《风声》中部分游戏角色与电影《风声》中的表达具有相似性。

法院认为：第一，被告将"风声"作为游戏名称系合法使用，其并未侵犯原告就电影《风声》享有的特有名称权。第二，被告在其运营的网站上宣称游戏《风声》系以电影《风声》为背景设计，并具有电影《风声》的改制版权。游戏《风声》中的老部分游戏角色形象与电影《风声》中的主要演员形象、角色描述、情节设置十分相似。已构成反不正当竞争法规定的引人误解的虚假宣传行为。第三，被告对"风声"的英文翻译使用了"THE MESSAGE"，该翻译系电影《风声》有独创性的翻译，故被告对"THEMESSAGE"的使用行为亦构成不正当竞争。

第四，电影《风声》的片头、海报、音像制品上使用的"风声THEMESSAGE"的美术作品与被告在其网站及纸牌游戏上使用的"风声THEMESSAGE"的美术作品不构成实质性相似，故被告并未侵犯二原告的美术作品著作权。

案件分析：

首先，本案即属于不同公司都拥有合法的原作品改编权的情况。这时，"对比原则"就是需要剔除各自改编作品中继承原著的表达，将两个改编作品中各自的独创性表达进行比对，看是否存在实质性近似。本案中，法院对人物形象、情节设定、经典台词等元素，虽然是按照著作权侵权对比的原则进行逐一、细致的三方比对（原告作品—被告作品—原著作品），都最后仍认定这些构成不正当竞争行为，侧面说明法院对于"作品元素"的法律定性的态度，是认为尚不构成"著作权法意义上的表达"的。

其次，在针对"风声"对应的英文名称"THEMESSAGE"的认定时，法院认定："THEMESSAGE"是"信息"的意思，是原告在电影《风声》中根据"信息传递"的故事主线进行的翻译，该翻译具有独创性，最后认定的仍然是不正当竞争行为。从侧面可以看出，法院虽然使用了著作权法中的"独创性"的表述，但由于标题本身不构成著作权中的作品，所以提供的是用反不正当竞争法来保护，但这种"独创性"是否高到必须要提供法律保护，有待讨论。另外，法院判决被告拥有"风声THEMESSAGE"的注册商标，判决停止侵权，这是否与行政授予的商标权存在冲突？原告是否可以持本案判决对该注册商标提起在先权利的异议？同样有待讨论。

再次，可以看出通过文字作品改编的电子游戏的弊端。第一，即"如何证明自身改编作品系由文字作品的表达而来"（法院的表述为"小说语言表达的直接呈现")。尤其是针对游戏角色形象的设计，如何能够同时体现出传承和独创性，是个很大难题。这里其实就凸显出角色"形象权"的重要性。以温瑞安诉某游戏公司侵权著作权案为例，作家温瑞安塑造的"铁手""无情"等"四大名捕"的文字角色形象，是通过一系列的小说、长时间的、持续地塑造和强化的，并不是简单地通过几百字的"文字白描"完成的，类似的还有被美国法院成功提供保护的虚拟角色代号007的詹姆斯·邦德，亦是通过系列小说和系列电影（包括后期的原创电影）来塑造的。所以，通过一部文字作品进行改编的电子游戏，往往承担了很大风险，即很难直接从文字表达转化为美术作品，尤其是一些网络文学作品，因为体裁、剧情的通用性，人物塑造的单薄性，在转化为美术作品时，更加难以体现原作品"表达的继承性"，当发生侵权诉讼时，举证的难度会更大。第二，由于网络文学网站的特有的著作权合同，不仅限制了签约作者已经完成的作品的著作权，甚至还以"若干年之内所有产生的作品"这样的条款方式，提前限定了还没有创作出来的"作品"的归属，或者限制了该作家不得再自行创作相同元素、相同主人公的其他小说，这种合同本身的合法性是有争议的，但根据合同相对性，只要合同内容不违法，是可以约束合同双方的，但无法对抗善意第三人。这就导致了"作品的作者"的不确定性。加之网签作家的跳槽率很高，这就让游戏开发者在获取授权中，很难判断作品真正的"作者"是谁。

【案例2】

案情介绍：

天下霸唱完成了《鬼吹灯》小说的创作，上海玄霆娱乐信息技术有限公司（以下简称"玄霆公司"）取得了小说的著作财产权。后玄霆公司与上海城漫漫画有限公司（以下简称"城漫公司"）签订合同，许可城漫公司将《鬼吹灯》小说改编成《鬼吹灯》漫画。上海游趣网络科技有限公司（以下简称"游趣公司"）与城漫公司签订了《合约书》，约定城漫公司作为《鬼吹灯》漫画作品的著作权人，授权游趣公司以该漫画作品形象为基础开发网络游戏。游戏开发后，玄霆公司以侵犯《鬼吹灯》小说的著作权及改编权为由将游趣公司诉至法院，游趣公司因此支付了巨额赔偿。游趣公司遂将城漫公司另案起诉至法院，认为城漫公司未取得原著作权人（《鬼吹灯》小说著作权人）的网络游戏改编授权，违反了《合约书》中约定的合同义务，要求判令被告归还版权费并赔偿损失。

法院认定及判决结果：

从查明的事实看，城漫公司的合同义务仅包括将其《鬼吹灯》漫画作品中的形象（包括人物形象、场景设定等）授权游趣公司用于开发《鬼吹灯》网络游戏，对于取得《鬼吹灯》小说著作权人的改编授权内容并未约定，从本案事实以及合同其他条款也无法推出城漫公司的合同义务中还包括取得《鬼吹灯》小说著作权人的改编授权的内容，因此驳回了原告的诉讼请求。一审判决后，游趣公司提出上诉。二审过程中，在法院主持下，双方达成了调解协议。

案件分析：

本案是改编作品的再次开发的情况，对于第二次的新改编作品，授权需要除了向改编作品的作者获取授权，是否还需要向原始作品的作者获取授权呢？

就此，有学者提出，可分为三种不同情况分析，（1）再次演绎中未包含已有作品的表达元素，不需要已有作品著作权人授权许可；（2）再次演绎中虽包含已有作品的表达元素，但该元素并非由已有作品著作权人垄断，不需要已有作品著作权人授权许可；（3）再次演绎中包含已有作品的未进入公有领域的独创性表达元素，一般需要得到已有作品权利人的许可。但同时其也提出，如果第一次的改编作品为类电作品，由该类电作品再行改编的其他作品，是否需要再行向原作者获取授权，就需要讨论了。这种观点还是延续了王迁教授之前对于此问题的看法。❶

第二种游戏改编的类型为"逆向改编"，"逆向改编"又可分为两种情形，第一种即原作品为电子游戏，为了在游戏上线时同步造势，将电子游戏改编为文字作品；第二种是电子游戏经过运营有了一定的知名度，后续二次开发，改编为类电作品。

在第一种情况中，电子游戏可以转换为文字表达的部分是它的剧情脚本和美术作品，即电子游戏的剧情脚本可以改编为更多文字量的小说剧情，作为美术作品的游戏角色形象可以改编为"文字白描"形式的文字表达。这里会出现问题：如果一款游戏并不是以大型游戏公司的"雇佣合同"的方式开发，如何认定电子游戏中各作品的归属？是认定文字作品、音乐作品、美术作品等各自作者独立享有对应的权利，由对应的脚本作者进行授权，还是以类电作品中"制片人"的形式，以默示许可的方式集中行使改编权的授权？

【案例3】
案情介绍：
原告根据被告要求，为被告公司新推出的网络游戏推广宣

---

❶ 袁博. 论演绎作品再演绎的授权规则——以《鬼吹灯》游戏改编案为研究视角 [J]. 中国版权, 2012 (3).

传创作一部同名小说。原告依约独立完成上述作品,并应被告要求积极扩展传播平台,加大同名小说宣传的推广力度。由于原告全面完成了合同约定内容,经原告多次催要,被告拒绝履行合同义务,故诉至法院请求被告支付稿酬和道歉。

被告辩称:被告享有涉案网络游戏的著作权和商标所有权,并基于该游戏的对外推广宣传而委托原告创作同名小说。被告明确要求原告在若干文学网站、游戏专业网站上传播上述作品,但原告没有履行合同义务。其次,根据原告通过其他文学网站上传作品的阅读和点击量显示,点击次数普遍较低,没有达到应有的宣传效果。再次,原告创作的同名小说宣传效果不佳,造成小说续写活动被迫放弃,严重影响了宣传计划。在事实查明中,同名小说写作合同只是通过QQ聊天发送了电子文件,双方并未签字,且后续涉及合同细节的大量内容,是反映在双方的QQ聊天记录中,被告以公证的形式进行了固定。

法院认定及判决结果:

法院认为:第一,被告已经在其游戏官方网站中使用了上述作品的章节;同时亦允许原告在幻剑书盟、翠微居、91文学网等网站上传作品,足以说明被告认可使用原告创作的相应作品,应当视为以其自身行为表示对所使用游戏同名小说部分章节内容的认可。第二,被告提出了原告应承担违约责任的抗辩意见,首先,双方并未通过口头形式明确以原告将创作作品上传至其他网站作为其承担的合同义务;其次,在被告工作人员与原告的QQ聊天记录中亦说明由后者履行帮助行为即将创作部分作品进行网站上传,由此难以认定原告实施上传行为属于合同约定义务。尽管工作人员提出由原告后续宣传,但后者并未明确表示接受,亦无法认定被告提出的上述要约已经由对方承诺。第三,被告自认现因游戏已经超过公测期,故上述作品不具有使用价值的意见,可以说明被告在原告按时交付上述作品后的合理期限内存在怠于履行对作品检验和提出修改意见的行为,违反了定作人应在合理期限内及时检验定作物的合同法定义务,由此产生的合同风险亦应由被告承担。故判决被告支付原告相应稿酬及费用,驳回原告其他诉讼请求。❶

案件分析:

在很多涉及游戏改编(包括"正向改编"及"逆向改编")行为中,多没有实际签字的合同,大量的证据依靠通讯聊天工具的聊天记录、电子邮件的记录等信息,当涉及改写行为是否符合合同要求时,往往由于该要求不能明确,而不能获得支持。另外,这种游戏改编小说的后续使用,还需要游戏公司许可。

在第二种情况中,不是所有电子游戏都有强大的剧情脚本支撑,一些游戏的文字脚本很弱,改编作品可以利用的部分非常有限,往往只能是游戏中的一些元素,而这些元素的独创性在实际侵权诉讼中是需要经过严格判断的,还有一些热门的小游戏甚至没有脚本(因此也无法认定为类电作品),但同样存在改编的机会。举个例子,2016年5月有新闻称,风靡全球的经典消除类游戏《俄罗斯方块 TETRIS》要开拍真人电影了,目前,这部影片已经成功融资8 000万美元,并计划拍摄系列三部曲。❷ 应该看出,像俄罗斯方块这样简单的消除类游戏,想做到"原作品表达的继承"几乎是不可能的,像这类的"改编电影",更多应该作为一个完全独立的作品看待,与电子游戏的关系只能算是"借势宣传"或者"商标使用"。当出现原作品作

---

❶ 北京市石景山区人民法院(2010)石民初字第5701号民事判决书。

❷ http://m.mydrivers.com/newsview.aspx?id=482883。

者多家授权改编的情况，在比对时，无论作为原告还是被告，实际上都难以证明何为"原作品表达的直接呈现"。

第二节　其他合同纠纷

除了"改编合同"之外，涉及游戏的合同纠纷一般还包括"游戏开发合同纠纷""游戏运营合同纠纷"等，原告的主要诉讼请求包括"主张合同无效""请求支付开发款项或者运营分成款项""开发成果的验收标准纠纷"等，在实际审理中的思路，与一般的合同案件并无本质不同。本节特挑选一些与电子游戏的特殊性紧密相关的案例，来一同分析在游戏其他合同纠纷的办案思路与维权路径。

一、管辖

由于电子游戏法律定性与分类的特殊性，电子游戏的软件部分可以作为"计算机软件"作品，而一些针对电子游戏合同纠纷的原告代理人，往往希望借《最高人民法院关于北京、上海、广州知识产权法院案件管辖的规定》第一条的规定，将原本是基层法院管辖的案件，交由知识产权法院专属管辖。

【案例4】
案情介绍：
原告苏州派趣网络科技有限公司、杭州派娱科技有限公司认为被告一上海幻萌网络科技有限公司，未经许可向被告二上海尽游网络科技有限公司披露、并许可使用了《少女战舰R》手机游戏中的用户信息等经营秘密，从二被告构成共同侵权为由，向上海市普陀区人民法院提起诉讼。被告二上海尽游网络科技有限公司提出管辖异议，认为本案虽然为侵害商业秘密纠纷，但所涉及的商业秘密是与计算机游戏软件运营有关的用户数据，而只要与计算机软件有关的案件，均属于《最高人民法院关于北京、上海、广州知识产权法院案件管辖的规定》第一条中所称的计算机软件民事案件，故本案应由上海知识产权法院管辖。原审法院作出裁定，被告二针对裁定上诉至上海知识产权法院。

法院认定及裁定：

上海知识产权法院认为：《最高人民法院关于北京、上海、广州知识产权法院案件管辖的规定》第一条中所称的计算机软件民事案件，应当是指《民事案件案由规定》中的计算机软件开发合同纠纷、计算机软件著作权转让合同纠纷、计算机软件著作权许可使用合同纠纷、计算机软件著作权权属纠纷以及侵害计算机软件著作权纠纷。本案中，两被上诉人以原审被告未经两被上诉人许可向上诉人披露、并许可上诉人使用了《少女战舰 R》手机游戏中的用户信息等经营秘密，上诉人与原审被告构成共同侵权为由，向原审法院提起本案诉讼。因此，本案属于侵害经营秘密纠纷，并非《最高人民法院关于北京、上海、广州知识产权法院案件管辖的规定》第一条中所称的计算机软件民事案件。根据《民事诉讼法》第二十八条"因侵权行为提起的诉讼，由侵权行为地或者被告住所地人民法院管辖"，以及《上海市高级人民法院关于调整本市法院知识产权民事案件管辖的规定》第四条中"普陀区人民法院管辖普陀区、静安区、嘉定区、青浦区辖区内的第一审知识产权案件"的规定，本案可以由上诉人住所地人民法院即原审法院管辖。两被上诉人据此选择原审法院提起本案诉讼并无不当，上诉人的上诉理由不成立，不予采纳。[1]

案件分析：

可以看出，本案在于对电子游戏的法律分类与定性问题，由于目前司法实践中，依然是采取拆分作品类型的思路进行定性与分类，一些涉电子游戏的商业秘密案件，到底是按照计算机软件相关类型案件确定管辖，还是按照其案件诉争的焦点（本案中的商业秘密）为类型案件确定管辖，本案起到了很好的示范作用。

【案例5】

案情介绍：

聚丰网络公司以 MGAME 公司为被告、以风云网络公司为第三人，针对《独家游戏代理及许可协议》向山东省高级人民法院提起诉讼。山东省高级人民法院受理本案后，被告 MGAME 公司在提交答辩状期间对管辖权提出异议。其主要理由是：原被告双方于 2005 年 3 月 25 日签订的《游戏许可协议》第二十一条约定："本协议应当受中国法律管辖并根据中国法律解释。由本协议产生或与本协议相关的所有的争议应当在新加坡最终解决，且所有本协议产生的争议应当接受新加坡的司法管辖。"因此，将由本协议引起的争议提交新加坡司法机构管辖是双方当事人的明确约定，是双方真实意思表示，本案应由新加坡有管辖权的法院审理，山东省高级人民法院对本案没有管辖权。故，请求驳回聚丰网络公司的起诉。山东省高级人民法院裁定驳回了管辖异议。MGAME 公司不服，向最高人民法院提起上诉。

法院认定及裁定：

最高人民法院认为，我国《合同法》第一百二十六条第一款

---

[1] 上海知识产权法院（2016）沪73民辖终字第212号民事裁定书。

规定:"涉外合同的当事人可以选择处理合同争议所适用的法律,法律另有规定的除外。涉外合同的当事人没有选择的,适用与合同有最密切联系的国家的法律。"我国 2007 年《民事诉讼法》第二百四十二条规定:"涉外合同或者涉外财产权益纠纷的当事人,可以用书面协议选择与争议有实际联系的地点的法院管辖。选择中华人民共和国人民法院管辖的,不得违反本法关于级别管辖和专属管辖的规定。"《最高人民法院关于审理涉外民事或商事合同纠纷案件法律适用若干问题的规定》第一条规定:"涉外民事或商事合同应适用的法律,是指有关国家或地区的实体法,不包括冲突法和程序法。"根据上述规定,协议选择适用法律与协议选择管辖法院是两个截然不同的法律行为,应当根据相关规定分别判断其效力。对协议选择管辖法院条款的效力,应当依据法院地法进行判断;原审法院有关协议管辖条款必须符合选择的准据法所属国有关法律规定的裁定理由有误。

对于涉外案件当事人协议选择管辖法院的问题,1982 年 10 月 1 日起试行的《民事诉讼法(试行)》并未作出特别规定,1991 年 4 月 9 日公布并施行的《民事诉讼法》第二百四十二条对此作出了上述特别规定。根据当时的立法背景和有关立法精神,对于该条中关于"可以用书面协议选择与争议有实际联系的地点的法院管辖"的规定,应当理解为属于授权性规范,而非指示性规范,即涉外合同或者涉外财产权益纠纷案件当事人协议选择管辖法院时,应当选择与争议有实际联系的地点的法院,否则,该法院选择协议即属无效;同时,对于这种选择管辖法院的协议,既可以是事先约定,也可以是事后约定,但必须以某种书面形式予以固定和确认。据此,按照我国现行法律规定,对于涉外合同或者涉外财产权益纠纷案件当事人协议选择管辖法院的问题,仍应当坚持书面形式和实际联系原则。

本案根据上诉人与被上诉人一致认可的合同英文本，其第二十一条约定了两个方面的基本内容。即，首先约定了因协议产生纠纷所适用的实体法，即中国法律；进而约定了因协议产生纠纷的解决机构，即接受新加坡司法管辖。上诉人与被上诉人在本案中仅对协议选择外国司法机构管辖的效力问题有争议。根据上述法律规定特别是我国《民事诉讼法》第二百四十二条的规定，涉外合同当事人协议选择管辖法院应当选择与争议有实际联系的地点的法院，而本案当事人协议指向的新加坡，既非当事人住所地，又非合同履行地、合同签订地、标的物所在地，同时本案当事人协议选择适用的法律也并非新加坡法律，上诉人也未能证明新加坡与本案争议有其他实际联系。因此，应当认为新加坡与本案争议没有实际联系。相应地，涉案合同第二十一条关于争议管辖的约定应属无效约定，不能作为确定本案管辖的依据。上诉人据此约定提出的有关争议管辖问题的主张，不能得到支持。原审裁定将争议发生地也作为判断是否属于2007年《民事诉讼法》第二百四十二条规定的与争议有实际联系的地点的连结点之一，虽有不当，但并不影响对涉案合同第二十一条有关争议管辖约定的效力的认定。

在当事人选择管辖法院的约定无效的情况下，应当根据受诉地国家有关涉外案件管辖的其他法律规则确定案件的管辖。我国2007年《民事诉讼法》第二百四十一条规定："因合同纠纷或者其他财产权益纠纷，对在中华人民共和国领域内没有住所的被告提起的诉讼，如果合同在中华人民共和国领域内签订或者履行，或者诉讼标的物在中华人民共和国领域内，或者被告在中华人民共和国领域内有可供扣押的财产，或者被告在中华人民共和国领域内设有代表机构，可以由合同签订地、合同履行地、诉讼标的物所在地、可供扣押财产所在地、侵权行为地或者代表机构住所地人民法院管辖。"

本案根据上诉人与被上诉人一致认可的合同英文本,合同项下的权利许可的地域范围即"指定区域"专指"中国内地",可见,争议合同系在中华人民共和国领域内履行。虽然该合同对在中华人民共和国领域内履行大部分合同义务的具体地点并未作出明确约定,但部分合同义务的履行地是明确的,如第6.1条中有关MGAME公司履行技术服务义务的地点就明确约定为聚丰网络公司的场所。在此情况下,应当认为聚丰网络公司的所在地山东省也是合同履行地。据此,山东省高级人民法院作为本案合同履行地法院,对本案具有管辖权。原审裁定以山东省高级人民法院为原告聚丰网络公司住所地法院,与本案有实际联系为由,认定该院对本案有管辖权,理由虽有不当,但结果并无错误。❶

案件分析:

境外电子游戏的进口与采购成为我国目前电子游戏产业非常重要的一部分,一些公司选择开发原创,一些公司选择以采购境外电子游戏的方式,在国内开展代理运营。在代理运营协议中,在涉及管辖条款时,国外公司出于日后维权和法律规避的考虑,选择国外其他国家司法管辖。而作为制衡,我国公司会相应地增加适用我国法律的条款。在发生纠纷之后,这种选择他国管辖与适用中国法律之间的选择,就成了难题。本案很好地起到了示范作用。

二、游戏开发协议

在签订《游戏开发运营协议》后,甲方与乙方又签订了劳

---

❶ 最高人民法院(2009)民三终字第4号民事裁定书。

动合同，因法律关系发生了变化，已经从合作开发变成了职务行为，故此前的《协议》视为未生效。

【案例6】
案情介绍：

原告诉称，2013年5月9日原告与三被告签订了《游戏合作开发运营协议》，约定由原告出资，被告一、被告二负责产品（某游戏）设计、开发，并保证产品（某游戏）能够在商业启动日期内上线运营，被告三为被告一、被告二履行《游戏合作开发运营协议》中应承担的义务提供了担保。协议签订后，原告履行了《游戏合作开发运营协议》中原告应付的全部义务，但被告一、被告二未能在约定的时间内完成应完成的工作，致使产品（某游戏）的设计、开发工作失败。原告诉至法院，请求判令被告赔偿经济损失。

被告辩称：（1）原告与被告之间签订的《游戏合作开发运营协议》没有实际履行，双方之间的法律关系由合作关系变更为劳动关系。根据2013年5月9日双方签订的协议，被告一、被告二应组成开发团队并进行工商注册，作为独立主体和原告进行合作，但是被告完成团队技术骨干人员的组建后，原告要求包括被告在内的所有人员与其签订劳动合同，作为其员工接受管理，协议约定的游戏开发及运营所需的人、财、物均由原告直接进行控制和管理，双方之间已经由最初的合作关系变更为劳动关系。（2）按照协议的约定，原告应当分期向被告支付开发及运营费用，但自2013年5月签订完协议后，原告仅是每月向被告及其他开发人员支付工资，协议约定的其他开发及运营所需费用原告并未支付给被告。

法院认定及判决：

原、被告间签订的《游戏合作开发运营协议》，虽系双方当事人真实意思表示，但在协议签订后，原告随即与二被告签订劳动合同，双方由平等的合同关系变为隶属的劳动关系。虽然二被告仍然进行软件研发，但性质已由合同义务变为公司工作任务，且原告亦未按协议约定向二被告支付开发费用，而只是支付工资。因此，应视为双方签订的《游戏合作开发运营协议》并未实际履行，基于此，原告要求三被告承担赔偿及担保责任，已失去合同依据，故其诉请不予支持。

案件分析：

在电子游戏开发中，会出现如本案案情类似的情况：合作方或委托方，出于监管和节约成本的考虑，与开发设计团队签订劳动协议，自己自行搭建团队，控制进度和内容，同时获得游戏的著作权，但这种前后法律关系的变化，会导致前面的《开发合作协议》因后面签订的《劳动协议》而不发生效力，从而在发生开发纠纷中，无法再选择适用《合作协议》中的违约条款处理。[1]

三、著作权的善意取得

无论是商标权、专利权，抑或是著作权，基于其财产权的属性部分，权利的市场多次移转是普遍现象。著作权的多次移转、同时多头授权的情形尤其突出，"风声"案即属于典型的"同时多头授权"的情形。在多头授权的同时，在后的被授权人实际上分割了在先被授权人的市场份额，容易出现作为第一被授权人与第二被授权人之间的纠纷，此时，第二被授权人往往主张对于"著作权的善意取得"。

"善意取得"制度源于日耳曼法，指动产占有人无权处分其

---

[1] 天津市滨海新区人民法院（2016）津 0116 民初字第 41431 号民事判决书。

占有的动产时,他将该动产转让给第三人,受让人取得该动产时出于善意,则受让人将依法取得对该动产的所有权或他物权。❶

我国《物权法》对"善意取得"的条款,规定于第一百〇六条:"无处分权人将不动产或者动产转让给受让人的,所有权人有权追回;除法律另有规定外,符合下列情形的,受让人取得该不动产或者动产的所有权:(一)受让人受让该不动产或者动产时是善意的;(二)以合理的价格转让;(三)转让的不动产或者动产依照法律规定应当登记的已经登记,不需要登记的已经交付给受让人。受让人依照前款规定取得不动产或者动产的所有权的,原所有权人有权向无处分权人请求赔偿损失。当事人善意取得其他物权的,参照前两款规定。"

针对知识产权是否适用善意取得,学界和司法界的观点并不统一。第一种观点认为,善意取得制度的本意在于维持善意第三方的利益及市场交易的安全与稳定,商标权、专利权及著作权等财产权同样作为动产与不动产权之外的市场交易客体,应该适用善意取得制度。在司法实践中,商标权可以适用"善意取得",原因在于商标权的公示制度,为商标权善意取得制度的建立奠定了现实可行的基础,即第三方通过商标局网站查询的商标权登记状态、商标权利人等信息,有高度的可信性。❷ 可以看出,这种分析路径有其一定的合理性,实际上,著作权、专利权都存在登记制度,但相比于商标权、专利权系登记、审查后才授予的权利,属于行政授权,有一定的稳定性与可信性(当然,在专利内部,也存在因"是否实体审查"导致的发明专

---

❶ 王利明. 民商法研究(第4辑)[M]. 北京:法律出版社,2002:191.
❷ 刘期家. 商标善意取得制度研究——以注册商标专用权的转让为考察视角[J]. 政治与法律,2009(11).

利的强度要高于实用新型专利的情形），而著作权实行的是自愿登记，作品创作时间是由登记者自行确定，且"可版权性"并不确定，司法实践中经常出现一些经过著作权登记的"作品"在诉讼中被法院认定为"因为无具备足够的独创性或原创性而不构成《著作权法》意义上的作品"。正是鉴于著作权登记的非强制性、滞后性、随意性，导致相比于商标权、专利权，其适用"善意取得制度"的基础薄弱了很多。

第二种观点认为，著作权系排他的权利，排除任何人的侵害，善意受让人或被许可人也不例外。善意受让人或被许可人虽无过错，但其行为构成侵权的，仍应承担停止侵权的责任。对善意受让人或被许可人的受让和使用行为，虽判令其停止侵权，但不应要求其承担赔偿责任。应该正确认识著作权重复转让、授权与保障交易安全、提高交易效率、彰显诚实信用和公平原则之间的关系，探索建立著作权善意取得制度。❶

第三种观点认为，"善意取得"应系法定情形，需有具体的法律条文规定，而著作权法没有规定善意取得，故不应适用善意取得。

【案例 7】
案情介绍：

2002 年 7 月 13 日，王虎与杨臣刚签订合同，主要内容为：王虎自合同签订之日起拥有对歌曲《这样爱你》的永久版权，并永久保留杨臣刚的作者冠名权；杨臣刚自合同签订之日起至 2004 年元月止，不得利用此歌曲进行任何商业性的营利活动，自 2004 年元月起，王虎允许杨臣刚拥有此歌曲的商业演出权；

---

❶ 潘志奇．著作权重复转让与重复授权纠纷的解决 [J]．人民司法，2009 (24)．

合同在签订之日起生效。王虎称杨臣刚于该合同签订之后向其交付歌曲《这样爱你》词曲手稿，但杨臣刚对此予以否认，并称王虎提交的手稿并非其本人书写。北京太格印象公司和王虎当庭均称该份合同中的"永久版权"系著作财产权之义。

2002年11月6日，田传均与杨臣刚签订合同，主要内容为：杨臣刚以每首2 000元的标准将其创作的歌曲《如梦初醒》《这样爱你》的著作权转让田传均；杨臣刚将作品版权的复制权、发行权、信息网络传播权等应当由著作权人享有的其他相关权利全部转让给田传均；杨臣刚转让给田传均的以上权利为田传均独家所有，田传均有权在全世界永久性使用，杨臣刚再不得许可或转让给其他第三人使用本合同作品；田传均有权在其权利范围内行使和许可、转让给其他第三人使用本合同作品，不需经杨臣刚同意；杨臣刚应保证所转让版权的作品为其自己创作，拥有完善版权，无侵犯任何第三人权益或违反国家法律法规的情形，如因此原因致使田传均产生损失均由杨臣刚负责赔偿等。田传均和杨臣刚均称杨臣刚已于该合同签订之后向田传均交付歌曲《这样爱你》词曲手稿。

2003年3月1日，王虎与杨臣刚签订合同，主要内容为：自2003年3月1日起杨臣刚向王虎无偿转让歌曲《这样爱你》的永久版权（作品见附件），王虎受让的权利种类包括作品的复制权、发行权、出租权、放映权、广播权、摄制权、改编权、翻译权、汇编权以及其他所有法定著作权权利，王虎受让作品版权无地域限制；杨臣刚作为作品作者享有作品永久冠名权；自王虎受让作品版权之日起，杨臣刚不得许可第三人使用此作品；从此作品版权转让之日起四个月之后，杨臣刚可使用此作品进行非商业性和非营利性的演出，2004年6月1日杨臣刚可使用此作品进行商业性演出；杨臣刚应保证转让版权之作品绝无侵害任何第三人之权益或违反国家法律法规规定的情形，如因可归责于杨臣刚之事由，而被王虎因使用本作品遭第三人主张权益或触犯法律法规，概由杨臣刚负责解决排除，并赔偿王虎因此所受之损失。王虎称其已于 2002 年 7 月 13 日合同签订之后取得歌曲《这样爱你》词曲手稿，故 2003 年 3 月 1 日合同签订之后杨臣刚未再行向其交付一次词曲手稿。

2003 年 4 月 20 日，王虎做出书面版权转让声明，主要内容为：声明人王虎曾于 2002 年 7 月 13 日和 2003 年 3 月 1 日与杨臣刚签订合同，并由此享有了歌曲《这样爱你》的词曲版权；王虎将上述权益全部无偿转让给北京太格印象公司。

2004 年 10 月 10 日，杨臣刚与广东飞乐公司签订合同，其中包括杨臣刚授权广东飞乐公司独家使用、制作、发行歌曲《这样爱你》等条款。后广东飞乐公司发现杨臣刚此前曾与他人签订该歌曲词曲的著作权转让合同，认为田传均已通过与杨臣刚签订合法有效的著作权转让合同而成为该歌曲词曲的真正著作权人，故与田传均联系并从其处取得使用该歌曲词曲的授权。

法院认定及判决：

原审法院经审理认为：王虎与杨臣刚于 2002 年 7 月 13 日所签合同于签订之时合法成立并生效，其时歌曲《这样爱你》词曲已由杨臣刚创作完成且内容固定，该歌曲词曲著作权亦已于当时转移，杨臣刚于签约之后是否向王虎实际交付该歌曲的词曲手稿或杨臣刚实际交付的词曲手稿是否为其本人所书写，均无碍于王虎于 2002 年 7 月 13 日受让取得该歌曲词曲的著作财产权。王虎于 2002 年 7 月 13 日前即已实际知晓歌曲《这样爱你》的词曲，王虎于受让取得该歌曲词曲的著作财产权之时已可行使该权利。及至 2003 年 3 月 1 日王虎与杨臣刚签订第二份著作权转让合同之时，杨臣刚已非歌曲《这样爱你》词曲的著作财产权人,而王虎作为真正权利人与杨臣刚对其著作财产权内容进行详细约定,并授予杨臣刚较之 2002 年 7 月 13 日合同更大范围的演出权等,系王虎自由处分其受让取得的著作财产权之行为,该合同亦合法有效,其中关于权利种类、转让价金、违约责任、争议解决等约定如与 2002 年 7 月 13 日合同不符,应以双方当事人意思表示变更之后的该份合同为准,但因王虎已于 2002 年 7 月 13 日实际受让取得该歌曲词曲的著作财产权,该份合同中约定的自 2003 年 3 月 1 日起杨臣刚向王虎转让歌曲《这样爱你》词曲的复制权等列举权利应为强调之义,此处的 2003 年 3 月 1 日时间约定已无实际意义。王虎于 2003 年 4 月 20 日将其对歌曲《这样爱你》词曲享有的权益全部无偿转让给北京太格印象公司,应属合法有效,北京太格印象公司由此成为歌曲《这样爱你》词曲的著作财产权人。杨臣刚于 2002 年 11 月 6 日与田传均签订著作权转让合同时已不再是歌曲《这样爱你》词曲的著作财产权人,该转让行为应属无权处分,而该歌曲词曲的著作财产权人北京太格印象公司未对该无权处分行为予以追认,杨臣刚亦已无法在与田传均签订合同之后再行取得处分权,故田传均无法据此合同受让该歌曲词曲著作权。杨臣刚于 2004 年 10 月 10 日与广东飞乐公司签订的著作权许可使用合同情形亦是如此,其后广东飞乐公司与田传均签订合同亦无法补正其权利瑕疵。我国现行著作权法并无关于善意取得制度的规定,对于作为无形财产的著作权来讲,现并无与之相关的适当公示方法及相应的公信力,在著作权曾数次转让情况下适用善意取得制度可能发生诸多第三人均享有著作权之冲突,从而导致无法保障真正权利人的利益,亦无法保护交易安全,故田传均不能取得歌曲《这样爱你》的词曲著作权,广东飞乐公司亦不能取得该歌曲词曲的许可使用权。

虽然广东飞乐公司、贵州文化音像出版社使用《这样爱你》词曲之时已尽合理的审查义务，但其行为客观上未经该歌曲词曲著作财产权人北京太格印象公司许可，应立即予以停止并向北京太格印象公司返还其侵权所得利润，但对北京太格印象公司要求广东飞乐公司、贵州文化音像出版社公开致歉的诉讼请求不予支持。综上，依据《民法通则》第一百一十七条第一款、《著作权法》第四十七条第（一）项、《最高人民法院关于审理著作权民事纠纷案件适用法律若干问题的解释》第二十条第三款之规定，原审法院判决如下：（1）广东飞乐公司、贵州文化音像出版社立即停止未经北京太格印象公司许可使用歌曲《这样爱你》（又名《老鼠爱大米》）词曲制作录音制品的行为；（2）广东飞乐公司、贵州文化音像出版社赔偿北京太格印象公司经济损失十五万元；（3）驳回北京太格印象公司其他诉讼请求。

二审法院经审理查明，武汉仲裁委员会于2005年9月29日受理了本案案外人肖飞与本案原审第三人杨臣刚之间的版权转让合同纠纷案，并于2006年1月6日作出（2005）武仲裁字第700号《裁决书》。该《裁决书》载明：仲裁庭经审理查明，2001年12月23日，肖飞与杨臣刚签订《版权转让合同》，约定杨臣刚将自行创作的歌曲《这样爱你》（后被更名为《老鼠爱大米》）的发表权、署名权、修改权、保护作品完整权、复制权、发行权、出租权、展览权、表演权、放映权、广播权、信息网络传播权、摄制权、改编权、翻译权、汇编权和应当由歌曲著作权人享有的其他权利绝卖给肖飞，肖飞以人民币500元的价格受让取得《这样爱你》的全部版权即《著作权法》第十条规定的17项权利。同日，杨臣刚将歌曲《这样爱你》的手稿交给肖飞，并出具写有"今收到歌曲《这样爱你》转让费伍佰元整"的收条给肖飞。仲裁庭认为肖飞与杨臣刚签订上述《版权转让合同》时,具有相应的民事权利能力和民事行为能力,意思表示真实,是依法成立的合同,受法律保护;该合同涉及人身权的部分无效,并不影响其他部分效力,其他部分仍然有效。综上,武汉仲裁委员会裁决:《版权转让合同》部分有效,即歌曲《这样爱你》(已更名为《老鼠爱大米》)的复制权、发行权、出租权、展览权、表演权、放映权、广播权、信息网络传播权、摄制权、改编权、翻译权、汇编权和应当由歌曲著作权人享有的其他权利属于肖飞;《版权转让合同》中涉及人身权的部分无效,即歌曲《这样爱你》(已更名为《老鼠爱大米》)的发表权、署名权、修改权和保护作品完整权属于杨臣刚。

上述事实有本案二审审理期间广东飞乐公司与杨臣刚共同向二审法院提交的(2005)武仲裁字第700号《裁决书》在案佐证。

二审法院认为,上述《裁决书》为仲裁机构作出的生效裁决,现并无证据足以推翻该裁决所确认的事实,即2001年12月23日,杨臣刚已经将歌曲《这样爱你》词曲著作权中除涉及人身权以外的所有权利转让给肖飞。杨臣刚于2002年7月13日及2003年3月1日与王虎签订著作权转让合同时杨臣刚已不再享有歌曲《这样爱你》词曲著作权中的财产权,该转让行为属于无权处分,现王虎没有证据证明该歌曲词曲著作权中财产权的所有人肖飞对该无权处分行为曾经予以追认,王虎无法据上述合同受让该歌曲词曲著作权中的财产权。因此,王虎于2003年4月20日所作出的书面版权转让声明将歌曲《这样爱你》词曲著作权转让给北京太格印象公司亦属无权处分。现北京太格印象公司亦无证据证明该歌曲词曲著作权中财产权的所有人肖飞对该无权处分行为曾经予以追认,故北京太格印象公司亦不能取得歌曲《这样爱你》词曲的著作财产权。

根据 2007 年《民事诉讼法》第一百〇八条第（一）项，原告是与本案有直接利害关系的公民、法人和其他组织，才符合起诉的条件。北京太格印象公司不是歌曲《这样爱你》词曲著作权中财产权的所有人，却以著作权中财产权所有人的身份起诉广东飞乐公司、贵州文化音像出版社侵犯其著作权，不符合民事诉讼法有关起诉必须具备的条件，原审法院不应当受理本案。综上，根据 2007 年《民事诉讼法》第一百〇八条第（一）项、《最高人民法院关于适用〈中华人民共和国民事诉讼法〉若干问题的意见》第一百三十九条、第一百八十六条之规定，裁定撤销原审判决，驳回北京太格印象文化传播有限公司对广东飞乐影视制品有限公司、贵州文化音像出版社的起诉。❶

案件分析：

本案法院即旗帜鲜明地表明了对著作权不适用善意取得制度的态度，在（2009）苏民三终字第 0196 号案判决中，亦表明了同样的态度。

相对于著作权，商标权的善意取得虽然没有明确规定，但在《商标法》第十六条的规定中毕竟出现了"善意取得"的字眼："商标中有商品的地理标志，而该商品并非来源于该标志所标示的地区，误导公众的，不予注册并禁止使用；但是，已经善意取得注册的继续有效。"这就为司法实践中考虑建立商标权的善意取得制度奠定了成文法层面的基础。

在另外一起最新发生的涉及电子游戏的著作权善意取得的案件中，法院却未直接表明"著作权是否适用善意取得"。

---

❶ 北京市第一中级人民法院（2006）一中民终字第 2500 号民事判决书。

【案例8】
案情介绍：

2013年，被告上海幻萌网络科技有限公司组成《战舰少女》手机游戏开发团队。第三人陆某负责客户端开发。2014年，被告对该款手机游戏进行了著作权登记。2015年，被告与第三人陆某签订《合作合同》，约定《战舰少女》手机游戏的客户端源代码所有权归第三人陆某所有，未经幻萌公司同意，不得将此代码出售或损毁。后第三人陆某将源代码赠予原告杭州派娱科技有限公司。派娱公司认为其已经受赠取得了涉案游戏的计算机软件著作权，故提起确权之诉。被告认为，客户端程序必须配合服务器端程序、用户界面、美术作品、音乐作品一起使用，无法独立构成一个作品。

法院认定及判决：

上海知识产权法院认定，涉案游戏是集合不同作品要素形成的作品，涉案游戏包含了计算机软件中客户端程序的权属，并不等同于手机游戏整体的归属。但涉案游戏的客户端程序虽然属于可独立使用的作品，但其著作权仍受《合作合同》中"未经幻萌公司同意，不得将此代码出售或损毁的限制。第三人向原告的赠与行为属于无权处分，在被告未追认且原告明知存在上述限制的情况下，无法受赠取得涉案游戏客户端程序的著作权。故判决驳回原告诉讼请求。原告提出上诉后，撤回上诉。❶

案件分析：

虽然该案法院并未如案例4中法院直接点名著作权是否适用善意取得制度，但鉴于其分析路径适用的是"无权处分"理

---

❶ 上海知识产权法院（2015）沪知民初字第633号民事判决书。

论，无法判断出法院是基于原告不符合善意取得的要件，还是基于著作权不适用善意取得的定性。

根据善意取得的构成标准：（1）权利转让有合理信赖的理由；（2）转让系无权处分；（3）第三人出于善意；（4）第三人系以合理价格有偿取得权利；（5）转让行为本身有效，不存在欺诈、胁迫、串通损害第三人利益等因素。所以可以看出，"无权处分"系善意取得的一个要件，就本案而言，因为原告与第三人之间的著作权转让系赠予，这就不符合构成要件的第（3）、（4）、（5）的要求，故不适用善意取得的结果是一样的。我们可以看作本次是法院为著作权是否适用善意取得制度留了一个未决的伏笔，并没有选择像此前的法院一样，绝对排除了日后适用的可能性，从某种层面上讲，也是好事。

第四章　电子游戏设计及规则的保护

　　世界各国立法都没有为电子游戏在著作权法中单独设立作品类型，对电子游戏的法律定性往往采取"拆分法"：外在的部分认定为美术作品，内在的部分认定为计算机软件，根据实际情况，还涉及音乐作品、文字作品。"拆分法"的优缺点很明显：优点在于，可以在不修改现有法律的情况下，解决诸如电子游戏这种复杂的新兴事物的作品类型划分问题，同时便于确定著作权归属；缺点在于，这种"割裂"的方式，实际上把一款电子游戏外部（游戏人物、界面、动画效果）与内部（计算机程序）之间的桥梁忽略了。如果说电子游戏外部是一个人的外貌，电子游戏内部是一个人的身体结构，仅仅有这些，只能称之为生物学上的"人"，而游戏设计则成了人的"灵魂"，也说明了为何同一类型的游戏，游戏设计不同，受众的感受也不尽相同。"拆分法"的缺点正在于剔除了电子游戏的"灵魂"或"思想"。

　　遗憾的是，恰好是由于游戏设计的"思想性"，导致实践中司法界、理论界长期认为游戏设计、游戏规则当然地属于思想范畴，应该贡献社会，不宜由个人垄断。当然，随着中国电子游戏产业的迅猛发展，法院接触的电子游戏案件在近两年越来越多，对于这个问题的看法也有所变化，北京市高级人民法院蒋强法官在《游戏改编："独创性"的司法认定》一文中，就曾提出"抽象、简单的游戏规则难以产生独创性,但具体、细化的游戏规则可以产生独创性"。虽然蒋强法官指的依然是传统的以文字作品"固定"游戏设计、游戏规则的方式,但这种旗帜鲜明的提法,是值得肯定的。

第一节 电子游戏设计的法律内涵

一、游戏设计的定义

美国游戏设计师 Tynan Sylvester 对于电子游戏设计的定义是:"游戏设计既不是存在于游戏的代码、艺术风格和声效里,也不是存在于旗子或棋盘中。游戏设计意味着精心打磨一些规则,而这些规则能够赋予游戏中的事物以灵魂。"❶ 由此看来,游戏设计即由诸多的"机制"(mechanic)组成,游戏机制与玩家之间的交互产生了"事件","事件"的渲染引发了游戏玩家的"情感"——所谓的"沉溺式体验"。在游戏设计术语中,这便是"情感触发器",是一种用户心理学。

游戏设计是一个大概念,游戏规则是游戏设计中重要的一环,但并不是全部,游戏设计还包括"互动叙事""软、硬脚本""决策与 AI(人工智能)""游戏的公平性与平衡性""动机的强化""游戏操作界面""灰盒、看不见的墙、兔子""惩罚与奖励"等。

在原告上海唯艺信息科技有限公司与被告成都昊发科技有

---

❶ TYNAN SYLVESTER. 体验引擎 游戏设计全景探秘 [M]. 秦彬,译. 北京:电子工业出版社,2015.

限公司计算机软件开发合同纠纷一案中,从原告提交的《产品概要》《系统模块列表》证据中可以看到"游戏设计"的大致范围:《产品概要》包括游戏概要、目标用户定义、目标游戏时间模型、画面风格定义、世界观定义、操控方式定义、性能定义、游戏核心玩法定义(游戏核心玩法、游戏设计原则)等内容。《系统模块列表》列明了包括玩家信息模块(君主属性、登录角色创建、包裹系统、官爵系统)、游戏角色模块(将领系统-将领层次、将领UI规则、将领属性、将领属性UI规则、将领升级、将领遣散、将领训练、武将训练、武将招募、武将状态功能、武将星级、天赋系统、技能系统、将领装备;兵种系统-兵营、招募、类型、基础属性、兵种相克)、内政模块(资源配置、城内建筑与建设系统、征税功能、科技树系统、科技升级系统)、天下系统(天下地图、州地设定、州地界面、城市设定、城市解锁、城市配置、城市按钮)、城市地形模块(出城、旗帜显示、地图操作)、人机交互模块(操作、信件功能、功能按钮)、道具模块(装备分类列表、装备强化、装备合成、宝石合成、镶嵌)、军事模块(招募士兵、战斗系统、战斗界面、攻击速度、攻击目标、士兵减损、士气单位、技能使用、战斗特效、胜利奖励、征战系统、征战地图、挑战NPC)、副本系统(单人副本通天塔系统-基本系统、挑战规则;多人副本竞技场系统-基本规则、挑战规则、邮件提示内容、挑战奖励、领奖提示)、玩家引导模块(新手引导任务、成长任务、日常任务、活动任务、帮助链接)、社区模块(聊天系统、世界喇叭、排行榜、史诗排名、排名查询)、贸易系统(NPC交易、玩家交易)、公会系统(联盟创建、加入联盟、联盟管理、联盟信息与操作、联盟任务、联盟交易、联盟科技)、联盟战争(联合作战)、经济模块、充值相关模块(商城、充值系统、GM工具)、

音效模块（游戏音效）等模块，并对每一模块对应的具体功能进行了描述。❶

二、游戏设计的内涵

1. 互动叙事

互动叙事（Interactive Storytelling）诞生于20世纪80年代末，基本也就是电子游戏的成长期。美国游戏设计师Chris Crawford认为："当电子游戏最终走向成熟从而演化为一种艺术表达的媒体时，它必须是关乎人本的，而不是关乎物件的。所有其他艺术和娱乐媒体从根本都是以人为中心的；单单电子游戏是以'物件'为重心的。在游戏中，我们追赶它，它也追赶我们；我们冲它开枪，它也冲我们开枪……我们面对的始终都是它、它、它，却从未与游戏中的其他人物发生过戏剧性的交互（Interactions）。这点正是游戏与其他媒体的根本区别所在，也是我们必须着手解决的核心问题……电影作品与观众之间的关系从根本上来说就是单方向的：电影包办了发言环节，观众包办了倾听和思考环节。但观众并没有针对电影内容主动实施动作（act on），而只是对电影做出反应（react to）。而游戏的特点即在于实现了交互。"❷

应该说，电子游戏的互动叙事是非常艰难的，这源于"叙事"本身是线性的，诸如电影脚本、戏剧脚本、小说情节等，正是由于这种线性，使其很容易以文字作品的形式"固定"下来。然而互动叙事要将这种线性的作品与人进行互动，这就意味着需要通过"抉择"来推动"剧情节点"，而这种抉择的多

---

❶ 上海知识产权法院（2015）沪知民初字第447号民事判决书。
❷ CHRIS CRAWFORD. 游戏大师Chris Crawford谈互动叙事[M]. 方舟, 译. 北京：人民邮电出版社, 2015.

少是需要控制的,过少的抉择难以形成互动,过多的抉择则成为了"噪声",影响了主线叙事的发展。然而,这种独特的叙事方式,难以像普通的线性叙事那样能够用精确的文字作品固定下来。在实践中,一些游戏公司为了保护互动叙事,将剧情以文字作品固定下来,这样的坏处在于,首先无法将"剧情节点"的设置体现出来,其次无法体现在抉择的设置中的用户心理学。一般而言,游戏关卡成为最基础的控制故事顺序的方式,另外一种方式就是"安排任务"、设置障碍。而比较低级的叙事方式就是过场动画,虽然现今的游戏动画美轮美奂,但无法改变其将打断用户好不容易营造好的沉溺式体验。

2. 不同角色属性、攻击模式

在创作各种游戏角色时,要考虑各种角色之间的属性的制衡,同时要考虑一个角色的攻击模式对于整个游戏带来影响。

美国游戏设计师 Tynan Sylvester 以《星际争霸2》中的两个人族单位"掠夺者"(predator)和"恶火"(hellion)为例说明了角色属性、攻击模式的设计的重要性。

首先,两者的属性及攻击模式,如下表、下图所示。

	掠夺者	恶 火
速度	4	4.25
生命值	140	90
攻击	首先用位于前方的武器攻击敌人并造成15点伤害,接着用冲击波对周围的所有敌人造成20点范围性伤害	沿直线发射一串中距离射程的火焰,对击中的所有目标造成8点伤害。对轻型单位额外造成6点伤害。升级战车武器等级之后,额外增加5点伤害
攻击间隔	1秒	2.5秒

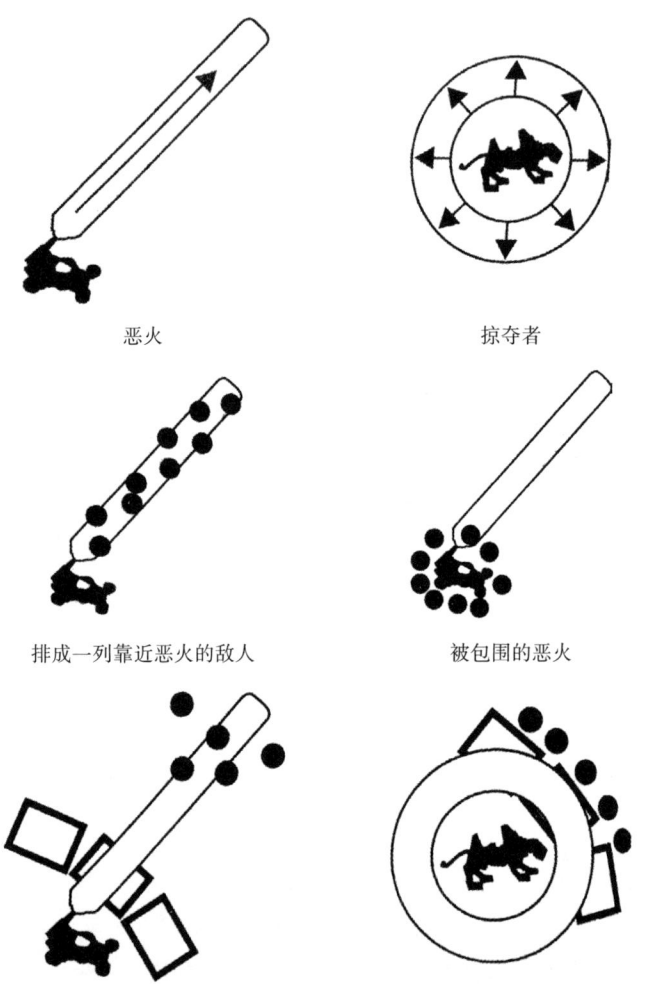

恶火　　　　　　　　　　　　掠夺者

排成一列靠近恶火的敌人　　　被包围的恶火

从掩体或同伴后方发起攻击　　无法充分利用掩体和同伴

图片来源：TYNAN SYLVESTER. 体验引擎　游戏设计全景探秘［M］. 秦彬，译. 北京：电子工业出版社，2015.

可以看出，两者的攻击能力类似，但在设计中，掠食者只适合于在被敌人包围时使用，因为它此时的攻击范围最广。但这种情况很少，因为其他玩家可能根本就不会发起大规模攻击。当掠食者主动攻击时，则只会有少量的敌人进入其攻击范围。而且在玩家使用掠食者时，往往只需将它置于敌人之中就行，一是不必进一步操作，二是也无法与友军配合，所以导致了使用掠食者时可使用的策略极为有限。而恶火虽然是最简单的直线型攻击，攻击效果取决于地形和敌人的位置分布，但这给玩家带来的体验完全不同：恶火总是跑来跑去，玩家可以利用环境配合友军，同时恶火的攻击频率低，从而可以使其在两次攻击中有足够的时间进行移动，这种战术成为"边打边跑"。在实践中，玩家更乐于使用恶火。

3. 游戏渲染、游戏沉浸

在游戏设计中，真正使玩家得到沉浸式体验，绝对不会是绚丽的过场动画或者动人的游戏角色，而在于通过"机制"的设置，使玩家形成"心流"（flow），"心流"就好像是茶杯中的水，需要保持是满的，但又不至于溢出。玩家哪怕只有一秒的停顿，就会对游戏感觉到无聊，即所谓的"心流断层"（flow gap）。而实际上，电子游戏外部的"美术作品""类电作品"恰恰是"心流断层"的因素。

4. 游戏难度的调节

一般游戏会为玩家提供"简单""一般""困难"三种选择模式，但实际上，这只是玩家外部可见的状态。在进行游戏设计时，为了照顾游戏玩家的心理，游戏难度实际上是根据游戏玩家的实时表现在进行内部调整的。举例来说，游戏设计时难度实际上被设定为10级，选择"简单"，则游戏根据玩家表现在1~3级中调整，如果玩家玩得过于顺利，则极易产生厌倦感，游戏会调整为 3 级，当游戏玩家持续失败，游戏会调整为 1 级或 2 级，否则玩家就会放弃继续玩的愿望。而有的游戏会有"专家级"的选择，这就意味着，游戏难度会维持在 10 级，不会因为玩家的实时表现而内部调整。

5. 道具的设置

Tynan Sylvester 曾经在设计一款游戏时，公司内部员工建议设计一款"火箭鞋"的道具，可以提高玩家的跳跃能力。当时设计部采纳了该意见，然而在后续设计时，设计部发现由于"火箭鞋"提升了玩家的垂直高度，为了确保玩家不能逃离游戏环境，只能通过设计"看不见的墙""大幅广告牌""提高楼层"等方式，修改原件的设计，把玩家"圈住"，导致了开发时间的延迟。这即是失败的道具设置。

6. 玩家"跳桌"行为的规制

"跳桌"行为指的是游戏玩家出于宣泄、恶搞的心理，产生正常游戏之外的行为。这种情况在多人实时在线游戏中非常明显。举个例子，比如在射击游戏中，某个玩家突然堵住了自己队友去路，或者用枪射击自己或队友；或者在某个多人模拟类游戏中，游戏需要屋子里的四个人合作完成任务才能过关，但其中一个玩家选择什么都不做，导致其他玩家无法继续进行游戏。

在游戏设计时，针对开枪射击自己或队友的情况，一般可以设计为没有反馈效果，而一些好的游戏设计，则设计为队友回头看看你，但不发生受伤或死亡效果；针对某个玩家企图逃离的游戏区域的情况，一般可以用"看不见的墙"阻挡，而一些好的游戏设计，则设计为突然冒出一只大手，将玩家抛回游戏区域。

第四章 电子游戏设计及规则的保护

7. 惩罚与奖励

人类玩游戏时产生的沉浸感，是由身体中的多巴胺引发的，在赌博游戏中，因为涉及现实中的金钱利益，虽然游戏规则简单，但很多人却难以自拔。而一款电子游戏，很难涉及现实中的利益，那么就需要靠游戏设计中的惩罚与奖励来满足游戏玩家最原始的欲望，财富、数值等成就感。比如，在击杀一个怪之后，可以奖励1枚金币，但玩家很快就会疲劳，好的游戏设计可能设计为当连续击杀若干怪之后，会翻倍奖励金币或者触发事件，这就激发了玩家继续游戏的愿望。

8. 游戏操作界面

在设计一款游戏的操作界面时，需要考虑各种可见信息的数量，太少将导致游戏关于简单，太多将导致"噪点"，玩家会忽略真正有用的信息。举个例子，比如在射击类游戏中，弹药的数量就是一项信息，好的游戏设计会在玩家长时间停止射击时隐藏显示，在战斗时显著显示，当弹药快用完时，会响起提示应或在屏幕中显示醒目的颜色。另外，作为游戏操作界面一部分的小型地图（指路地图），很多FPS游戏已逐渐取消，以此保障玩家的"心流"不被打扰。

三、电子游戏设计是否必然属于思想范畴

很多法院在审理案件中，认为电子游戏设计、规则就是类似"丢手绢"之类游戏的规则，属于规定一种行为模式的"思想"范畴，出于公共利益，应贡献社会，不应提供垄断性的权利。这种认识，实际是把游戏设计、游戏规则简单等同于"游戏玩法"。实际上，"游戏玩法"仅仅属于"游戏设计"中的一部分，而且在涉及手机游戏、网络游戏时，这种"游戏玩法"就越发不是游戏设计中的核心与重点。多款游戏可能会有同样

或类似的玩法,但游戏设计的不同,会很快将好游戏和差游戏区分开。

第二节 电子游戏设计的保护路径

一、著作权保护路径

著作权保护路径主要包括以文字作品保护、以视听作品保护、以类电作品保护三种路径。

1. 以文字作品保护

由于"作品"的类型是法定的,而电子游戏设计的特点导致了其很难被归类于某种类型的作品。一些公司企图以文字描述的方法将其"固定"下来,进而用文字作品保护,但实际操作中,文字描述的能力仅限于一些可见的描述,比如人物属性、技能、武功、对话文字等,但由此可以获得保护的部分十分有限。因为擅自盗用权利人游戏设计的公司,很少会直接在可见的部分进行直接抄袭。

在原告广州网易计算机系统有限公司(以下简称"网易公司")诉被告北京世纪鹤图软件技术有限责任公司(以下简称"世纪公司")、被告北京掌聚互动游戏软件有限公司(以下简称"掌聚公司")、被告北京光宇在线科技有限责任公司(以下简称"光宇公司")侵害著作权、商标权及不正当竞争纠纷一案中,原告诉称,其推出了自主研发的大型网络游戏"梦幻西游"。被告光宇公司、世纪公司作为联合出品人共同推出一款名为"口袋梦幻"的网络游戏,并授权掌聚公司作为该款游戏的总经销商和运营商。三被告在其自有及其他多家网站上发布大量宣传侵权游戏产品的文章。根据宣传文章，侵权游戏大量抄袭、复制网易公司享有著作权的两款游戏中的核心人物及道具的形象和名称，严重侵犯网易公司享有的著作权。原告主张被告抄袭其创作的文字作品包括三个部分："梦幻西游"门派技能法术装备特技介绍、"梦幻西游"剧情介绍、"梦幻西游"武器及防具介绍。世纪公司辩称网易公司对相关文字不享有著作权；网易公司描述使用的是白话文，世纪公司使用的是文言文，差距明显；双方游戏背景均来源于《西游记》，必然出现类似的剧情对白，但经过世纪公司的修改，双方游戏的故事情节、旁白等没有可比性，故其游戏未侵犯网易公司的著作权。经对比，三部作品中在门派技能法术装备特技介绍、剧情介绍、武器及防具介绍等表述中存在相同或类似的内容，但部分内容是汉语中的日常用语、地名，或是《西游记》等其他作品中使用过的内容，或是上述内容的简单组合。就此，法院认为："三个游戏中的相关表述中存在相同或类似的内容，但部分内容是汉语中的日常用语、地名，或是《西游记》等其他作品中使用过的内容，或是上述内容的简单组合，网易公司对上述内容并不享有著作权，故对其相关主张本院不予支持。同时，三被告在涉案游戏中使用了网易公司游戏的情节设计、人物关系、背景等内容，虽然由于三被告采用了文言文的形式，并对部分内容使用了同义词等进行了替换，导致三部作品的相关文字并不一致，但是上述内容应属于相同表达。故本院认定三被告的行为侵犯了网易公司对相关文字作品享有的合法权利。"❶

2. 以视听作品保护

有些游戏公司不想将保护范围拘泥于可见的文字作品范围

---

❶ 北京市海淀区人民法院（2013）海民初字第27744号民事判决书。

内，而直接提出了对"游戏规则"的保护，但法院多以"游戏规则系思想范畴"而驳回诉讼请求。

在原告暴雪娱乐有限公司、上海网之易网络科技发展有限公司诉被告上海游易网络科技有限公司侵害著作权纠纷一案中，原告暴雪娱乐有限公司于2013年3月完成了"炉石传说"的游戏开发设计，原告上海网之易网络科技发展有限公司于2013年10月23日起开始向中国公众发出游戏测试邀请。2013年10月25日，被告上海游易网络科技有限公司向公众展示了一款名为"卧龙传说：三国名将传"的网络游戏。被告在游戏中大量使用、复制并抄袭了"炉石传说"游戏中的标识、界面、牌面、特效、文字作品、美术作品、视听作品和其他游戏元素方面的设计及体现出游戏规则及算法的各游戏卡牌及套牌整体组合。原告在诉讼请求中认为："卡牌类的游戏最重要的元素就是其卡牌和套牌的组合，一套游戏耐不耐玩，玩家喜不喜欢，很多时候取决于卡牌和套牌的设计的好坏。原告要求保护的卡牌和套牌的组合是包括382张牌，由9个英雄225张牌和175张中立牌构成，卡牌下面有文字性的说明，用于说明卡牌的技能，卡牌角落有一些数字，分别代表一定的生命或攻击力，每张牌在游戏中的角色和其他牌之间的相互关系各有不同。游戏设计者基于游戏的平衡性对卡牌进行了选择和平衡，游戏中九个英雄的能力要平衡，中立卡牌设计要平衡，卡牌之间要平衡。基于三个平衡性的取舍，原告在数万种卡牌的设计中根据自己的剧情选择了382张卡牌，包括文字说明和数字，这样的规则和算法独创的程度是非常高的，并且还能体现剧情。针对共计24段特效和视频，原告请求作为视听作品予以保护。"

就此，法院认为："原告主张其三类卡牌的牌面设计属于美术作品，被告则辩称卡牌布局是通用的布局。如前所述，鉴于美术作品独创性要求不高,且并无证据表明原告卡牌牌面设计所呈现出的造型艺术来源于公有领域,故而本院确认原告所主张的'卡牌牌面设计'属于著作权法所称的作品,但是这是指由色彩、线条、图案所构成的卡牌牌面造型艺术,而非卡牌牌面的设计思想或者设计布局。原告主张游戏中的卡牌和套牌的组合,包括其中的文字说明应当受著作权法的保护,被告则认为整套卡牌的玩法、功能不具有独创性,不属于著作权保护的客体。本院认为,原告所主张的卡牌和套牌的组合,其实质是游戏的规则和玩法。鉴于著作权法仅保护思想的表达,而不延及思想本身,因此本院对被告的抗辩予以采纳。对于卡牌上的文字说明,就单个卡牌或者每一句或者每一段而言,由于其表达过于简单,难以达到著作权法所要求的独创性的高度,从而获得著作权法的保护。但是卡牌上的文字说明是用以说明卡牌在游戏中所具备的技能或功能,将其组合成一个整体,可以视为游戏说明书而作为著作权法所规定的文字作品予以保护。……虽然本院认为原告卡牌的文字说明作为一个整体,可以作为游戏说明书获得保护,但是需要指出的是,由于这些文字说明都是由游戏的玩法和规则所决定,其表达的可选择空间极其有限,而且原告的游戏说明就单个卡牌来看,并不能具备著作权法的独创性,因此其作为一个整体独创性较低。由于被告抄袭了原告游戏玩法和规则,为了要对游戏进行说明,不可避免地会使用与原告游戏说明较为接近的表达,这种相近源于思想的相同,实质上是对游戏规则和玩法的抄袭。从前面两方面来考虑,只有被告完全或者几乎完全抄袭了原告的游戏说明,才应认定为侵害了原告的游戏说明书的著作权。而根据本院查明的事实,被告在对游戏进行说明时,还是在可能的范围内对个别文字作了替换,考虑到游戏玩法和规则对表达的限制,这种差异已经足以认为两者不构成复制关系。因此,本院对原告指控被告侵害其游戏说明文字作品著作权的主张不予支持。当然,被告抄袭原告游戏的规则和玩法,其行为具有不正当性,但并非著作权法调整的对象。"❶

3. 以类电作品保护

一些权利人会主张整体构成类电作品,回避内含的游戏规则的法律认定。在实践中,一些法院会支持整体认定类电作品。而认定类电作品的比对与传统的按照美术作品、文字作品等作品类型逐一元素进行比对的思路不同,其在比对的过程很大程度来自法官整体的感知,而这种"整体感知",其实就掺杂了游戏设计、游戏规则。

在原告长江龙新媒体有限公司(以下简称"长江龙公司")诉被告中国电信股份有限公司广东分公司(以下简称"电信广东分公司")、中国电信股份有限公司广州分公司(以下简称"电信广州分公司")、上海百视通电视传媒有限公司(以下简称"百事通公司")侵害作品信息网络传播权纠纷一案,原告是江苏卫视旗下名牌节目《非诚勿扰》的合法著作权人。被告在未经原告授权许可下,在专用机顶盒的IPTV电视节目栏中提供《非诚勿扰》节目的点播及播放,侵犯了原告的著作权。而被告电信广东分公司、电信广州分公司共同答辩称:"(一)《非诚勿扰》电视节目并非著作权法意义上的作品,不享有著作权。1.《非诚勿扰》作为电视节目只是一种节目模式,不是著作权法意义上的作品。原告虽然提供了版权登记证书,但版权登记只进行形式审查,对其是否具有独创性,是否与他

---

❶ 上海市第一中级人民法院(2014)沪一中民五(知)初字第23号民事判决书。

人作品构成实质性相似等,不进行实质审查。从原告提供的《非诚勿扰》节目样本来看,该节目有固定的节目模式和固定的流程环节,虽然节目模式具有一定的新颖性,但节目模式就其本质来说只是一种创意、思想、方式或者方法,但著作权法并不保护创意和方法。2.《非诚勿扰》节目不具有独创性。如原告节目样本所述,《非诚勿扰》每期节目的节目模式固定,流程、环节固定,整体舞美相同,镜头运用固定,就连各场景音乐的使用也是固定的。因此,每期《非诚勿扰》节目都是按照预先设计并固定好的模版,进行标准化、流水线式的制作,所不同的是每期节目出场男嘉宾不同,女嘉宾略有不同所带来的男女即兴配对效果和结果的不同,而这种不同,不是编导预先设计好的,不是创作的结果,编导在此类节目中不需要很高的独创性,而是要确保每期节目符合既定的节目模式,制作出符合标准的节目。其他如海外专场、教师节专场、巡回录制、心动女生的设置等均属于创意或游戏规则,并不是著作权法保护的对象。"

就此,法院将《非诚勿扰》节目整体认定为类电作品,认为:"以类似摄制电影的方法创作的作品,是指摄制在一定介质上,由一系列有伴音或者无伴音的画面组成,并且借助适当装置放映或者以其他方式传播的作品。本案中,涉案电视节目《非诚勿扰》是以婚恋交友为主题,经过节目环节的策划和编排,选定导演、主持人、男女嘉宾,虽然过程和结果都是开放式的,但制作方配备了制作团队,选择了拍摄场地,通过摄影、录音、剪辑、合成等创作活动,制作了各具特色的 VCR,并可在介质上制成一系列有伴音的相关画面,凝聚了多方面的创造性劳动,具有一定的独创性,是能以有形形式复制的智力成果。涉案电视节目的制作和播放与电影的摄制过程相似,可以认定

涉案电视节目《非诚勿扰》属于以类似摄制电影的方法创作的作品。"❶

在原告上海壮游信息科技有限公司与被告广州硕星信息科技有限公司（以下简称"第一被告"）、广州维动网络科技有限公司（以下简称"第二被告"）、上海哈网信息技术有限公司（以下简称"第三被告"）著作权侵权、侵害商标权及不正当竞争纠纷一案中，原告自2012年获得了涉案游戏"奇迹MU"在中国大陆地区的独家运营权。第一被告开发了一款网页游戏"奇迹神话"，并授权第二被告通过"91wan网页游戏平台"进行运营和推广，还通过第三被告的"99YOU"网站进行推广。"奇迹神话"完全抄袭了"奇迹MU"，在作品名称、故事情节、地图场景、角色、技能、怪物、装备等的名称、造型等多个方面与"奇迹MU"构成实质性相似。

一审法院认为："就原告主张的游戏整体画面而言，'奇迹MU'作为一款角色扮演游戏，具有一定的故事情节，由游戏玩家操作游戏角色，遵循一定的游戏规则在游戏场景中升级打怪，并可进行组队等互动性操作。该游戏的核心部分为游戏引擎及游戏资源数据库，其中游戏引擎即计算机软件，游戏资源数据库的内容包括图片、音像、故事情节、界面设计等游戏素材。当玩家开启操作时，游戏引擎按照其软件的功能设计调用上述素材并在屏幕终端呈现出文字、图片、声音等组合而成的画面，上述画面具有独创性，并能以有形形式复制，是应受著作权法保护的作品。但对于上述游戏画面属于何种作品，我国著作权法未作明确规定。关于上述画面是否构成类电影作品，根据《著作权法实施条例》的规定，电影作品和以类似摄制电影的方

---

❶ 广州市中级人民法院（2014）穗中法知民初字第133号民事判决书。

第四章 电子游戏设计及规则的保护

法创作的作品,是指摄制在一定介质上,由一系列有伴音或者无伴音的画面组成,并且借助适当装置放映或以其他方式传播的作品。从网络游戏的创作过程来看,主要包括两大阶段,一是游戏策划人员进行游戏总体设计,选择游戏引擎、模式、风格、剧情等开发方向;二是在确定需要实现的功能后交予程序员进行具体的代码编写,并由相关人员负责故事情节、各类文字、图片、音乐等游戏素材的设计。其中,游戏策划、素材设计等创作人员的功能与电影创作过程中的导演、编剧、美工、音乐、服装设计等类似,游戏的编程过程则相当于电影的拍摄。从表现形式上看,随着玩家的操作,游戏人物在游戏场景中不断展开游戏剧情,所产生的游戏画面由图片、文字等多种内容集合而成,并随着玩家的不断操作而出现画面的连续变动。上述游戏画面由一系列有伴音或者无伴音的画面组成,通过电脑进行传播,具有和电影作品相似的表现形式。虽然'奇迹MU'的创作方法不是'摄制',但根据《伯尔尼公约》第二条第(一)项对于类电影作品的描述,即以类似摄制电影的方法表现的作品,其本质在于表现形式而非创作方法。我国作为《伯尔尼公约》的成员国,对类电影作品的保护不应与该公约的精神相抵触。因此,涉案游戏的整体画面是否构成类电影作品,取决于其表现形式是否与电影作品相似,故涉案游戏的整体画面可以作为类电影作品获得著作权法的保护。"

在认定了游戏画面构成类电作品后,一审法院在两款游戏比对时,则未按照元素一一对比,笼统地认为:"由于网络游戏的画面繁多,且需要依赖于玩家的操作而产生,故难以进行一帧帧的比对。但游戏画面由游戏人物、怪物等在游戏场景中不断展开一系列情节而呈现的连续画面所构成,其中情节表现为地图的等级设计、角色技能、武器、装备的属性、怪物的战斗力等,因此可以通过比对两款游戏的上述素材来认定二者游戏画面的相似度。经比对,两款游戏400级之前的地图、场景及相应的等级设计、角色及相应技能、武器、装备、怪物及NPC的名称和造型相似度极高,虽然部分造型在线条的组合细节方面有些许差别,但整体造型的视觉效果差别不大。"❶

二、反不正当竞争法保护路径

在原告暴雪娱乐有限公司、上海网之易网络科技发展有限公司诉被告上海游易网络科技有限公司侵害著作权纠纷一案中,原告以《反不正当竞争法》对游戏规则提出保护。

法院则支持了原告的主张,并在论理部分,首次明确支持了游戏规则的保护态度:"本院结合《炉石传说》游戏公证画面、网易网关于《炉石传说》游戏规则的介绍文章及庭审中两原告主张,确认《炉石传说》游戏规则如下。1.卡牌及套牌组合规则。每个职业有25张专属卡牌,157张中立牌,任何一方从九种职业中选择一个职业,在382张卡牌中选取30张的套牌组合,玩家在组建套牌时只能从本职业专属卡牌和中立牌中选择,上述规则由原告运用数学逻辑组合计算得出。2.《炉石传说》战斗规则,不会有任何一方玩家轻易占取优势位置。具体体现为:(1)出牌顺序,每个玩家先手抽出三张牌,后手四张牌,双方轮流出牌;(2)回合制竞赛,第一回合每人有一点法力值,根据法力值每个玩家可以驱使和法力值匹配的牌,法力值增加为2、3、4、5的时候,玩家可以驱使对应法力值的牌,卡牌呈现一定变化,至第十回合时法力值达到上限;(3)场上随从数和手牌数量,最多七个随从和十张手牌;(4)疲劳伤害

---

❶ 上海市浦东新区人民法院(2015)浦民三(知)初字第529号民事判决书。

制度，30 张套牌抽完游戏未结束触发一个掉血效果；（5）其他规则，攻击值消耗生命值，最先将对手生命值攻击到 0 点的玩家取得比赛胜利。结合《卧龙传说》游戏公证画面及庭审中被告陈述，本院确认《卧龙传说》使用了与《炉石传说》基本相同的游戏规则，包括卡牌数量及构成、卡牌数值、卡牌使用方法等卡牌规则及回合制竞赛模式、疲劳伤害制度、场上随从数和手牌数量限制、出牌顺序等战斗规则。除此之外，被告还在游戏标识、界面等方面对原告游戏进行了全面的模仿……被告辩称游戏规则不属于著作权保护范畴，《炉石传说》游戏规则没有独创性，仅是抽象的思想，没有具体的表达形式。本院认为，游戏规则尚不能获得著作权法的保护，并不表示这种智力创作成果法律不应给予保护。游戏的开发和设计要满足娱乐性并获得市场竞争的优势，其实现方式并不是众所周知的事实，而需要极大的创造性劳动。同时，现代的大型网络游戏，通常需要投入大量的人力、物力、财力进行研发，如果将游戏规则作为抽象思想一概不予保护，将不利于激励创新，为游戏产业营造公平合理的竞争环境。因此，本院对被告的辩称不予采纳。"❶

三、专利法保护路径

原告阮岗侠不服被告国家知识产权局专利复审委员会于 2009 年 7 月 9 日作出的第 17826 号复审请求审查决定，于 2010 年 5 月 6 日向北京市第一中级人民法院提起行政诉讼。被诉决定认为："本申请权利要求 1 限定的方案中，对棋牌分类、张数、制作材料、文字、图案、颜色、抽象图形符号等进行的限

---

❶ 上海市第一中级人民法院（2014）沪一中民五（知）初字第 22 号民事判决书。

定以及对游戏牌的游戏规则和玩法的限定,并没有采取利用了自然规律的技术手段来解决技术问题,没有在棋牌的形状、构造或者其结合上形成新的技术方案,因此,权利要求1限定的方案没有采用技术手段、没有解决技术问题、同时也没有获得符合自然规律的技术效果,根据《审查指南》第一部分第二章6.4节的规定,本申请权利要求1不属于实用新型专利保护的客体,不符合《专利法实施细则》第二条第二款的规定。"原告认为:"本申请符合《专利法实施细则》第二条第二款的规定。扑克牌类产品有其独特性,产品的形状和结构不能按一般产品简单划分,既不能将独立一张牌看成它的产品形状和整体结构,也不宜将一副整齐叠放的扑克看成它的产品形状和整体结构,否则所有扑克就成了一种,不可能有那么多获批的专利,况且《专利法》也没有禁止扑克牌专利。扑克牌平铺按花色类及序号排列就形成固定的形状,花色类及每类张数就是结构。这样,仅以表面图案设计为区别特征的牌类,如《审查指南》作为特例的古诗扑克,以及相似的古词扑克、谜语扑克,其结构和形状一般扑克完全相同,其主牌形状为4×13张扑克平铺的大长方体,所以不能授予专利。而五行扑克牌则是五类牌,各类循环相压,其形状是围成圆筒状,形状和结构与其他扑克均不相同,应可获得专利。本专利要解决的技术问题是:(1)增加一类花色牌,增加了牌数和变数;(2)增加一类花色牌,使牌序数一样大时,也可互压。本申请的技术特征包括对产品的5类组成部分的安排、组织和相互关系所提出的产品的结构、构造特征,牌与牌有相压和有序关系,数大压数小、数同循环压,以及构成牌的材质特征等。并且,本申请是一个可以重复再现的客观存在,这种重复再现不依赖任何随机的因素,不依赖于实施人的主观介入和参与。所以,本申请采用技术手段解决了技术问题,以获得符合自然规律的技术效果,应属于实用新型专利保护的客体。"

就此,法院支持了被告决定中的观点:"本案中,本申请权利要求 1 请求保护的是一种文化娱乐用品的游戏牌,其主要限定了游戏牌的分类、张数、制作材料、颜色、文字、图案、抽象图形符号以及游戏牌的游戏规则和玩法。根据本申请说明书第 1 页的记载可知,本申请所要解决的问题是将中国古文化五行相生相克学说结合现代牌类博弈规律,为公众提供一种新的思维锻炼方法和文化娱乐的牌类。本申请游戏牌达到的效果是'既可开发智力,锻炼思维,又能在休闲娱乐中,领略中国古文化的深邃哲理和神奇魅力,继承和弘扬中华民族的优秀传统文化'。因此,本申请权利要求 1 所保护的技术方案并没有对游戏牌产品的形状、构造或者其结合提出适于实用的新的技术方案,权利要求 1 没有采用技术手段,没有解决技术问题,同时也没有获得符合自然规律的技术效果。因此,本申请权利要求 1 不属于《专利法实施细则》第二条第二款规定的技术方案,不属于专利保护的客体。被告的认定正确,本院予以维持。"二审法院支持了一审法院的判决。❶

在原告梁汉基诉被告国家知识产权局专利复审委员会发明专利申请驳回复审行政纠纷一案中,原告的申请权利要求 1 请求保护一种模拟现实社会形态和人生成长基本历程的以游戏娱乐为手段以进行公民思想品德教育为主要目的由采用平面图形方式、采用立体图形方式或采用计算机软件实现的模拟现实社会形态和人生成长基本历程的游戏环境、代表游戏者的棋子或

---

❶ 北京市第一中级人民法院行政判决书(2010)一中知行初字第 1773 号;北京市高级人民法院行政判决书(2010)高行终字第 1129 号。

图形、确定代表游戏者的棋子或图形在游戏区域移动相应的步数的骰子等组成的成功路游戏的游戏环境的设计方法,其特征是,在采用平面图形方式或采用立体图形方式或采用计算机软件实现的模拟现实社会形态和人生成长基本历程的游戏环境中,设置有由幼儿教育阶段、小学教育阶段、中学教育阶段、大学教育阶段、工作阶段、创业阶段、终点—成功新起点等组成的模拟人生成长基本历程的主游戏区域,同时还设置有表征奖惩体系的奖惩中心及其附属区域,表征司法体系的法庭及其附属区域,表征成人教育体系的进修学院及其附属区域和表征医疗体系的医院及其附属区域等模拟现实社会形态的辅助游戏区域。

被告认为,从权利要求1保护的方案可以看出,该申请借助于模拟显示社会形态和人生成长基本历程的游戏环境、代表游戏者的棋子或图形,以及棋子或图形在游戏区域移动相应的步数的骰子来组成本申请请求保护的成功路游戏的游戏环境的设计方法,从而模拟显示社会形态和人生成长基本历程,达到进行公民思想品德教育的目的。关于游戏环境中模拟显示的社会形态、人生成长基本历程,以及代表游戏者的棋子或图形,棋子或图形在游戏区域移动相应的步数的骰子这些方面都是人为设定的,根据社会形态、人生成长基本历程对棋盘进行区域划分,并且根据人为设定的关于棋子或图形在游戏区域移动相应的步数的骰子的游戏规则来实现成功路游戏的游戏环境的设计方法。由此可见,该申请所要解决的问题实质上是按照一种人为设定的包括社会形态和人生成长基本历程的游戏环境来完成游戏,不构成技术问题;采用的手段是根据人为设定的规则对游戏所使用的棋盘进行区域划分并且人为制定关于棋子或图形在游戏区域移动相应的步数的骰子的游戏规则,仅仅依赖于人的思维活动,不构成技术手段,虽然梁汉基强调了该申请的各个实施方式的实施需要运用技术人才，使用不同的机器设备，使用不同的工具才能制作出各个实施方式下的产品，但关于机器设备以及不同工具的使用在该申请说明书和权利要求书中均未记载；获得的效果也只是以进行公民思想品德教育为主要目的，即使游戏者在游戏中接受思想品德教育，不构成技术效果。因此权利要求1保护的方案不是一种技术方案，不符合《专利法实施细则》第二条第一款的规定，不能被授予专利权。一审、二审法院均支持了被告决定的意见。❶

第三节　电子游戏认定为类电作品对于保护游戏设计的意义

我国的著作权法对于摄影作品、美术作品与类电作品的认定标准不统一，前者过低，后者过高。矛盾就是，如果一幅图是美术作品，而多幅动态的图（帧）就不一定构成类电作品。其中的原因除了标准问题，还在于类电作品中蕴含的"叙述"——脚本、情节、一定程度的思想性等，那么，对于游戏类电作品，对应的"脚本"是什么呢？是文字剧情么，是人物属性的文字介绍么？应该不仅仅如此。此时，应该可以理解为游戏内在的游戏设计。就像一部电影被抄袭，不一定取景、演员是一样的，但可能涉及的剧情、桥段、分镜、角度、渲染技法、心理暗示等一模一样。

作为权利人，应该要明确为何要寻求将游戏认定为类电作

---

❶ 北京市第一中级人民法院（2012）一中知行初字第3315号行政判决书；北京市高级人民法院（2013）高行终字第998号行政判决书。

品的意义,其为何比拆分认定、拆分对比要更有利?应该说,认定类电作品的目的,不是意味着法院可以忽略对比环节,而是对比的对象不同了,类电作品是一个高标准的作品类型,所以其对比方式不同于美术作品的、文字作品,它不但考虑外在的可见的部分(美术作品等),也考虑内在的不可见的部分,这就为游戏设计的保护提供了一个很好的思路。当然,鉴于游戏设计的不可固定性,其很难单独提供保护,而只能依附在其他可见的作品中侧面得以保护:既可能是《反不正当竞争法》中的"诚信原则",也可能是游戏画面整体认定为类电作品后,包含于类电作品之中得以保护,目前看来,都是"潜伏"在电子游戏可见的部分中。游戏设计是一个宏大的整体,而不是指某一两个"机制"或"规则",游戏设计被完整抄袭,"思想借鉴"的巧合应该是极为罕见。随着游戏产业的竞争越发激烈化,电子游戏之间的竞争也将逐步从"拼IP""拼动画""拼美工"到最终的"拼设计",游戏设计的知识产权保护,也越发显得重要而紧迫。

第五章　电子游戏技术措施的破解

随着互联网发展和数字化的普及，针对数字化作品的侵权行为更加容易、快捷，传播也更为广泛，相应地，作为电子游戏权利人的游戏开发公司，维权的难度加大了。无论是生产电子游戏硬件设备的日本游戏公司，还是制作全球热门网络游戏的美国游戏公司，针对电子游戏设备或电子游戏本身，都选择通过加密技术，一是控制盗版率，二是进行全球营销布局，形成区域化垄断。在20世纪90年代，出现了以加密技术和访问控制技术为主要手段的数字版权管理（DRM，Digital Right Management）技术，同时，全球的Cracker（专门破解密码和软件的破解者）们，也一直在有针对性地破解这些被严密保护起来的游戏，俨然成了一场"猫鼠游戏"。

第一节　技术保护措施的定义及分类

一、定义

我国《著作权法》第四十八条、《计算机软件保护条例》第二十四条规定了"故意避开或者破坏著作权人为保护其软件著作权而采取的技术措施"的相关法律责任，但没有针对"技术保护措施"单独在《著作权法》或《计算机软件保护条例》

中作为一个章节来说明，亦未明确何为"技术保护措施"，也未明确"破解技术保护措施"的具体类型，"故意避开或者破坏著作权人为保护其软件著作权而采取的技术措施"的表述基本只是对"破解技术保护措施"的简单"翻译"。

在日本《著作权法》中，对"技术保护措施"的定义为："指用来预防或阻止……侵害第十七条第一款规定的著作权人格权或者著作权或者第八十九条第一款规定的表演者人格权或者第八十九条第六款规定的著作邻接权的电子方法、电磁方法或者其他人的知觉不能识别的方法，在作品、表演、录音、播放或者有线播放被非法储存在储存媒介上或者传播时，这些方法会记录或者发出导致非法利用这些作品的机器发生特定反应的信号。"❶

1996年12月，世界知识产权组织（WIPO）通过了《世界知识产权组织版权条约》（WCT）、《世界知识产权组织表演和录音条约》（WPPT），其中针对"技术措施的义务"及"权利管理信息的义务"对缔约各国做出了要求。但两个条约并未对什么是"技术保护措施"做出明确的定义，在立法上交由各缔约国自主制定相关规定。有学者指出：两个条约对缔约国提出了禁止规避行为的要求，但对禁止制造和提供用以规避的设备并没有做出严格的要求，这是因为大多数发展中国家反对美国、欧盟等发达国家提出的对设备、零件等规避的提议，国际条约的达成反映了各方利益妥协的结果。同时，WCT亦规定："仅仅提供传播作品的服务不能构成侵权。各缔约方在本国法中仍然可以将传统对著作权的限制和例外适用于数字化环境，如合理利用，并且可以创设适合数字化环境下的新的限

---

❶ 《十二国著作权法》翻译组. 十二国著作权法 [M]. 北京：清华大学出版社, 2011: 364.

制和例外"。❶

二、分类

美国在 1998 年 10 月颁布的《数字千禧年版权法》（DMCA），成为世界上第一部将"技术保护措施"写入版权法的法案。根据其第 1201 节（a）和第 1201 节（b）的规定，将技术保护措施分为"接触保护措施"（Access Control）与"权利保护措施"（Copyright Protect），日本在《著作权法》中也学习了这种思路，包括中国在内的其他国家则并未严格区分技术保护措施的种类。通俗地说，"接触保护措施"主要是为了不让没有资格的人看，而"权利保护措施"则主要是为了不让没有资格的人随便复制备份。对于现今的网络游戏或单机游戏，无论是使用 Steam、uplay 还是 Denuvo，或者传统的安装序列号，都是属于接触保护措施；像游戏光盘中的防止复制技术，就是属于权利保护措施。

这种分类的意义在于，破解这两种不同的技术保护措施，对应的法律责任是不同的。以日本法律为例，对于破解接触保护措施，仅需承担民事责任，而对于破解权利保护措施，则还需要承担刑事责任。

另外一种分类方式是分为"硬件技术措施破解"和"程序技术措施破解"。前者针对的是游戏机，后者针对的是手机游戏或者 PC 端游戏。当然，从实质上看，针对游戏机的破解，很多时候也是针对游戏机的程序部分进行破解活动。

三、现有技术

除了在一些传统游戏机上采用固件和软件结合的技术保护

---

❶ 张文俊，倪受春，许春明. 数字新媒体版权管理 [M]. 上海：复旦大学出版社，2014：278.

措施,大部分技术保护措施出于"不可见性",都是在电子游戏的软件上做文章。目前流行的技术保护措施破解包括以下几种。

1. exe 及 dll 替换

一般来说,程序中以 .exe 及 .dll 为后缀的文件是电子游戏对应的技术保护措施程序,.dll 即动态链接库,一般的 steam、uplay 及 origin 游戏平台采取的 DRM 技术为注册码,有的甚至是二重注册码。注册码的原理大概是,用户触发"注册模块"后,跳转到"认证模块",弹出对话框,要求输入注册码 A,输入后与服务器中的注册码 B 进行对比,如果可以对应上,则通过,开始运行下一步的游戏程序,如果不能通过,则回到触发时的界面。想在 steam、uplay 及 origin 三大游戏平台上购买、下载游戏,首先需要一个在平台上的注册码,通过平台的 DRM 来控制版权风险,当然,有些游戏出于保险,自己还带有一层注册码验证环节。有的时候,若想再进一步加密,还可以再用 Hash 算法再处理一次。

2. 序列号

这种比较简单,系统服务器中有一整套序列号,用户输入自己的一长串字符,看是不是在库中,如果能对应上,就进入下一步,若不在库中,则显示失败。那时网络上流传的破解方式是"序列号生成器",说白了就是针对某一程序,随机生成一个假冒的序列号,看能否与库里的序列号对应上,如果不行,就重复几次。

3. Denuvo 技术

Denuvo 全称 Denuvo Anti-Tamper(反篡改),一种 Windows 平台上能阻止对可执行文件进行调试(Debugging)、反向工程(Reverse Engineering)和修改(Modifying)的技术,由奥地利公司 Denuvo 软件解决方案有限公司开发。Denuvo 本身并不是 DRM(数字版权管理系统,如 Steam、Uplay 和 Origin 等),而是用来保护游戏的 DRM 不被绕过的。对于其他的加密系统，破解者只需要修改游戏的 exe 或 dll 文件绕过游戏对 DRM 的验证，然后模拟正版环境（如特制的 steam_api.dll）即可实现破解。而 Denuvo 就是用来保护游戏的二进制文件（中和 DRM 相关的模块）不被调试和修改的，这样破解者就没有办法绕过 DRM 验证从而实现防止破解。❶

4. SSS、CSS

SSS（Software Service System）软件服务系统，采用特殊的硬件来控制文件加密，于 1983 年由日本工程师森良一开发。它的"超级分发"理念在后来被广泛应用，即允许媒体内容被复制，但得到的复制件必须经过授权方可使用。

CSS（Content Scrambling System）内容加扰系统，控制 DVD 等光盘的盗版和非法使用。由美国八大影业公司发起并组织开发，采用简单的加密算法对内容进行加密，DVD 必须经过解码授权。❷

DRM 技术的技术还有很多，如数据加密技术、公钥基础设施安全技术（PKI）、数字签名技术、数字水印技术、U-KEY 技术、安全容器技术、Hash、数字指纹技术等，但针对电子游戏的技术保护措施，主要为上述四种。另外，还有一些电子游戏公司在技术保护措施的程序中植入了商标识别码，这样，即便技术保护措施被破解，对方也会因为涉嫌侵权商标权而被起诉，等于多加了一道了"诉讼封锁线"。

---

❶ [EB/OL]．[2017-01-05]．http://www.zhihu.com/question/31592040/answer/81616851.

❷ 张文俊，倪受春，许春明．数字新媒体版权管理[M]．上海：复旦大学出版社，2014：51.

第二节 其他国家的立法及判例

一、美国

美国针对规避技术保护措施的法律主要集中《版权法》(1976年)第十二章"版权保护和管理系统"中,该法第1201条、第1202条规定了技术保护措施的种类和例外,第1203条至第1204条规定了民事救济与刑事处罚,第1205条为保留条款;《数字千禧年版权法》(DMCA)第103条,基本包含了《版权法》第1201条至第1205条的所有内容。根据其第1201节(a)和第1201节(b)的规定,将技术保护措施分为"接触保护措施"(Access Control,即没有授权不让使用)与"权利保护措施"(Copyright Protect,即没有授权不能复制、修改等)两类,WCT及WPPT的义务仅限于"权利保护措施"(Copyright Protect),即复制保护措施,"接触保护措施"这一规定实际上是超出了WCT及WPPT的义务,系美国自行增加的义务。

针对技术保护措施的条款,可分为"反规避"技术措施条款及"反交易"技术措施条款。其中,"禁止任何人规避有效地控制接触在本章下受保护的作品技术措施"是针对"接触保护措施"(Access Control)特设的反规避条款,对"权利保护措施"则未约束。针对"反交易"条款不仅禁止规避"接触保护措施"的服务、技术、设备、零部件等,同时也禁止规避著作权人为保护著作权采取的技术措施的服务、技术、设备、零部件等,即对规避"权利保护措施"未加禁止,只对针对该规避措施的设备、技术、服务等的交易行为进行禁止。相当于说,通过手段规避"权利保护措施"并不违法，但为这种规避措施提供工具或者贩卖这种工具则违法；而对于"接触保护措施"，则规避行为本身及其技术、设备等的交易行为都属于违法。❶

其中，针对"反向工程"及"加密研究""安全测试"的免责情形作出了限定：

1. 反向工程

假定其目的只是识别和分析、程序兼容，个人可以开发和采用技术手段规避技术保护措施，同时该程序可以提供给他人（前提是他人也是出于使程序兼容的目的）。

2. 加密研究

这条也是对现今的 Cracker 最有意义的。

（1）免责内容。

该术语指"为识别和分析运用于版权作品的加密技术的缺陷和弱点所必要的活动，如旨在提升加密技术领域中的知识水准或有助于开发加密产品"。前提是：合法获得该作品；为研究所必需；实施规避行为前以为获得授权尽了合理之力；不违反其他法律。其中，豁免时需要考量的因素包括：①衍生信息是否被传播，若被传播，是否是以合理预测地可提升加密技术领域的知识状况方式传播；②是否通知了版权人，通知的时间；③是否从事合法的研究。

（2）Felten 案。

实际上，各行业协会利用 DMCA 的条款限制对数字版权管理技术的创新已经成了一个公开的事实。针对这点，还有一个有趣的案例。美国唱片工业协会（RIAA）在 2000 年公布了 4 种

---

❶ 张文俊，倪受春，许春明. 数字新媒体版权管理 [M]. 上海：复旦大学出版社，2014：280.

水印 DRM 技术，协会非常有信心，以至于还通过悬赏的方式邀请外界来尝试破解。三周后，普林斯顿大学的 Edward Felten 教授及其团队宣告破解了该 DRM 技术，身在高校，研究肯定要"成果转化"才能满足校内的考核，但当 Felten 教授准备在学术杂质上发表时，美国唱片工业协会却发来了律师函，声称若公开成果，则违反了《版权法》及 DMCA 的相关规定。为此，在美国电子先锋基金会（the Electronic Frontier Foundation，EFF）的协助下，Felten 教授发起了确认不侵权之诉，直到 2001 年 8 月，美国唱片工业协会才同意其将成果发表。❶

我们可以看出，上述案例中所提及的数字水印技术（Digital Watermark）是在计算机软件作品中加入隐藏印记的技术，以达到版权宣称、使用跟踪、控制媒体访问等作用。它并不能阻止对于作品的非法接触，只是在非法复制的时候可以作为法庭证据。所以，数字水印技术更接近于"权利保护措施"。在我国目前的著作权侵权诉讼中，数字水印主要用于摄影作品的权属举证。根据《美国版权法》和 DMCA，规避"权利保护措施"的行为本身并不违法，而针对该规避措施的交易行为才是法律需要苛责的。那么，Felten 教授的发表行为是否构成"交易"行为呢？

根据"加密研究"的免责前提：首先，Felten 教授是合法获得该作品的；其次，研究也是应美国唱片工业协会的"悬赏"来开展的，所以应该认为是得到了权利人的授权；最后，该研究并不违反其他法律。再看免责的考量的因素，第一，Felten 教授的研究成果选择在业内的专业学术杂质上发表，满足了"以合理预测的可提升加密技术领域的知识状况方式传播"的要求；

---

❶ 张文俊，倪受春，许春明. 数字新媒体版权管理 [M]. 上海：复旦大学出版社，2014：300.

第二，其在接受"悬赏"后宣告破解，等于就是通知了版权人第三，Felten 教授系在高校工作，从事合法的研究。综上，Felten 教授的发表行为肯定是合法的，美国唱片工业协会的目的只是尽可能地拖延针对该水印 DRM 技术的破解措施的公开时间，还是利益使然。

（3）游戏破解网站合法性。

那么，我们再进一步思考，现在在互联网上广泛存在的以破解各种电子游戏为主要工作的 Cracker 网站，是否与"Felten 教授"案的情况类似呢？

首先，我们先看豁免的四个前提：合法获得该作品；为研究所必需；实施规避行为前以为获得授权尽了合理之力；不违反其他法律。

第一，这些游戏破解网站的软件工程师一般拿到的都是正版的电子游戏软件——因为"破解"版还等待他们的开发；所以符合"合法获得该作品"的条件。

第二，假定这些网站的软件工程师破解游戏的初衷确实是为研究电子游戏中所携带的 DRM，那么暂且认为符合"为研究所必需"的条件。

第三，一些游戏破解网站喜欢在完成破解之前，在自己的主页上宣称"势必会破解××游戏""没有破解不了的游戏"等等，但这些只是单方面的告知，与"Felten 教授"案中的默认授权的情况并不一样，因为按照常理，除非像"Felten 教授"案中是由权利人主动发起的悬赏破解活动可以视为权利人默认，电子游戏公司一般不会希望自己新开发的技术保护措施迅速被外界破解。所以不满足"实施规避行为前以为获得授权尽了合理之力"这条。

第四，假定其并未违反其他法律，符合最后一条。

豁免时需要考量的因素包括：衍生信息是否被传播，若被传播，是否是以合理预测的可提升加密技术领域的知识状况方式传播；是否通知了版权人，通知的时间；是否从事合法的研究。①这些电子游戏破解的技术，并不会发表在数字版权管理类的学术期刊、杂志上，而是以插件、补丁包的形式在网站资源库中供网友免费下载，相信大部分网友下载这些插件是为了运行下载的盗版游戏，而不是为了研究加密技术；②一般这些游戏破解网站都会第一时间在网站上以"公开声明"的形式通知，有的甚至会在尚未破解完成的时候就以"公开声明"的形式通知；③就"是否从事合法研究"这点，很难判断，有的是以经营破解网站为主营业务，有的则可能是由一些从事 IT 行业的软件工程师业余 Cracker。

但是应该看到，这些游戏破解网站，并未直接侵犯作为计算机软件的电子游戏本身的复制权、修改权，因为这些破解插件只是安装在根目录的文件夹中，并未直接复制、删除或修改原程序。

上文提到，美国法律对规避"权利保护措施"未加禁止，只对针对该规避措施的设备、技术、服务等的交易行为进行禁止。而对于"接触保护措施"，则规避行为本身及其技术、设备等的交易行为都认定违法。现今很多游戏破解网站分两种：一种是不提供盗版游戏程序的下载，而仅提供破解插件的下载，而这些插件应属于"接触保护措施"，按照美国法律，规避行为本身即是违法的；另一种是既提供盗版游戏的主程序下载，涉及破解"权利保护措施"和游戏软件的"信息网络传播权"，又提供破解插件的下载，涉及破解"接触保护措施"，像这样的电子游戏破解网站往往成为被诉的重点对象。

针对破解技术保护措施的行为，被告经常提出的抗辩理由就是"实质性非侵权用途"，多引用美国 1984 年的"索尼案"。

在该案中，日本索尼公司在美国销售录像机，美国环球电影公司和迪士尼公司认为，消费者未经许可使用录像机录制其享有版权的电影构成版权侵权。而索尼公司制造和销售这种录像机的目的就是引诱购买者录制电视节目，包括其拍摄的电影，因此应为消费者的版权侵权行为承担间接侵权责任。美国联邦最高法院对此认定，消费者将电影录制下来，并在观看一次之后删除，构成"合理使用"在不存在直接侵权的情况下，自然也不存在间接侵权。同时，如果"产品可能被广泛用于合法的、不受争议的用途"，即"能够具有实质性的非侵权用途"，即使制造商和销售商知道其设备可能被用于侵权，也不能推定其故意帮助他人侵权并构成间接侵权。录像机所具有的一种潜在用途——使个人消费者非商业性地在家庭中改变观看时间，由于构成"合理使用"，就足以使索尼公司免责。美国联邦最高法院判决索尼公司向公众出售录像机的行为不构成间接侵权。"实质性非侵权用途"规则虽然源自美国，但基于其合理性，也得到了包括我国在内的各国的普遍认同。

就此，王迁教授认为："提供规避手段之所以受版权法的禁止，并非因为借助规避手段实施的规避行为构成违法，或提供规避手段便利了这种违法行为的实施。相反，立法者认为提供规避手段会干扰权利人利用技术措施进行自力保护，其本身具有可责难性。因此，即使是在同时禁止规避行为和禁止提供规避手段的立法中，提供规避手段也是一种独立的违法行为。在这些立法中，提供规避手段的违法性，与接受规避手段者利用该规避手段实施规避行为的违法行为无关。即使接受规避手段者最终没有利用规避手段实施规避行为，提供规避手段的仍然构成违法。版权法实际上是将规避手段置于类似禁止流通物的地位，除非属于法定例外，否则不得提供。因此，根据版权法中禁止提供规避手段的规定,无论版权法是否同时禁止规避技术措施的行为,提供规避手段的行为都是一种独立的违法行为,其违法性并不取决于利用规避手段实施的规避行为是否违法。"❶ 同时,我们也应该注意到,在这个案例发生时,DMCA 没有诞生,而现今根据 DMCA 的规定,上述行为可能将构成侵权。

3. 安全测试

"安全测试"指经计算机、计算机系统或计算机网络的所有权人或运行人授权而接入该计算机、计算机信息系统或计算机网络,目的仅为善意测试、检查或消除安全漏洞或隐患。这点主要针对的是"白帽子"(与以入侵计算机系统营利"黑帽子"对应,指以检测漏洞为目的黑客)。

《美国版权法》(1976 年)第 1203 条规定了民事侵权的赔偿标准:(c)-(3)法定损害赔偿,(A)版权人在法院做出判决前,就每一违反第 1201 条的非法行为,选择不少于 200 美元的法定损害赔偿,或者就每一规避行为、每一装置、产品、部件、出价或者提供的服务选择法院认为适当的不超过 2 500 美元的法定损害赔偿。(B)版权人在法院做出判决前,就每一违反第 1202 条(即"版权管理信息完整性"条款)之非法行为,得选择 2 500 美元至 25 000 美元的法定损害赔偿。(c)-(4)屡次违法——经受害方举证证明,并且法院认定,被告在法院做出判决后 3 年内再次违反第 1201 条或第 1202 条的,法院可酌情判决三倍损害赔偿。

第 1204 条规定了刑事犯罪即处罚标准:(a)一般规定,为商业利益或个人经济利益而故意违反第 1201 条或 1202 条——(1)初犯的,应处以 500 000 美元以下罚款或者 5 年以下有期徒

---

❶ 王迁. 论提供规避技术措施手段的法律性质[J]. 法学,2014(10):44.

刑，或者并罚；（2）再犯的，应处1 000 000美元以下的罚款或者10年以下的有期徒刑，或者并罚。

二、日本

日本关于规避技术保护措施的条文规定在《日本著作权法》第二条第一款第二十项、第三十条第一款第二项、第一百二十条第二项及《反不正当竞争法》第二条第一款第十项、第十一项。日本针对技术保护措施的分类方法与美国近似，日本学者田村善之译为"信号妨碍型措施"和"密码型措施"。笔者更倾向于日本的直译："反复制技术措施"和"反接入技术措施"。❶ 但与美国不同，日本把这两种类型的技术措施分别规定在《著作权法》及《反不正当竞争法》中。

著作権法と不正競争防止法による規制

	コピー管理技術	アクセス管理技術
無効化行為	サービス提供（刑事） 回避を伴う利用行為（民事）	
無効化プログラム	公衆への譲渡、貸与、譲渡・貸与目的の製造、輸入、所持、使用供与、送信（刑事）	
	譲渡、引渡、譲渡・引渡目的の展示、輸出入、送信（民事）	譲渡、引渡、譲渡・引渡目的の展示、輸出入、送信（民事）
	著作権法	

图引自：丸橋透，《技術的コントロールの法的保護》，载于（財）インターネット協会第9回セキュリティ・フォーラム

---

❶ 田村善之. 日本知识产权法（第4版）[M]. 北京：知识产权出版社，2011.

规避"反复制技术措施"的结果是实现复制行为,所以认定侵犯"复制权"是没问题的;而规避"反接入技术措施"如果按照"实质性非侵权用途"理论解释,是不构成间接侵权的,因为除非认可登录后的临时复制,用户的接入行为本身是不构成直接侵权的。所以日本在1999年和2003年修法时,把规避"反复制技术措施"保留在《著作权法》第二条第一款第二十项、第三十条第一款第二项、第一百二十条第二项,把规避"反接入技术措施"的行为放在了《不正当竞争防止法》第二条第一款第十项、第十一项。在《著作权法》中,针对"反复制技术措施"不但禁止了个人利用规避技术措施手段进行复制的行为,还对销售规避技术措施技术手段的行为规定了刑事处罚;但考虑到规避"反接入技术措施"的行为属于著作权以外的"其他权利",仅规定了民事责任。❶

与其他国家立法趋势不同,由于日本著作权法认为技术保护措施(DRM)并未赋予著作权人新的著作财产权,所以不宜用著作财产权来限制。日本对技术保护措施的保护采取了略低的保护,除了"交易行为"认定为违法,无论是"反接入技术措施"还是"反复制技术措施"的规避行为本身并不违法,法律只是禁止破坏设备的制造、进口、销售、公开传播等行为。

《日本著作权法》第一百二十条之二规定了刑事罚则:"具备下列情形之一者,处三年以下徒刑或300万日元以下的罚金,或者两者并罚。(一)向公众转让、出租、以转让出租为目的的生产、进口或持有、供公众使用专门用来回避技术保护手段的装置(包括非常容易组装的零部件)或者专门用来回避技术保护手段的计算机程序复制品人,或将前述计算机程序复制品向

---

❶ 田村善之. 日本知识产权法(第4版)[M]. 北京:知识产权出版社,2011.

第五章 电子游戏技术措施的破解

公众传播或者传播可能化（此处强调了'可能化'，是其他国家立法中没有的）的人。（二）以应公众请求从事技术回避技术保护手段回避为业的人。……"❶

1. "烧录卡"案

2016年1月12日，任天堂公司针对NDS游戏机"烧录卡"业界者的不正当竞争诉讼判决生效，被告判赔数额达到了近一亿日元，其中涉及著名的"烧录卡"品牌R4 revolution。

（1）"烧录卡"的原理。

任天堂除了做游戏，主要盈利来源是做硬件，之前的NDS游戏机因新颖的双屏设计，受到玩家的推崇（现在已经是3DS游戏机时代了，关于NDS游戏的案子才终裁，正可谓迟来的正义了）。NDS游戏机在进军美国市场后，反响没有在日本本土好，后经过调查发现是由于市场中的游戏品质普遍太差，游戏玩家口碑不好，所以加入了10NES锁码系统（相当于"锁"），只有经过官方认证的游戏（相当于开锁的"钥匙"）才可以通过NDS游戏机进行游戏，这样也杜绝了盗版游戏的风险。

玩家很快感觉到了不便：首先，由于NDS游戏机还是使用卡带游戏，即使购买了正版游戏，玩不同游戏时仍需要随身携带好几盘卡带；其次，游戏存档不方便；最后，售价不菲，当时一盘正版的游戏卡带也得人民币几百元。虽然在互联网上有大量的游戏ROM复制件，但由于NDS游戏机不能读取10NES系统，于是群众"开启民智"，解决的方法总的来说有三种：第一种是暴力解决。因为10NES解锁系统是一块芯片，一些搞电学的技术宅拆除了该芯片，但大部分玩家是没有这个"金刚钻儿"的；第二种是改装正版的游戏卡带，通过改焊、加装，把

---

❶ 此处是针对专业的游戏CRACKer网站。

原版卡改装成可以加装"金手指"功能（相当于现在的"外挂"，可实现游戏人物生命值无限等技能）、实时存档等功能，但同样限于技术宅；第三种是大部分玩家选择的物美价廉的方法：买烧录卡——实际上，烧录卡出现得很快，几乎和 NDS 游戏机的推广是同步的。

烧录卡其相当于一个物理解码器，也是卡带的形状，带有 CPU，但没有存储功能，需要玩家自己购买 TF 储存卡，把下载的盗版游戏 ROM 存进 TF 卡，再把 TF 卡放进烧录卡中，最后刷下机，"叮"的一声后，就可以骗过游戏机的 10NES 系统了。不但可以玩盗版游戏，还可以加金手指功能，有的烧录卡自带的 CPU 比游戏机的 CPU 还强大，甚至可以用 NDS 游戏机看视频。在游戏机中可以看到的文件分为三部分（以 R4 品牌为例）：包含 R4ISDHC-code.bin 和 R4ISDHC-update.nds 文件的固件部分；包含 RPG、moonshez、DAT 的内核部分；包含 SYSTEM 的数据包。用于规避技术措施的就是固件部分。当然，由于 Mapper 接口不同，具体的方式是不同的。

（2）法律性质。

烧录卡规避 NDS 游戏机的 10NES 系统属于"反接入技术措施"，所以仅适用《不正当竞争防止法》第二条第一款第十项、第十一项。

快播案，让"技术中立"这个词几乎可以上法律界的热搜了。关于技术中立的很多文章都提及了索尼案和"实质性非侵权用途"。实际上，依照索尼案确立的该项原则，在"Vault 诉 Quaid"案中，同样认定 Quaid 公司制作的针对 Vault 公司的、名为"专业锁"防止复制软件系统的解锁系统不构成间接侵权，只要该解锁系统除了针对"专业锁"系统，还有哪怕 10% 的其他用途，就可以通过"实质性非侵权用途"来辩护，因为这种行为并不侵犯版权。王迁老师就此评价:"间接侵权说"已经不能合理解释多数国家立法禁止提供规避手段的规定了。❶ 所以,美国 1998 年 DMCA 针对"实质性非侵权用途"的旧观点,提出了更为严苛的新标准:设计目的标准、商业价值标准、推荐目的标准。其中"商业价值标准"是核心,它针锋相对地提出:考虑那些"其他用途"的比例和该产品推销的卖点,(这样排除了通用机器和通用程序)只要其有提供、销售、传播规避技术措施工具的行为,就可以认定侵权(但不是侵权版权,而是其他权利)。

2. 游戏模拟器问题

2016 年 3 月,韩国世嘉公司(SEGA)正式宣布关闭官方网站,对于旗下游戏《足球经理 OL》于 3 月 9 日正式结束运营,《圣斗士星矢 OL》与 SESI SOFT GAMES 公司进行服务器资料转移。实际上,中国世嘉公司早于 2007 年就已解散。

提到游戏模拟器的事,SEGA Enterpise Ltd. v. Accolade Inc 案和 SONY Ltd. v. Connectix 案是两个经典的不能回避的案例,以至于当搜索"反向工程"的论文,90% 的文章都会引这两个 1992 年的美国案例。

(1) 游戏模拟器的定义、类型。

什么是游戏模拟器呢?用句文艺一点的词儿就是:两个身体装一个灵魂。有一些只能在 FC 平台或者 PSP 平台玩的游戏,但是很多人买不起游戏机又想玩怎么办,于是有了 SONY Ltd. v. Connectix 案,Connectix 公司针对 Playstion 游戏机开发了 VGS 模拟器程序。有一些游戏只推出了手机版,屏幕太小怎么办,于是有了 PC 模拟安卓系统的游戏模拟器程序。

---

❶ 王迁. 论提供规避技术措施手段的法律性质 [J]. 法学, 2014 (10): 45.

游戏模拟器可分为单机游戏模拟器和网络游戏模拟器。

（2）游戏模拟器的技术原理及法律性质。

①单机游戏模拟器。单机游戏模拟器的本质是用一种 PC 机、手机的 CPU 模拟、替代游戏主机的 CPU。以 SONY Ltd. v. Connectix 案为例，用游戏机玩的单机游戏关键部分可分为：游戏机 CPU；游戏软件和数据 ROM；以及游戏的 BIOS 芯片对应的游戏界面系统文件（引导进入游戏的 GUI）。Connectix 公司开发的 VGS 模拟程序需要用户自行下载每个游戏的 ROM 文件，通过 VGS 程序引导上去，但 VGS 程序复制了 BIOS 的部分，索尼公司因此起诉 Connectix 公司侵犯了其游戏软件的版权。美国联邦第九巡回上诉法院依据 SEGA Enterpise Ltd. v. Accolade Inc 案中确定的"方向工程构成合理使用"的指导思想，没有支持一审加利福尼亚东区法院的意见，认为不能一概地认为反向工程是非法使用，但对于 BIOS 程序的可版权性，未作出直接的评论。所以，后来的单机游戏模拟器，为了最大限度地避免侵权诉讼，除了 ROM 文件需要玩家自行下载，连 BIOS 程序也需要用户自行下载，但实际上，这些并不难，因为模拟器游戏论坛中自会有"热心网友"上传各种 BIOS 文件。

VGS 程序主要功能就是用 PC 的 INTER 或者 AMD 处理器来模拟、替代 Playstion 游戏机的 CPU。一般来说，对于 CPU 模拟有一个规则：模拟端的 CPU 性能要高于被模拟游戏端的性能，一般的 PC 电脑 INTER 或者 AMD 处理器的性能都高于游戏机的 CPU（比如经常使用的理光 6502 处理器），也会高于智能手机的骁龙或高通处理器。所以比较常见的游戏模拟器都是游戏机 PC 模拟器和手机游戏的 PC 模拟器（当然，对于手机游戏来说，模拟器基本是以基于安卓系统的手机游戏为主，因为安卓系统是开源的，在反向工程中工作量会小得多，对于苹果系列的 iOS

闭源系统，则基本都是针对 FC 平台推出的小游戏）。

SEGA Enterpise Ltd. v. Accolade Inc 案实际上并不涉及游戏模拟器。美誉公司没有拿到世嘉公司的游戏机授权，但又想开发针对世嘉游戏机的单机游戏，所以通过反向工程破解了世嘉游戏机"创世纪Ⅲ"，开发了自己的游戏。本案涉及的法律问题是：美誉公司在反向工程中复制了世嘉公司安插在硬件引导程序的商标安全系统 TMSS（其原理就是在每个授权游戏卡带中植入带有"S-E-G-A"的商标密码，游戏机只有在检索识别该密码后才能读取游戏卡带的 ROM 文件），但最后该案巡回法院还是认定构成了合理使用，但对于 TMSS 商标安全系统的问题，没有做正面回复。

本机和模拟器都是一个 IP 地址，如何进行通信呢？这里一般就涉及了 Socket 套接字技术。

最后，还有一个涉及的法律问题是"拆封协议"。因为一般的游戏及游戏机在购买后，有一个"一旦你拆封就视为遵守协议"的格式合同，条款里规定了不准进行反向工程，这就像在注册任何一个网络游戏时，必然会需要你点击同意一个你基本不会看的格式条款一样，你不同意，就别玩。在美国，联邦巡回法院认为合理使用的原则大于这种格式条款，拆封协议对于反向工程是无效的。但在我国的《计算机软件保护条例》第十六条第三款中依然规定，可以"为了把该软件用于实际计算机应用环境或者改进其功能、性能而进行必要的修改；但是除合同另有约定外，未经该软件著作权认定许可，不得向任何第三方提供修改后的软件"，实际上依然默许了拆封合同的效力。所以在我国，单机游戏模拟器的合法性尚处于灰色地带。

②网络游戏模拟器。对于网络游戏的模拟器，实际就是脱离游戏硬件，直接的软件对软件，所以能"模拟"的无非是一

头一尾。"模拟"客户端或者"模拟"服务器端，上述方式，都已经被写入刑法和相关司法解释，属于侵犯著作权罪。所以可以见到的网络游戏的不同平台版，都是官方授权的，这点是和单机游戏模拟器截然不同的。很多网络游戏模拟器都是用JAVA语言写的，而大多数网络游戏是用C++写的，所以，最终是否构成软件本身的侵权不好说，但因为肯定复制了通信协议或者服务器数据化指令，所以不影响刑事犯罪的定性。当然，现在还有一些所谓的iOS版的"安卓模拟器"很大程度是修改签名，通过企业及版本发布，本质上是"伪模拟"，因为签名对不上，无法实现内购功能。

日本的游戏机产业是非常重要的，面对恼人的游戏模拟器问题，游戏公司并不服输，任天堂公司甚至在2014年11月在美国专利商标局申请了几项关于如何编写游戏模拟器的方法专利，希望通过垄断游戏模拟器的方法，回避模棱两可的版权诉讼，直接打专利侵权，但问题是，且不论申请下来的可能性，估计会引来大量的热心玩家提出无效申请。

三、韩国

韩国没有单独针对破解技术保护措施设列章节，相关的条文主要规定在《著作权法》第一百〇一条之四、第一百二十四条、第一百三十三条、第一百三十六条中。第一百〇一条之四针对的是"反向工程"，其中列举了不构成合理使用的情形：不以兼容使用为目的，或提供给第三人的（需要注意的是，其没有提及"经营"为目的，等于包括了免费供网友下载的情况）；为了开发、制作、销售与作为程序代码反向工程对象的程序在本质上类似的程序，或者侵害了程序著作权的（相比于日本，少了"出租、以转让出租为目的的生产、进口"，多了"开发"）。

韩国没有区分技术保护措施的类型。但《韩国著作权法》有个特色，在其第一百〇一条之六中，针对计算机程序设定了"专有出版权"，所以对应的第一百三十七条设定了"非法出版罪"，这在实践中，为单独的游戏破解插件入刑留个口子。

韩国另外的一个特色是针对破解技术保护措施，由授权的下属机构，行使警告、删除的行政处罚权利。在第一百三十三条之二中，规定了侵害著作权以及其他受本法保护的权利的复制品、信息，或者反技术保护措施的程序或者信息通过信息网络传播时（此处相比于美国、日本，直接从信息网络传播行为入手），文化体育观光部长官可以通过委员会的审议，并依大总统令，命令网络服务提供者采取下面各项措施：警告复制、传输非法复制品等的人；删除或中断对于非法复制品等的传输。得到三次以上的警告，文化体育观光部长官可以经委员会的审议，根据大总统令，命令网络服务提供者在六个月的期限内停止该复制、传输者的账号。

《韩国著作权法》第一百三十六条规定了刑事处罚条款：实施了第一百二十四条第一款的侵权行为的，为了经营或者以营利为目的而实施了第一百二十四条第二款的侵权行为的，可以判处五年以下有期徒刑或者五千万韩元以下的罚金，或者并罚。❶

四、德国

德国关于技术保护措施的条文规定在《德国著作权法》第九十五条、第一百〇八条 b 款中。根据第九十五条 a 款，技术

---

❶ 十二国著作权法翻译组. 十二国著作权法 [M]. 北京：清华大学出版社，2011：542-543.

保护措施也分为"访问控制措施"及"复制控制措施"两种。同时针对合理使用，列出了"豁免例外"条款：①目的在于规避有效技术措施的促销、广告和推销的客体；②除规避有效技术措施外，仅有有限经济意义或者利用价值；③主要为实现或者简化规避技术措施的设计、制造、适配或者提供。

在《德国著作权法》第一百〇八条 b 款中，规定了针对技术保护措施和权利管理的必要信息的侵权的刑事处罚标准：未经权利人许可，规避有效的技术措施，故意为本人或者第三人访问该法保护的著作或者其他客体，或者实现利用，故意——在相关信息显示在著作或者其他保护客体的复制件或者公开再现时出现于著作或其他客体的情况下，去除或者改动来自权利人的权利管理信息；发行、为发行进口、播放、公开再现或者公开提供权利管理信息已被非法去除或改动的著作或者其他客体，如果行为不仅仅为本人或者与行为人有关的人员私人使用，或者类似使用，处以一年内的监禁，或者罚款；违法第九十五条第三款，为商业目的的制作、进口、发行、出售或者出租设备、产品或者组件的，亦受刑事处罚；从事本条第一款的行为系商业性质的，处三年以内的监禁或者罚款。❶

可以看出，德国虽然区分技术保护措施的类型，但在处理规则上是放在一起的，手段也更加严苛，对于"访问控制措施"及"复制控制措施"的规避行为本身认为是侵权的，如果不是私人使用或者系商业使用，刑罚更重。但同时，根据第一百〇九条，规避行为是属于告诉追究的犯罪，除非涉及公众利益，这相当于我国的"自诉"罪名或者日本的"亲告"罪名。

---

❶ 十二国著作权法翻译组. 十二国著作权法 [M]. 北京：清华大学出版社，2011：179-181.

第三节　我国关于技术保护措施的规定与案例

一、规定

我国针对规避技术保护措施的条款规定在《著作权法》第四十八条第（六）项，《计算机软件保护条例》第十六条、第二十四条第三款，《信息网络传播权保护条例》第四条、第十八条、第十九条、第二十六条，并未区分"访问控制措施"或"复制控制措施"的类型。

《计算机软件保护条例》第十六条规定："软件的合法复制品所有人享有下列权利：……（三）为了把该软件用于实际的计算机应用环境或者改进其功能、性能而进行必要的修改；但是，除合同另有约定外，未经该软件著作权人许可，不得向任何第三方提供修改后的软件。"

《信息网络传播权保护条例》第二十六条对技术措施进行了定义："是指用于防止、限制未经权利人许可浏览、欣赏作品、表演、录音录像制品的或者通过信息网络向公众提供作品、表演、录音录像制品的有效技术、装置或者部件。"

《信息网络传播权保护条例》第四条规定了"交易行为"的范围：任何组织或者个人不得故意避开或者破坏技术措施，不得故意制造、进口或者向公众提供主要用于避开或者破坏技术措施的装置或者部件，不得故意为他人避开或者破坏技术措施提供技术服务。但是，法律、行政法规规定可以避开的除外。

《信息网络传播权保护条例》第十九条规定了罚则："有下列行为之一的，由著作权行政管理部门予以警告，没收违法所得，没收主要用于避开、破坏技术措施的装置或者部件；情节严重的，可以没收主要用于提供网络服务的计算机等设备；非法经营额5万元以上的，可处非法经营额1倍以上5倍以下的罚款；没有非法经营额或者非法经营额5万元以下的，根据情节轻重，可处25万元以下的罚款；构成犯罪的，依法追究刑事责任：（一）故意制造、进口或者向他人提供主要用于避开、破坏技术措施的装置或者部件，或者故意为他人避开或者破坏技术措施提供技术服务的；……"

可以看出，我国对待规避技术保护措施的态度相比于其他国家是要严苛的，但立法过于简单：

首先，几乎没有豁免的事项，个人为了进行技术研究和安全测试（"白帽子"）都被认为是违法的，这并不利于对于我国日后的版权信息管理技术 DRM 的提高，等于禁止了民间力量对检测漏洞、检测安全的自发行为。

其次，与韩国类似，在民事、刑事处罚的同时，还有行政处罚介入。

再次，不区分"访问控制措施"或"复制控制措施"的类型，按照美国和日本的观点，只有复制控制措施才是针对著作权人的著作财产权侵权。《反不正当竞争法》没有针对规避技术保护措施的条款，在实践中，如果确实需要提供救济，往往只能适用第二条的原则性条款。

再次，国际通行的需要禁止的"交易行为"限定为"制造、进口或者向公众提供"，相比于其他国家，范围相对较小。同时，并不以营利为限制条件。

最后，没有在相关法律中明确适用哪个罪名或者适用的刑期，但在《信息网络传播权保护条例》第十九条中使用了"非法经营数额"的字样，导致在审判实践中"侵犯著作权罪"与

第五章　电子游戏技术措施的破解

"非法经营罪"的罪名选择适用问题。

二、案例

1. 刑事

（1）基本案情。

B 游戏软件是 A 公司开发的一款单机版游戏，A 公司对 B 游戏软件享有著作权。该游戏软件的销售途径有两种：第一，出售实体游戏光盘，光盘包装附激活码（一串数字序列号）；第二，从该公司官方网站上免费下载游戏程序，通过网络购买激活码，每个激活码售价 50 元。2011 年 4 月，嫌疑人叶某在网络上通过搜索发现有人在出售 B 游戏的破解程序，其购买并亲自试用后，发现只要将该破解程序置于游戏程序根目录内的 Bin 文件夹下，即可以绕过填写激活码的环节，直接正常运行该游戏软件。后叶某在其淘宝网店销售该破解文件，出售价格为 1.7 元至 3.3 元，至案发时销售 3 000 余个。❶

（2）法律分析。

本案属于典型的单独贩卖游戏破解程序的刑事案件，并不涉及贩卖盗版游戏本身。本案最后选择了适用"非法经营罪"，依据的思路是：《信息网络传播权保护条例》第十九条中使用了"非法经营数额"的字样；游戏破解程序作为一款插件，可以解释为非法出版物，故而定性为"非法经营罪"。应该说，这种分析路径是值得商榷的：

首先，《信息网络传播权保护条例》第十九条中使用的"非法经营数额"应该理解为"销售数额"。虽然表述为"非法经

---

❶ 杨雅莉. 出售单机版游戏破解程序的行为定性 [J]. 中国检察官, 2012 (8)：45-46.

营数额",但对于制造、向公众提供破解技术保护措施的程序的行为,并不在《刑法》关于"非法经营罪"规定的几种类型里,按照现今要慢慢取消非法经营罪"口袋罪化"的趋势下,不应该定该罪名。

其次,我国不区分"访问控制措施"或"复制控制措施",实际上,销售一款包含了完整的正版电子游戏软件程序的盗版游戏,其行为的恶劣性要远高于单独销售游戏破解程序的行为——因为,游戏破解程序本身未侵权游戏的复制权或修改权,其存在也是依赖于盗版游戏的存在,单独一个破解程序,往往就是几兆的大小。

再次,由于破解程序基本是针对"访问控制措施"的规避行为,所以一个程序中基本包含的就是 EXE 和 DLL 文件而已,认定"非法经营罪"主要是依据《最高人民法院关于审理非法出版物刑事案件具体应用法律若干问题的解释》第十五条,但把其视为"非法出版物",有点小题大做,该解释应该认为是针对书籍、光盘等传统出版物的。毕竟,WIPO 于 1996 年 12 月 20 日才在 WCT 与 WPPT 中提出了"技术保护措施"与"权利管理信息"的义务,而美国在 1998 年 10 月颁布的 DMCA 才将"技术保护措施"与"权利管理信息"写入国内法案,这已经是世界第一了,而我国《最高人民法院关于审理非法出版物刑事案件具体应用法律若干问题的解释》是 1998 年 12 月发布的,从时间段上可以看出,在设计该解释时,是不可能将"规避技术保护措施"考虑进去的。

最后,在我国的审判实践中,很多被告人都是破解游戏后,制售外挂进行敛财,最后定罪时,仍看作是一个犯罪行为,以"侵犯著作权罪"定罪,然而单独的销售针对"访问控制措施"破解程序,却以"非法经营罪"定罪,容易造成量刑偏重——

"侵犯著作权罪"的刑期是三年以下起刑,而"非法经营罪"是五年以下起刑的,在定性不清的情况下,应该考虑从轻选择。

2. 民事

■ 基本案情1

B游戏软件是案外人A公司开发的一款单机版游戏,A公司对B游戏软件享有著作权。A公司将涉案游戏软件在中国大陆地区的复制权、发行权、信息网络传播权独家授予原告C公司,并赋予C公司以自己名义在授权范围内进行维权的权利。原告C公司发现被告D公司在其经营网吧的计算机中安装了涉案游戏软件,公证书显示,击该游戏图标,显示该计算机软件运行的相关界面,分别显示"B游戏软件中文版v1.40免CD、游戏破解人:MyCrack……""某某科技股份有限公司"等文字信息及游戏画面。原告C公司认为被告D公司侵害了原告享有的复制权、信息网络传播权,给原告造成了重大经济损失。被告D公司抗辩认为该破解版游戏非自己制作、上传,自己已删除。

法院认为:……关于焦点三,根据证据保全公证记载的"B游戏中文版v1.40免CD、游戏破解人:MyCrack……"的信息,可知被告网吧中存在的计算机软件系破坏了著作权人采取的著作权技术保护措施,是侵权作品,而被告D公司以营利为目的,将该计算机软件在经营的网吧中向不特定公众提供,供其在选定的时间使用,故法院认定其行为侵害了原告经授权享有的计算机软件相关著作财产权利,原告C公司要求被告D公司承担赔偿损失的民事责任,符合相关法律法规规定,法院予以支持。判决被告赔偿原告经济损失共计4 000元。

■ **基本案情 2**

D 游戏软件是原告 R 公司开发的一款单机版游戏，R 公司对 D 游戏软件享有完整著作权。原告发现被告未经授权，在其经营的网站（域名：www.XXX.com）上非法传播该游戏。公证书显示：拷屏文件记载《D 游戏》完美破解版在 www.XXX.com 网站上的查找路径为 "XXX>游戏>硬盘版游戏"，该游戏的下载链接在 www.XXX.com 网站上发布的时间为 2008 年 1 月 25 日，截至 2011 年 1 月 28 日被浏览的次数为 750 000 次。审理中，被告对公证书所附的光盘进行了拆封演示，上述下载的《D 游戏》完美破解版软件经测试可正常安装使用。原告 R 公司认为被告侵权了其著作权，要求被告承担赔偿损失。庭审中，双方均确认被告提供的是涉案游戏的链接服务，原告认为被告是间接侵权。

法院认为：虽然被告辩称涉讼游戏的链接系网友自行上传于其网站上，且游戏也没有保存在被告的服务器上，但考虑到涉案游戏的知名度较高以及该游戏下载链接在被告网站上存在的时间较长，被告作为网站管理者应知涉案游戏的著作权人并非上传者，而是另有他人。被告在应知涉案游戏是侵权的情况下，仍然设置下载链接，供服务对象通过其设置的链接下载涉案游戏，其行为构成帮助侵权，侵害了原告作品的信息网络传播权，理应承担相应的赔偿责任。判决被告赔偿原告 R 公司经济损失共计 24 000 元。

从上面两个案例中，可以看出：

首先，我国目前针对"破解技术保护措施"提起的民事案件，基本上都是起诉第三方（网吧、网站、平台等），针对游戏破解程序的开发者提起的民事诉讼几乎没有。一是因为相比于"挖掘"隐身于网络上的 Cracker（以破解各种加密程序、游戏为乐或为业的人）或者"黑帽子"（以用黑客手段入侵计算机系统为乐或为业的人），无论从取证难度、确定被告的难度等方面，平台方都要容易得多——"平台方"一般为企业主体。而对于挖掘出的Cracker或"黑帽子"，权利人基本不会选择启动民事侵权诉讼，而会选择启动刑事诉讼，意在追究其刑事责任。

应该看到，一些大型互联网公司同样会发生直接破解对方技术措施的情形，而且很明显被告公司即为该破解程序的设计者，但原告公司只会启动民事侵权诉讼，以"侵犯软件著作权""违反反不正当竞争法第二条"为由要求被告公司承担责任，而不会去启动刑事诉讼，这可能会解释为"行业习惯"。但我国并不像德国那样，针对"规避技术保护措施"的行为限定为"告诉才处理"的犯罪，无论是"非法经营罪"或是"侵犯著作权罪"，都是公诉罪名，侵犯的主体都是社会主体市场经济秩序，这点需要反思。

其次，从案例中可以看出，对于"访问控制措施"，法院都倾向于认可其为一种著作权财产权，或者直接认为其属于"信息网络传播权"范畴。但即便在国际上，"访问控制措施"能否构成一项著作财产权，还是有争议的。

对此，王迁教授有过经典的论述："访问作品权"是否应当成为著作权人一项新的专有权利，或如果禁止规避"访问控制措施"，是否等于承认了著作权人有权阻止他人阅读、欣赏文学艺术作品或使用计算机软件。但为什么在计算机和网络出现之前，从未出现过"访问权"的问题呢？究其原因，是在当时的技术条件低下，如文学作品以纸张为载体，"获得作品复制件"和"使用作品"这两种行为无法分离。获得作品复制件者必然能够使用作品。即使赋予著作权人以"访问权"，著作权人也根本不可能行使这项权利，如阻止他人在书店、书摊、图书馆翻阅文艺作品，即使这些作品是非法复制品。而在数字化时代，使用"访问控制措施"，阻止未向著作权人支付使用费的人阅读、欣赏和使用作品成为迫使他人必须为使用作品支付费用，从而维持著作权人经济利益的最有效手段。然而，所谓的"访问权"却很难与"复制权发行权"等传统专有权利相提并论。因为后者是保护作品的独特表达不受非法的复制和传播，而"访问权"却只是防止他人未经许可阅读、欣赏或使用作品，与作品的复制等并不存在直接关系。❶

再次，法院一般认定平台方构成"帮助侵权"，主要原因在于网站、网吧提供的游戏有明显的"破解""Cracker"字样，根据"红旗原则"，平台方理应注意到该资源的侵权性质。

最后，虽然我国曾经有案例认可"实质性非侵权用途"原则，但在涉及游戏领域，似乎并没有讨论过"访问控制措施"破解程序是否构成"实质性非侵权用途"原则——当然，被告人（无论是民事还是刑事）亦未就此项提出抗辩。

在"Sony v. George Hotzetc"案中，这个问题曾被细致讨论过：在索尼游戏机中设置了被称为"控制码"的技术措施，其作用之一在于防止用户运行未经索尼公司认证的游戏软件，包括盗版游戏软件。一名叫 George Hotzetc 的人破解了该技术措施，并公布了"解密码"和相应的解密程序。代表消费者利益的"电子前沿基金会"支持这一举动，并认为该规避手段可以使消费者在索尼游戏机中运行第三方独立开发的游戏软件。显然，"解密码"具有"实质性非侵权用途，因为它可以使消费者在索尼游戏机中运行第三方独立开发的游戏软件。但即使是这种合法用途，也需要通过规避技术措施来实现。因此"解密码"

---

❶ 王迁．对技术措施立法保护的比较研究［J］．知识产权，2003（2）：10．

第五章　电子游戏技术措施的破解

除用于规避有效技术措施之外，仅具有有限的商业价值，提供"解密码"的行为是非法的。在索尼公司对 George Hotzetc 提起违反 DMCA 之诉后，美国法院随即根据 DMCA 下达了临时限制令，禁止其制作和通过各种方式提供用于规避索尼游戏机中技术措施的工具或设备。❶

---

❶ See Sony computer Entertainment America LLC v. George Hotzetc., 2011 WL347137（N.D.Cal.）at 2.

第六章　电子游戏插件

第一节　游戏内嵌字体

电子游戏中涉及文字显示的部分，是通过内置的字库，经过调用反映在客户端上的。严格意义上讲，内置的字库也是游戏插件的形式之一。游戏公司往往重视外在部分的改编及授权，对于内置的、细小的字体问题往往并不在意，但在实践中，也确实因此发生过诉讼。

【案例1】
案情介绍：

北大方正公司于2007年起诉称：暴雪公司是中文版计算机网络游戏《魔兽世界》的著作权人，该公司授权九城互动公司独家在中国大陆地区（不包括香港、澳门特别行政区和台湾地区）商业运营网络游戏《魔兽世界》。九城互动公司通过第九城市公司实际运营网络游戏《魔兽世界》。第九城市公司以授权情文图书公司等经销商公开销售网络游戏《魔兽世界》安装光盘的方式向用户提供网络游戏《魔兽世界》的客户端。用户在计算机上安装网络游戏客户端并购买点卡后，该客户即可通过互联网端及互联网激活账户登录成为玩家，付费参加网络游戏。在网络游戏《魔兽世界》客户端中，未经北大方正公司许可，擅自复制、安装了北大方正公司享有著作权的方正兰亭字库中的方正北魏楷书、方正剪纸等5款方正字体。在网络游戏的运行过程中，各种游戏界面的中文文字分别使用了上述5款方正字体。因此，北大方正公司要求被告停止侵权，赔偿经济损失1亿元。

法院认定及判决：

一审北京市高级人民法院认为字库不属于《计算机软件保护条例》所规定的程序，也不是程序的文档。北大方正公司关于涉案的兰亭字库属于计算机软件的主张不能成立。字库中每个字体的制作体现出作者的独创性，字库中每款字体的字形是由线条构成的具有一定审美意义的书法艺术，符合著作权法规定的美术作品的条件，属于受《著作权法》及其实施条例保护的美术作品。因此，北大方正公司主张的涉案5款方正兰亭字库计算机软件著作权的主张不予支持。被告在网络游戏《魔兽世界》客户端软件和相关补丁程序中使用涉案方正兰亭字库的5款字体并向消费者进行销售的行为，侵犯了北大方正公司对涉案方正兰亭字库中的字体的美术作品著作权中的复制、发行和获得报酬权，被告赔偿原告经济损失140万元及诉讼合理支出5万元。双方均不服一审判决，提起上诉。

二审最高人民法院认为方正字库应属于我国《计算机软件保护条例》第三条第（一）项规定的计算机程序，对于一审法院以"字库中对数据坐标和函数算法的描述并非计算机程序所指的指令，并且字库只能通过特定软件对其进行调用，本身并不能运行并产生某种结果"的判决予以纠正。认为一审法院以字库的字形均采用统一的风格及笔形规范进行处理，从而认定字库中的每个字形的制作体现出作者的独创性而成为著作权法意义上的作品，是将北大方正公司制作计算机字库过程中的印刷字库与最终完成计算机字库及该字库运行后产生的字体混为一体，且对该字库经过计算机程序调运运行后产生的汉字是否具有独创性没有进行分析判断，进而影响了对其诉争字库性质的认定。因此，二审法院改判支持北大方正公司关于其诉争字库属于计算机软件的上诉主张，被告将原告享有著作权的涉案兰亭字库装入其游戏客户端并销售的行为侵犯了原告对诉争字库计算机软件的复制权、发行权和获得报酬权，将该客户端通过计算机网络向玩家提供的行为，侵犯了原告对诉争字库计算机软件的信息网络传播权，应当承担停止侵权、赔偿原告因侵权行为而受到损失等民事责任。❶

案件分析：

第一，维权之路艰难。

袁博法官在其文章中对近7年的涉计算机单字著作权的五起案件做了统计：目前在司法实践中已经基本不排斥单字的版权属性。同时，在笑八喜案中，南京市中级人民法院还提出了单字独创性判断的三个考量方面：一是从汉字的特点进行考量，二是与公知领域字体的比较，三是与同一权利人其他相近字体的比较。在青蛙王子案中，江苏两级法院还提出应对字库采取折中主义的保护标准，即因字库字体同时采取兼具审美性与实用工具性的双重属性，故对字库字体的独创性的要求，应当显著高于一般作品。❷

在三个原告败诉的案子中，法院对于判驳的理由不尽相同：在入选2011年案例精选的叶根友诉肯德基案中，浙江省高级人民法院以叶根友的字库软件系免费发布，故依默示许可规则，

---

❶ 北京市高级人民法院（2017）高民初字第1108号民事判决书；最高人民法院（2010）民三终字第6号民事判决书。

❷ 袁博. 计算机单字著作权获多地法院认可 [N]. 周末法治，2015-09-05.

视为原告把字体置于公共资源，默示同意包含商业利用的一切利用形式，判决原告败诉。在北大方正公司诉宝洁公司案中，法院以北大方正公司以单字独创性不强、且以收费的方式销售字库软件，故依照权利用尽原则，不能阻止购买方的包含商业利用的一切利用形式。在叶根友诉商标评审委员会、第三人黑龙江人民广播电台商标行政纠纷案中，法院干脆以"龍廣"两个单字没有独创性、不能享有著作权为由，驳回了原告的诉讼请求。这三个案子确实有点两头堵：研发一个字库，赚钱的授权无非是卖字库和卖授权。一个字库如果收费，消费者习惯性地会选择下载免费的，他们能接受在网络游戏中花钱购买虚拟设备，但不能接受花钱购买一个字体在电脑上使用，收费的字库竞争性差而且很容易牺牲了竞争优势，"以权利用尽原则"把后续授权收费的路堵死了；一个字库如果免费、单纯靠卖授权为计，法院又以既然字库免费、那就默示进入公共领域的默示许可思路把手续授权收费的路堵死了。要么干脆以单字不享有著作权把两条收费的路都堵死了。最坏的结果，可能就是国内渐渐无人做字库、字体设计了，大家慢慢会发现，市面上能用的字库、字体都是进入公共资源的寥寥几种了。

第二，字库的开发模式和营利模式。

以方正粗倩体为例，字体设计、字库研发的开发模式是这样的：第一阶段，设计草稿：基本笔画。设计师先用马克笔绘出组成汉字的几个基本笔画：横、竖、撇、点、折。基本笔画设计确认后，要进行单字创写。像这样的单字有 810 个，都需要一笔一画地在草稿纸上画出来。第二阶段，草稿的数字化：扫描。将草稿纸上画出的字形扫描进计算机，开始数字化过程。第三阶段，计算机辅助设计。基于草稿的扫描图，设计师设计 810 个字。这样的工作耗时持久。因为设计师要处理原稿的不足,并找到解决方法,使显示效果达到最好。从810个字中提取相应部件,作为参考字。并以之设计出新字。通过笔画、部件,设计5 953个汉字。每一个字都要经过主设计师(方正粗倩体由齐立设计)反复检查修改。在字体制作过程中,这种计算机制作、手动修改、再在计算机上调整的过程,要反复至少三次,直到找不到瑕疵为止。

方正粗精体的开发历时两年。❶ "太消耗精力了,两个人实在忙不过来。汉字国标最少6 763个字,加繁体两万多,一个人每天只能做三五十个字,最快也得做上半年。"字体开发公司文悦科技在接受《南方日报》采访时同样表示开发一个字库的周期是漫长的。❷

字库、字体的收费模式如之前所说,分为字库软件销售和字库授权两种。以书法家叶根友字库的收费标准为例:其单字授权为人民币299元/字,明确授权范围为"店面广告招牌、个人网站用字、网页标题用字、商标用字",针对商标用字,收费价格又细化为:未注册商标人民币299元/字,公告期间880元/字,TM商标使用期间2 180元/字,授权商标3 880元/字。❸ 北大方正公司的授权收费说明是2015年4月更新的,分基础、精选两种,产品包装不过3 000元/年·款到9 000元/年·款。可能是"宝洁案"之后怕了,其授权说明中把"内部使用:指个人或单位在其内部使用的终端设备上安装并使用字库的行为。该使用行为包括在屏幕上显示和临时从打印机上输出两种"都

---

❶ 杨颂. 一套完整的中文字体是如何开发出来的?[EB/OL]. http://www.zhihu.com/question/20908598.

❷ 彭琳. 互联网字体应用项目融资难:开发漫长难维版权[N]. 南方日报,2015-05-11.

❸ http://www.yegenyou.com/.

列进了必须要得到授权才能使用的名单,然而这个似乎才恰恰是"权利用尽原则"的正解。❶

第三,字库和字库软件之混淆。

字体设计者和法院都没有明确区分字库和字库软件,这直接导致字体设计者在授权说明中亦未明确。目前实务中已经明确,字库是作为计算机软件来保护的,而计算机软件的独创性来自计算机程序指令,就此,王迁老师认为,图形界面不是计算机软件,不能因为软件可显示字体,就把字体视为软件的一部分。❷ 所以,作为软件的字库,是字体数据化的一系列指令,既然单个字体不能因为软件受著作权保护而当然获得独创性,那么单个字体亦不能因为字库软件的权利穷竭或默示许可而被波及。所以在实际中仍应坚持三步检验标准来进行侵权判断。石必胜法官进一步提出,即使是字库的计算机指令,亦是一袋土豆的关系,而不是一串葡萄的关系,字库软件的独创性应逐字判断,字库的"抽象个性"(类似于设计者的书写规则)不受保护。❸ 所以我们可以看出,之前法院提出的默示许可、权利穷竭的理由是不妥的。当然,否认字库单字有独创性亦是不应该的。

第四,破解之道。

实际上,法院对于字体设计者的围追堵截主要是出于唯恐字库开发者垄断某种字体、恶性收费的忧虑,但说实话大可不必,我国目前市场上共有近440种字体,竞争是激烈且充分的,而且字体不是一种必要的、稀缺的、弹性差的社会资源,它的弹性很强。我们也可以看到,北大方正字库的授权客户涉及联

---

❶ http://www.foundertype.com/.
❷ 王迁. 著作权法 [M]. 北京:中国人民大学出版社,2015:122.
❸ 石必胜. 对汉字字库中单字字形独创性问题的解析 [EB/OL]. 知产力.

合利华、强生、安利、大宝、三星、大众、现代多个公司,说明很多公司还是遵守市场规则的,宝洁当初设计"飘柔"这两个字作为商标策划费为4.5万美元,而按照北大方正2015年的授权收费标准,顶多18 000元(合3 000美元)就能避免诉讼之累。实践中,还是应该以三步检验标准来判断,结合南京中院的经验,以较高的独创性标准来个案分析,不必再为所谓的"公众利益"操心了,使用默示许可、权利穷竭原则拦截,或者不承认单字著作权来刨根,让市场竞争自己来控制、管理这个行业。

第二节　游戏外挂

什么是网络游戏"外挂"?很多时候越是自己熟识的事物越难以评判,所以引用一部著作中的定义:"外挂是指某些人利用自己的电脑技术专门针对一个或者多个网络游戏,通过改变或者复制网络游戏软件的部分或者整个程序,制作而成的一种作弊程序。"❶

其实笔者对这个定义一开始是拒绝的。"外挂"不仅仅是针对网络游戏的,外挂(plug-in)学名是插件。插件的范畴很大,比如咱们上网想看一段视频,但播放不了,IE 浏览器就提示:请安装 Adobe Flash Player 插件,外挂的性质和这个差不多。所以严格说来该著作和本文谈论的只是网络游戏外挂。其实在单机版游戏时代就有外挂了,那时它叫"游戏修改器"。不过由于单机游戏软件已经

---

❶ 寿步,陈跃华. 网络游戏法律政策研究[M]. 上海:上海交通大学出版社,2005.

卖出去了，玩家没有后续的花费了，"游戏修改器"暂时没触动游戏公司的利益，所以当时也没有游戏公司蹦出来说侵犯著作权的事。

关于程序的界定，笔者先把关于程序的定义列举如下：

a.《知识产权组织示范条款草案》（1989年8月11日第CEMPC1211号文件）：计算机程序由字、码、图或者其他形式表示的一整套指令，它们一旦与某个机器可读出的介质结合起来并被译为电子脉冲……完成某项特定任务或得出某一特定结果。

b.《知识产权组织示范条款草案》（1989年8月11日文件）：……软件的范围广于程序，还包括技术资料和程序使用手册。

c. WCT第四条：同《伯尔尼公约》、TRIPS（更强调"无论表达形式或方式"）。

d. WIPO《保护计算机软件示范条款》：计算机程序是一组指令……

e.《美国版权法》：……一组直接或间接用于计算机以使之产生某种结果的语句或指令。

f.《日本著作权法》：……获得特定结果的组合指令的表达。

g. 1993年《俄罗斯联邦版权和邻接权法》：计算机程序是……执行的数据和指令集合的客观形式，包括在开发计算机程序中产生的准备资料以及由该准备资料产生的视听图像。

h. 欧共体《计算机程序指令》草案第一稿：……而像使用手册或者维修手册这样的资料，则不应当作为计算机程序的组成部分，除非计算机程序的实质性部分可以从之获取……

i. TRIPS：……无论是源代码还是目标代码……

j.《伯尔尼公约》：……源代码形式和目标代码形式出现的

操作系统程序和应用程序。❶

k. 我国《计算机软件保护条例》（简称《软件条例》）中程序是指：代码化指令序列或者可以被自动转换成代码化指令序列的符号化指令序列或者符号化语句序列（诸如 C 语言之类的高级语言）。文档：用来描述程序的内容、组成、设计、功能规划、开发情况、测试结果及使用方法的文字资料和图表等，如程序设计说明书、流程图、用户手册等。

那么游戏图像是保护客体吗？目前除了俄罗斯，没有国家把图形纳入计算机程序保护客体，游戏图像是可单独保护的，但是作为音像制品保护了。

在规定更为详细的欧共体《计算机程序指令》中认为："构成计算机程序的任何要素及各要素之间的接口的思想和原则，不应获得版权保护。"所以欧共体也明确算法是不受保护的。

德国联邦最高法院在 Incasso 案中提出：计算机程序要获得版权保护，该程序的指令必须要超过"一个普通程序员"的一般水平。

所以可以明确：指令是受保护的客体（源代码和目标代码、高级语言）。在世界知识产权组织编写的《著作权与邻接权法律术语汇编》中，对于"指令"的用词是"Instructions"❷，这个词在计算机软件编程中专指机器指令或者指令助记符，是与 directive（编译器指示）明确区别开的。

在审判实践中，几乎没有针对游戏外挂的民事侵权案件，无一例外都走刑事诉讼程序处理。

---

❶ 哈依．菲彻尔．版权法与因特网 [M]．郭寿康，等，译．中国大百科全书出版社，2009．

❷ 世界知识产权组织．WIPO 著作权与邻接权法律术语汇编 [M]．刘波林，译．北京：北京大学出版社，2007．

第三节 游戏操作界面净化插件

针对一些网页游戏和端游,一些第三方插件以"净化界面"的形式供玩家下载,这些"操作界面净化插件"不但可以简化用户界面,实现更友好的用户体验,同时还增加了一些类似"外挂"的作弊功能,比如针对"炉石传说"的"界面净化插件"还提供"看牌器""记牌器"的功能,玩家不但可以记住自己出过的牌,还可以偷窥对方的手牌。

【案例2】
案情介绍:

腾讯科技公司与腾讯计算机公司系从事计算机软硬件技术开发、销售及计算机技术、信息服务的公司。腾讯科技公司开发了QQ即时通信软件,并就该软件的涉案版本作为原始权利人在国家版权局进行了计算机软件著作权登记。2005年7月1日,腾讯科技公司将QQ软件及其各升级版本授权腾讯计算机公司在腾讯网(www.qq.com)进行运营,同时将上述软件的著作权在不排除腾讯科技公司使用的情况下,授权给腾讯计算机公司专有使用。用户在使用该软件过程中,可以选择正常上线状态或隐身登录状态,如选择隐身状态则会使其他用户认为该用户处于离线状态中。2008年年初,虹连公司针对腾讯QQ软件开发了彩虹显IP软件,并在其开办的网站 www.caihongqq.com(备案许可证号:沪ICP备08010035号)上提供该软件的官方免费下载。我要公司参与了彩虹显软件的后期开发和运营,并为该软件的官方网站提供服务器等物质支持。彩虹显IP软件系完全针对腾讯 QQ 软件开发的一款软件，主要功能在于改变 QQ 软件用户上线时具有的隐身功能（简称"显隐身"）和显示在线好友的 IP 地址及地理位置（简称"显 IP"）。该软件的《安装许可协议》明确载明：彩虹显软件显 IP 即为在腾讯 QQ 聊天对话框上方的彩虹显工具条上显示当前位置或上次登录位置，鼠标悬停于该处或悬停到会员头像处会出现悬浮框，悬浮框里会显示 IP 地址及地理位置；显隐身即为高效探测、显示后登录好友隐身状态，隐身好友在好友列表中靠前显示成蓝色字体。

法院认为：虹连公司和我要公司共同开发的彩虹显 IP 软件利用腾讯 QQ 软件运行时需调用微软的"msimg32.dll"的运行机理，将彩虹显软件下的文件以同名命之并置于 QQ 软件安装目录下，在 QQ 软件需要调用微软的 msimg32.dll 文件时，调用了彩虹显软件安插的同名但不同内容的文件。当 msimg32.dll（44K）文件进入 QQ 地址空间后，导入彩虹显软件主功能文件 CaiHong.dll，被导入的 CaiHong.dll 在 QQ 进程中删除 QQ 部分指令语句、补充彩虹软件的指令语句，改变 QQ 软件目标程序固有流程、结构、顺序、组织、原有函数的应用等，致 QQ 软件 19 处目标程序发生改变。彩虹显 IP 软件所改变的，正是 QQ 软件目标程序中必备的相关代码、指令及其顺序。虹连公司和我要公司针对 QQ 软件进行开发彩虹显 IP 软件的行为，依照《计算机软件保护条例》第八条第一款第（三）项的规定，构成对 QQ 软件目标程序的修改，侵犯了 QQ 软件著作权人腾讯科技公司对其软件作品的修改权。

原被告双方的经营范围相同或相近，属同类或同业经营者。同时，彩虹显 IP 软件依附腾讯 QQ 软件运行并改变其功能的特性，使双方形成了特定的市场竞争关系。腾讯 QQ 软件经腾讯科技公司、腾讯计算机公司多年的努力，已经拥有庞大的腾讯 QQ

第六章 电子游戏插件

用户群，取得了一定的市场占有率。虹连公司和我要公司为其商业目的，针对腾讯 QQ 软件开发出自己的彩虹显 IP 软件，并寄生于腾讯 QQ 软件，将自己的彩虹显 IP 软件依附于腾讯 QQ 软件运行，分享了腾讯科技公司、腾讯计算机公司经过长期努力而拥有的用户资源。虹连公司和我要公司以彩虹显 IP 软件寄生运行这一方式，改变了腾讯 QQ 软件的隐 IP 地址、隐身功能，致使具有隐身意愿的腾讯 QQ 用户在不知情的情况下，被动地显现了自己的 IP 地址和物理位置，有可能导致该部分客户弃用腾讯 QQ 软件，分离了腾讯 QQ 软件的客户群。[1]

案件分析：

此为软件修改权的非常经典的一则案例，所谓的"界面净化"，实际上就是一个"修改"的过程。对此，王迁教授有不同的看法，他认为："彩虹显案"涉及的是对 QQ 软件的所谓"动态修改"。QQ 软件具有"隐身"功能，也即用户可以选择隐藏自己的在线状态，使其他 QQ 用户认为该用户当时并不在线。同时，QQ 软件并不显示用户的 IP 地址。而"彩虹显"软件与 QQ 软件一起运行后，却能够使用户的 QQ 软件界面显示其他用户在线与否的真实状态和其 IP 地址。原告腾讯科技公司据此指称被告虹连公司等侵犯了其对 QQ 软件享有的"修改权"。审理过程中，双方争议和法院关注的焦点之一在于："彩虹显"软件是只修改了 QQ 软件运行时载入用户电脑内存中的数据，还是修改了 QQ 软件的源程序和目标程序。笔者认为：在涉及软件"修改权"的诉讼中，首先考虑这一问题是正确的。然而，即使"彩虹显"软件在运行中确实改变了 QQ 软件的"代码化指令"，该行为的实施者就是"彩虹显"软件

---

[1] 湖北省武汉市中级人民法院（2011）武知终字第 6 号民事判决书。

的制作者与提供者么?

从判决书的描述来看，QQ软件是在"进程中"、也即"运行过程"中被"修改"的。如果QQ软件在运行过程中发生的功能变化能够被视为《软件条例》意义上的"修改"，则这种"修改"开始于QQ软件被运行之时，终止于QQ软件被关闭那一刻。那么，是什么行为直接导致了这种"修改"呢？按照判决书的字面意思，"开发彩虹显软件的行为"（二审判决）或"在互联网上传播彩虹显软件的行为"（一审判决）就"构成对QQ软件目标程序的修改"。然而，一个仅仅被开发出来、挂在网上供人下载的"彩虹显"软件是不会"主动"去"修改"QQ软件的。特别需要指出的是："彩虹显"软件不是一个计算机病毒，其并不是隐藏在正常程序中，待不知情的用户下载并安装后，悄悄地自动修改硬盘中存储的QQ软件的。它需要用户基于改变QQ软件功能的主观目的（也即希望显示网友的IP地址和在线与否的真实状态），主动选择下载、安装和运行。这些由用户主动实施的行为，才是一审判决中所述的"致腾讯QQ软件19处目标程序被（动态）修改"的直接原因。由此可见，如果将在QQ软件"运行过程中"改变其功能的行为视为"修改"，则"彩虹显"软件仅仅是一种"修改工具"。是那些在主观上希望改变QQ软件功能的用户，主动选择下载、安装和运行了这一"修改工具"，实现了在QQ运行过程中对其的"修改"。❶

可以看出，电子游戏的"界面净化插件"只涉及侵犯"修改权"（有争议）和不正当竞争，侵犯的是作为"计算机软件"

---

❶ 王迁.论软件作品修改权——兼评"彩虹显案"等近期案例 [J].法学家，2013，1（1）：135-147.

的电子游戏的权利,而却不涉及作为"美术作品"方面的侵权,究其原因,在于电子游戏的操作界面(GUI)目前无论在外观专利层面,或是著作权层面,都未有所突破。

第四节 游戏汉化补丁

【案例3】
案情介绍:

2008年8月20日,日本Falcom株式会社独家许可原告在中国大陆地区对游戏软件《双星物语2》进行翻译后上市发行。在原告对《双星物语2》翻译完成发行之前,域名为www.ali213.net的游侠网即提供《双星物语2》的汉化补丁并供人免费下载。截至2008年12月26日,游侠网相关网页显示该汉化补丁已被下载15 046次。经查,游侠网系被告所有网站。原告多次与被告联系,被告均置之不理。在诉讼过程中,上述汉化补丁的下载数量已达到6万余次。原告认为,游侠网免费向公众提供针对《双星物语2》游戏软件的汉化补丁,使得原告投入资金、人力、物力开发的《双星物语2》汉化版软件正常发行受阻,给原告造成巨大损失。被告的行为侵犯了原告就原版《双星物语2》享有的翻译权以及汉化后中文版的发表权和发行权。

被告辩称: 游侠网系被告名下的网站,主办该网站的初衷是给网友提供一个平台,由网友自行上传一些类似于汉化补丁的软件。原告主张侵权的汉化补丁系网友自行上传,与被告无关;被告在接到版权局询问此事的通知后,已经删除游侠网上的涉案汉化补丁;网友上传的汉化补丁属于对原作品的合理使用,并不侵犯原告主张的权利;《双星物语2》汉化版的定价系由原告自行制定,以此作为赔偿标准不妥。

法院认定:

汉化补丁系指将某些软件中的外文显示转化为中文显示的一种计算机程序。游侠网(网址为 ail213.net)系主要提供单机游戏及各种游戏补丁的网站。涉案汉化补丁与原告通过原版《双星物语2》源程序改编之后形成的中文版《双星物语2》相比较,不仅数据所占存储空间大小不一致,而且基本表达也不一致。

但根据查明事实,在用户安装原版《双星物语2》游戏软件之后,再行安装游侠网提供的《双星物语2》汉化补丁,即可以在脱离原版游戏软件的情况下,直接在中文界面下运行《双星物语2》游戏程序。该汉化补丁不仅实现了对原版游戏软件技术措施的破解,而且基本实现了对原版游戏的汉化,即游戏界面中中文对日文的替换。根据相关法律规定,软件著作权人为了保护其享有的软件著作权,可以采取相应技术措施阻止他人侵犯其权利,他人不得故意避开或者破坏著作权人采取的技术措施,否则应承担侵权责任。本案中,由于原版软件的著作权归属于日本 Falcom 株式会社,而原告享有权利的范围未涵盖此部分针对技术措施涉及的著作权,故涉案汉化补丁对技术措施破解的行为并未侵犯原告的权利。

但汉化补丁对游戏界面的汉化后果,则落入了原告获得的授权权利范围,其后果直接构成了对原告所获授权中翻译权的侵犯。二是游侠网网站上提供的《双星物语2》汉化补丁,其功能唯一指向对象为原版《双星物语2》游戏软件。除此之外,该汉化补丁没有任何其他中立性或普适性的功能。创作者应该承担侵权责任。

第六章　电子游戏插件

至于原告主张提供汉化补丁的行为侵犯了其就中文版《双星物语2》享有的发表权以及发行权的问题，由于涉案汉化补丁是不同于原告翻译的中文版《双星物语2》的新作品，所以创作并提供该汉化补丁的行为不涉及中文版《双星物语2》的发表权和发行权。由于原告通过合同获得授权的权利内容与涉案汉化补丁是否构成对原告权利的侵犯，并非一目了然，所以在涉案汉化补丁上传之初，即要求被告在注意义务之范围内予以明确判断，尚属过于苛刻。但是在原告起诉至法院，被告知晓原告主张的相关权利内容后，被告网站仍然保留涉案汉化补丁的信息及下载链接，显然存有过错。被告作为信息存储空间服务的提供者，不仅应承担停止侵权的民事责任，还应承担相应赔偿责任。[1]

案件分析：

可以看出，汉化补丁可以脱离软件直接运行，相当于一个独立的插件，所以，如果按照刑事的思路，又可以算是"非法出版物"。

实际上，国外影视剧的"字幕组"和国外漫画的"汉化组"在我国一直是一股非常庞大的民间力量，在视频内容网站被不断清理之余，字幕组和汉化组曾经一度被认为是安全的。但在2015年11月，因在发售前向海外盗版网站非法上传《海贼王》漫画图源，三名中国人和一名日本人被日本警方逮捕。据悉10月29日，他们将预定4天后发售的《少年JUMP》杂志上连载的《海贼王》最新版本在某英文盗版漫画网站上公开，其行为涉嫌违反著作权法，而漫画的图源来自三人的好友——为印刷厂和书店之间配送的配送公司的日本员工，警方也已对

---

[1] 北京市东城区人民法院（2009）东民初字第2024号民事判决书。

其发出了逮捕令。被捕的日本人日高武久已经 69 岁高龄，平时的工作是货车司机，将杂志从印刷厂送到各个门市，由于运输时间较长，日本的漫画杂志公司往往会提前一周左右将杂志印刷出来，以便全国统一时间发行。被捕的中国"图源"通过帮助日高武久搬书获得了老人的信任，从而在早于杂志上市的时间从日高武久那里购买到了漫画杂志，并将其扫描卖给了一个英文盗版漫画网站。知情人士说，日高武久对于"图源"扫描上传漫画是知情的，但是并没有阻止他们。据他说，这次被捕的"图源"实际已经被这家英文盗版漫画网站"包养"，该网站每月会给这位"图源"35 万日元——这相当于东京的大学应届生就职第一个月平均工资的 1.7 倍。❶

"汉化包"的行为，虽然目前在我国国内未出现过刑事诉讼的案例，但在日本多以刑事犯罪的形式被"狙击"。

---

❶ http://www.slnews.net.cn/whsl/2015-12/02/content_ 113904.htm.

第七章　电子游戏竞技网络直播

2016年10月18日，韩国电子竞技联盟（KeSPA）宣布《星际争霸2》职业联赛正式停办，SKT、三星等五支队战队星际争霸分部正式解散。这让人不由得想到2011年暴雪公司以侵犯知识产权为由将韩国电子竞技联盟、ONGAMENET公司、MBC游戏平台诉至法院，后于2011年5月17日和解结案的事实。韩国电子竞技联盟用了5年的时间，终于把暴雪公司的游戏清除出电子游戏竞技项目，并完成了五支战队的相应队员的解约、遣散事宜。同样，几年后的今天，我国也同样开始经历了电子竞技产业与网络直播产业的火热，繁荣背后，法律问题也凸显出来，尤其是电子游戏竞技比赛与网络直播平台之间有紧密的联系，使得相应的法律问题更加复杂多元。

第一节　各方关系

一、电子游戏竞技俱乐部与选手

随着中国电子游戏竞技比赛的专业化，俱乐部诞生了，随之而来的是职业化选手的诞生。目前，一般参加专业竞技比赛的选手都需要依附于一个电竞俱乐部。一个职业"英雄联盟

（LOL）"俱乐部的基本人员配备为：领队一名、教练一名、五名正式队员、一名替补队员。每个俱乐部一般都会请一名煮饭的阿姨。好一些的俱乐部，团队还包括外语翻译、心理咨询师、数据分析师等。如今，在条件最差的LOL战队中，经理的薪水至少5 000元；领队3 000元；媒介3 000元；教练4 000元；队员4 000~5 000元；训练基地的房租至少是1万元一个月，再加上衣食住行，每个月的开销不低于10万元。

俱乐部一般是由投资人进行投资，职业选手与俱乐部签订劳务合同，选手管理由经理、领队及教练负责，商务市场由项目经理、市场经理及专员负责，商务市场主要涉及大型赛事承揽、视频制作、媒体宣传、广告、谈判等。应该说，电子游戏竞技俱乐部初期是需要经过大量"烧钱"的，其真正盈利来自赞助商、赛事奖金分成、大型活动承揽、品牌回报、广告代言分成、政府补贴、电商平台、网络直播平台等，而非比赛的奖金。签约的职业选手一般年龄层次低、文化程度低、法律意识差，收入除了俱乐部发放的工资之外，主要就是网络直播与淘宝店铺的经营。很多俱乐部因为经营不善而倒闭，签约的职业选手也面临着与一般体育运动员一样的"退役"问题，一些退役的职业选手做起了网络直播平台的游戏解说或游戏直播，收入比俱乐部时期要高了很多。所以，在实践中，基本不会出现电竞选手对自己操作的网络游戏运行画面主张"表演者权"的情况，因为俱乐部与组织方事先已经通过合同回避了这个问题。

为了管理俱乐部，中国电子竞技俱乐部联盟成立了，但联盟对于俱乐部与选手之间的劳动合同的规定，更多还是倾向于俱乐部。"例如，联盟规定俱乐部单方面解约选手，只需给3个月工资，而选手单方面解约却要向俱乐部支付高出自己月工资数十倍的违约金。在其他体育竞技项目，俱乐部与选手单方面解约赔偿都是等量双向赔偿,再举一个例子,联盟规定中还有这样一项:如果选手3个月没有上场机会,可以向俱乐部提出上场,如果还是不能上场,就可以由联盟进行售卖转到联盟认为可以接手的俱乐部。俱乐部之间可以轻轻松松进行交易。但是一个选手如果3个月不打比赛,对他的状态影响是非常大的,甚至还会影响到他此后的职业生涯。"❶

二、网络直播平台与网络主播、个人直播者

网络直播的兴起源自韩国,韩国知名直播平台 Afreeca TV 洪室长说:"2014 年,一年间活动的 BJ 一共有 150 万人,并且一个月大概有 30 万 BJ 直播,一天直播的 BJ 也有 10 万人左右。韩国总人口只有 5 000 万人,网络主播的人数约总人口的 3%,每 100 个韩国人中就有 3 个人是做网络主播的。2013 年,Afreeca TV 的收入是 44 亿韩元。2007 年,Afreeca TV 开启送星星气球制度,观众们自发地给 BJ 发星星气球来和 BJ 们交流,一般等级的 BJ 每个星星气球可以兑换 60 韩币,最佳 BJ 可以兑换 70 韩币。""人气 BJ 的收入甚至可以达到数千万韩元,韩国网络人气女主播刘小熙,直播开始五分钟就收到 35 万个星星气球,相当于 3 500 万韩元,也就是近 15 万元人民币。"❷

直播平台和网络主播的法律关系基本可分为三种情形:第一种是签约模式,直播平台与网络主播签订了劳动合同,主播为该平台服务,平台则向其支付一定劳动报酬。在这种雇佣关系下适用劳动法。如果主播出现了侵权等违法行为,根据侵

---

❶ 俱乐部选手合同撕逼,究竟是谁的错 [EB/OL]. [2016-05-01]. http://sanwen8.cn/p/1ee.

❷ 韩国网络主播日入 15 万人民币 揭女主播真实生活 [EB/OL]. [2016-05-01]. http://bbs.tianya.cn/post-410-25771-1.shtml.

责任法及司法解释等规定，作为雇主的直播平台，应就此承担连带法律责任。

第二种是合伙分成模式，直播平台与网络主播签署，或者口头达成松散型的协议，双方约定分成比例。根据原劳动和社会保障部《关于确立劳动关系有关事项的通知》确立的标准，网络主播的"自由度"和"打赏获益"特性决定了其与直播平台之间只是"契约关系"。在这种模式下，就不能按照劳动雇佣关系来约束主播行为，而应依合同法明确各自的权利与义务。如果网络主播存在侵权行为，应当由主播个人或者派出经纪公司承担侵权责任，直播平台主要承担合同责任。

第三种是会员注册式模式。当然，若主播仅为注册会员，在平台不知情的前提下直播不雅视频，将由个人承担法律责任。直播平台如知情却放任不管，则应负监管责任。❶

签订劳务合同的初级主播，收入基本靠工资；热门的主播，工资只占其收入的小部分，而"打赏分成"则占到了大部分。《北京商报》记者曾选择了6款移动直播App作为调查对象，分别是映客、花椒、一直播、哈你、易直播、ME直播。根据ASO100实时下载热度榜单显示，前5款App在社交板块依次名列1、9、14、26、189，ME直播在娱乐板块位列46。

在映客直播中，《北京商报》记者共收到了友人打赏的价值5元的虚拟礼物，共计获得了50映票，可领取红包是1.56元。由此算出的主播收益分成比例是31.2%。在花椒直播上消费6元为友人打赏虚拟礼物，该名友人赚到了60花椒币，可兑换的收益是4.2元。主播收益分成比例是70%，花椒平台获得另外

---

❶ 直播平台和网络主播面临哪些法律关系 [EB/OL]. [2015-12-15]. http://finance.ifeng.com/a/20160927/14905190_0.shtml.

的 30%。与该比例接近的还有易直播。《北京商报》记者在易直播上消费 10 元为友人打赏，该友人收入为 7 元，收益分成比例也是 70%。在一直播上直播后收到了价值 6 元的礼物，总共收获钻石 180 个，现金账户余额显示为 1.8 元，主播收益分成比例为 30%，平台参与分成约为 70%。而在哈你直播上，《北京商报》记者共收到了价值约为 5.9 元的礼物，获得星光 590，共计获得可提现金额 2.36 元，收益分成比例约为 40%。ME 直播平台中遇到的情况则不太一样，《北京商报》记者直播后收到打赏价值为 6 元的礼物，但是无法对收益进行提现，只是与赠送礼物的用户亲密度有所提升。《北京商报》记者向几家直播平台进行确认，各个平台的分成比例基本与调查所呈现的一致，不过也涉及一些额外的费用。哈你直播方面人员对《北京商报》记者解释称，提现金额都需要扣除个人所得税，而分成比例也根据主播的级数不同而呈阶梯式变动。映客方面人员则表示，主播与平台获取的收益分成比例应该是 32∶68，具体是否涉及个人所得税等费用尚不清楚。另外，ME 直播方面人员表示，平台上主播收益要超过 10 元才能够提现，而主播与平台的分成比例是 3∶7。❶

在"火猫诉斗鱼案"中，一审法院认定："从在案的证据显示，2015 年 1 月 15 日 12 时直播的比赛中，上诉人斗鱼网站上对 DK-TF 的比赛有两个直播间，其中主播为'杰出哥'的直播间观众达 11.7 万，主播为'a274951686'的直播间观众 1.4 万；HGT-Inv 的比赛观众达 4.1 万。可见，当时上诉人斗鱼网上对涉案赛事的直播所吸引的观众数量已达较大规模，且系对

---

❶ 张绪旺. 平台吃肉主播喝汤，直播分成钱去哪儿了？[N/OL]. [2016-08-09]. 北京商报, http://www.ithome.com/html/it/249361.htm.

涉案赛事的实时直播。"可以看出，涉案赛事主要的传播者是上述两个直播间的主播，但在查明事实部分，并未涉及该两名主播与直播平台系上述三种关系中的何种。从结果承担上看，直播平台承担了直接连带责任，传播行为直接视为平台方的行为。从实践角度看，法院应该关注网络主播、个人直播者与平台的关系，近而更好地厘清侵权责任的承担问题。

第二节 相关法律问题

一、网络直播的法律定性

电视直播与网络直播由于技术手段不同，在著作权法中的法律定性也并不相同。实际上，所谓的"直播"都不可能做到100%的实时同步：电视直播会由于信号传输的耗损存在细微的延迟，而网络直播的延迟则更多是由直播平台的后台管理员操作的，例如在国家互联网信息办公室2016年11月4日发布的《互联网直播服务管理规定》中，要求直播平台应对主播的新闻、时事等稿件进行预先审查，这种"直播"的事先审查，直播平台很难及时对平台上的主播，尤其是个人直播进行有效控制，所以审查手段则很大程度上依靠"直播延迟手段"来实现。

对于网络直播的法律性质，在"伦敦奥运会"案中，北京市第一中级人民法院就此问题认为："一、关于广播权。……本案适用《著作权法》第十条第一款第（十一）项的前提条件之一是，上诉人我爱聊公司在互联网环境下通过其运营的'电视粉'客户端转播CCTV1、CCTV5等电视频道的节目内容需符合《著作权法》的相关规定，构成著作权法意义上作品，并且被上诉人央视国际公司属于上述'作品'的著作权人或利害关系人。本案中，被上诉人央视国际公司虽主张上诉人我爱聊公司在网络环境下通过其运营的'电视粉'客户端实时转播CCTV1、CCTV5、CCTV22等十六个电视频道的行为侵犯了其广播权，但是，被上诉人央视国际公司并未向法院提交其作为涉案电视频道所播作品著作权人或者利害关系人的证据，而且，CCTV5等涉案电视频道转播的体育竞赛节目非以展示文学艺术或科学美感为目标，亦不构成著作权法意义上的作品，因此，央视国际公司的上述主张，缺乏事实及法律依据，本院不予支持。二、关于广播组织权。除上述条款规定了'转播权'之外，我国的《著作权法》《著作权法实施条例》及其相关的司法解释均未对'转播'行为的构成要件作进一步的说明或限定，因此，本院认为，欲正确理解我国著作权法体系中的'转播权'含义，需结合我国《著作权法》的立法背景，以及我国参加的相关国际条约，进行综合判断。

《与贸易有关的知识产权协定》第十四条第三款规定，广播组织应享有权利禁止未经其许可将其广播以无线方式重播，将其广播固定，将已固定的内容复制，以及通过同样方式将其电视广播向公众传播。由此可见，TRIPS协定对于广播组织权的保护并未扩展至网络环境下。而我国作为TRIPS协定的成员国，在修订《著作权法》中的广播组织权的相关内容时，亦参照了TRIPS协定等国际条约的规定。同时，在《著作权法》制定之时，我国互联网的发展尚属初期阶段，通过互联网转播电视节目的行为未被纳入《著作权法》第四十五条的调整范围，上述条款调整的范围仅限于以无线方式、有线方式转播广播电台、电视台节目的行为，而未将广播组织权的保护范围扩展至互联网环境下……正是由于互联网环境下广播组织权的复杂性，本院认为,在《著作权法》及我国参加的相关国际条约均未将广播组织权的保护范围扩展至网络环境时,不能仅仅因为新技术的产生或发展给权利人带来新的挑战,就超越立法时的权利边界对我国著作权法体系中的广播组织权作扩大性解释。

……鉴于我国现行《著作权法》尚未将互联网环境下的转播行为纳入《著作权法》第四十五条的调整之列,因此,本案上诉人我爱聊公司在互联网环境下通过其运营的'电视粉'客户端转播中央电视台相关频道的行为,并不构成《著作权法》第四十五条所规定的'转播'行为,央视国际公司的相关诉讼主张,缺乏法律依据,本院不予支持。"❶

该案中,北京市第一中级人民法院没有支持一审法院适用《著作权法》第四十五条的意见,但认为上诉人我爱聊公司的上述行为明显有违公平竞争的市场原则,恶化了正常的市场竞争秩序,违反了诚实信用原则和公认的商业道德,具有不正当性,属于《反不正当竞争法》第二条第一款规定的不正当竞争行为。

而在"中超"案中,就"网络直播"的法律性质问题,一审北京市朝阳区人民法院则认为:"就涉案的转播行为,尽管是在信息网络的条件下进行,但不能以交互式使得用户通过互联网在任意的时间、地点获得,故该行为不属于我国著作权法所确定的信息网络传播权的范畴,但仍应受我国著作权法的保护,即属于'应当由著作权人享有的其他权利'"。最后北京市朝阳区人民法院以《著作权法》第十条第十七款"其他权利"支持了原告的诉讼请求。

应该看出,上述两案对于"网络直播"的法律定性看法不

---

❶ 北京市第一中级人民法院(2014)一中民终字第3199号民事判决书。

同，伦敦奥运会案中二审法院主要从立法背景及公众利益角度考虑，而中超案主要从权利人付出昂贵的授权费用与公平竞争考虑，虽然两案都认可应该保护原告，但适用法律的宽紧程度有所差别。从目前看来，中超案的思路更符合现今网络直播产业发展的需求。

二、电竞直播画面的法律性质

1. 网络游戏竞技画面是否构成合理使用

在"斗鱼案"中，被告认为斗鱼直播平台未直接使用涉案DOTA2亚洲邀请赛中的游戏竞技画面，而是使用了DOTA2游戏客户端内置的"观战模式"，由主播配以解说，属于"合理使用"。

就此，一审法院认为："第一，根据在案证据难以认定斗鱼公司截取使用了耀宇公司播出的比赛画面。第二，根据在案证据虽然可以推定斗鱼公司播出的比赛画面来源于DOTA2游戏客户端，并因观战视角不同而导致观看到的比赛画面不同，但该客户端呈现给观战者的比赛无论从哪个观战视角而言，均来源于耀宇公司举办并正在进行直播的涉案赛事，斗鱼公司通过该客户端直播的比赛与耀宇公司正在进行直播的比赛在本质上仍是同一场比赛。

应当指出，虽然DOTA2游戏客户端提供了旁观比赛的服务，但通过该客户端观看比赛的行为与主动利用网络软件技术截取比赛画面的行为的性质完全不同，而斗鱼公司并未举证证明该客户端允许其截取比赛画面并使用这些画面进行直播，故斗鱼公司的行为明显超出了旁观比赛的合理范围。即使该客户端对比赛画面的被截取未作技术等方面的限制，也不等于运行涉案游戏客户端的相关主体允许他人可以将截取的比赛画面进行直播等商业性使用。将客户端未限制比赛画面流出视为允许他人可以任意使用比赛画面,既无法律、法理上的依据,也有悖商业常识,此行为将直接损害业已形成的游戏比赛授权许可转播的正常经营秩序,故斗鱼公司截取涉案游戏客户端的比赛画面进行直播的行为与耀宇公司享有的独家视频转播权产生了直接冲突,损害了耀宇公司的合法权益。虽然斗鱼公司在直播时未使用耀宇公司的解说内容,但转播的核心是转播比赛本身而非解说,对涉案转播权这一民事权益的实质性损害是播出比赛,一并使用他人解说仅是侵权行为的情节之一而非构成侵权的充分必要条件。因此,对斗鱼公司不构成不正当竞争的上述抗辩意见不予采纳。"❶

二审法院同样认为:"上诉人提出游戏厂商也鼓励视频平台播报游戏比赛,任何一个游戏客户端的参与者或旁观者,都可以对游戏比赛情况进行评论报道。本院认为,即使存在游戏厂商鼓励视频平台播报游戏比赛亦属于其免费许可的情况,并不表明游戏客户端的参与者、旁观者可以未经许可即有权将客户端的比赛画面进行直播、转播并商业利用。而本案所涉'DOTA2'游戏系世界知名的电子竞技类网络游戏,该游戏官方中文网站明确声明涉案赛事是由完美世界主办、MarsTV 承办、火猫 TV 独家转播的国际职业赛事。上诉人作为专业的游戏直播网站,应当知晓如此大规模的知名赛事转播必须经授权许可,仍在明知被上诉人享有涉案赛事独家视频转播权的情况下,从游戏客户端截取比赛画面进行直播以谋取不正当利益,其不正当竞争行为的主观恶意明显。"❷

---

❶ 上海市浦东新区人民法院(2015)浦民三(知)初字第 191 号民事判决书。
❷ 上海知识产权法院(2015)沪知民终字第 641 号民事判决书。

第七章　电子游戏竞技网络直播

然而涉及电竞中必不可少的"游戏解说",则情况便复杂了。对于游戏直播平台中的游戏主播或者游戏解说员,其盈利的途径基本为两种:第一种即是通过与直播平台进行打赏分成,加上基础工资;第二种即是在解说中引入自己的淘宝店铺,引流量,在淘宝店铺中实现盈利,好处是可以实时结算、不涉及分成问题,其中则不可避免地出现:在游戏解说中介绍自己的店铺,以及在自己的淘宝店铺中插入自己的解说视频,这两种情况下,都不可避免地使用网络游戏中"观战模式"中所对应的游戏画面。

在"小漠"案中,原告吴思豪(网络名:小漠),系电子竞技类游戏《英雄联盟》解说员,2013年2月28日,原告以"wushihao2815109"为卖家在淘宝网上开设了店名为"小漠阳阳零食铺"(域名:lolxiaochi.taobao.com)的淘宝店铺,并通过在优酷等知名网站发布的《英雄联盟》竞技解说视频对上述淘宝店铺进行宣传推广。因原告发布的解说视频受到广大英雄联盟玩家的欢迎,进而吸引了大量的粉丝前往淘宝店铺购物。上述淘宝店铺开设不久,淘宝网上出现了一批以原告的肖像为卖家头像、以与"小漠"相关的名称命名的零食店铺。其中,被告何某芳以"小漠阳阳零食店"为卖家开设了"小漠阳阳零食店铺,牛铺认证明星店铺"(域名:l0lxiaochi.taobao.com)的淘宝店铺,并通过设置淘宝网二级域名的功能,设置了和原告的淘宝店铺近似的域名。同时,该店铺以原告的肖像为卖家头像,在店铺首页设置"LOL国服第一系列专业解说零食铺"的标语,及开展"满98元送小漠签名照"等销售活动。后原告吴思豪便以不正当竞争为由将被告诉至杭州市余杭区人民法院。法院最

后支持了原告对被告何某芳的诉讼请求。❶

在"小漠"案中,原告实际上也使用了电竞中网络游戏的比赛画面,从"斗鱼案"中可以看出,游戏画面的所有权是由游戏公司所有或者由其授权运营商享有的,作为游戏解说员,其只能对作为"文字作品"的解说词享有著作权,对于游戏画面是没有任何所有权或使用权的。而对于这种"为推荐自己淘宝店铺而使用自己解说的网络游戏画面"的行为,应该界定为商业性使用,难谓"合理使用",即如同"斗鱼案"中二审法院所说的"即使存在游戏厂商鼓励视频平台播报游戏比赛亦属于其免费许可的情况,并不表明游戏客户端的参与者、旁观者可以未经许可即有权将客户端的比赛画面进行直播、转播并商业利用"。

针对"斗鱼案",王迁教授参考《美国版权法》,在《电子游戏直播的著作权问题研究》一文中,提出了"转换性使用"的分析路径:"由此可见,游戏直播对于游戏中画面的传播具有转换性。它不是为了单纯地再现画面本身的美感或所表达的思想感情,而是展示特定用户的游戏技巧和战果。对于电子竞技的直播则更多地是为了让观众了解游戏玩家在同一游戏中相互激烈竞争的情形,具有更强的转换性。这种转换性也决定了它对游戏市场的影响是有限的,因为游戏开发商盈利的主要途径,是通过包括对画面在内的游戏设计,吸引用户为运行游戏(即'玩游戏')付费。正是由于游戏带来的乐趣在于互动性的参与,而不是对游戏的观赏,因此原本希望'玩游戏'的用户并不会仅因为观看了游戏直播就得到了满足。当然,也许会有部分用户观看游戏直播后会觉得游戏质量低劣、难度过大或过小,

---

❶ 杭州市余杭区人民法院(2016)浙0110民初字第1888号民事判决书。

第七章 电子游戏竞技网络直播

从而不再愿意购买游戏服务。但这种'损害'并非是著作权法意义上因未经许可利用作品而带来的损害,因为它并非源于作品之间的相互竞争和替代关系。正如在评论文章中引用他人小说片断并批评其写作水平低下,或者在讽刺性模仿文章中通过模仿他人小说的语句对其进行嘲讽,都可能会导致部分读者不再购买小说,但这并不影响对合理使用的认定。相反,在通过游戏直播旁观了他人运行游戏的过程后,有些用户会被激发购买游戏服务,以便自己亲身体验游戏,因此增加了游戏的使用量。"❶

针对"合理使用"这点,纵观各国际条约,并没有明确详细的规定,只是提出了"三步检验法"这种模糊的标准,所以1976年《美国版权法》第一百○七条中详细提出了合理使用的四条原则实际上成了各国法院判案中重要的参考原则。这四条原则是:使用的目的及原则;版权作品的性质;版权作品使用量;使用对作品的价值或潜在市场的影响。

实际上,美国版权学家、历史学家莱曼·雷·帕特森指出,"法院通常将这条(即第四项原则'使用对作品的价值或潜在市场的影响')视为最重要的"。❷ 无论是"三步检验法"、还是1976年《美国版权法》第一百○七条的"四原则",实际上都是模糊的,本质上是因为随着新媒体、新技术的不断诞生,一种使用行为很难非黑即白的划清,它可能同时拥有转化性使用、商业性使用或竞争性使用的多种特性,那么,就需要法院来分析到底哪种使用特性占主导性。具体到电子游戏直播行为中,其当然拥有转化性使用的特性,但实务中,对"转化性"的高

---

❶ 王迁.电子游戏直播的著作权问题研究[J].电子知识产权,2016(2).
❷ 莱曼.雷.帕特森,斯坦利.W.林德伯格.版权的本质:保护使用者权利的法律[M].郑重,译.北京:法律出版社,2015.

度要求是很高的，这种高度要求其创造性的"加分项"要高于"商业性使用"或"竞争性使用"的"减分项"。

一方面，这种"转化性"不能简单定义为"为了学习该名玩家的经验或对其技巧与业绩进行评价，并不是为了单纯欣赏游戏的固有画面"。电子游戏竞技已经正式被列为体育竞技项目之一，就像看奥运会的体育比赛一样，普通观众不是为了单纯看某个球星的颜值，而是以一种观赏的心态来看比赛的过程，但国家级专业运动员是抱着学习的心态来观看的。另一方面，电子游戏开发和运营公司可以"其他权利"授权电子游戏直播进行盈利。随着电子竞技行业和视频直播行业的火爆，其中的利益是巨大的。暴雪公司之所以在韩国的诉讼选择和解，很大一部分原因也是考虑到诉讼对目标群体带来的负面影响。可以看出电子游戏直播行为会对作品的价值或潜在市场产生巨大的影响，而这种影响与转化性使用带来的社会贡献并存，但应该注意到，不同的游戏直播方式、不同的游戏类型，主播的作用是截然不同的，不宜简单地否认主播的"独创性"空间，亦不应当否认主播合理使用的可能。

2. 电子竞技中的游戏画面本身是否构成作品

对电子竞技中的游戏画面本身是否构成作品，法院基本持否定态度。在"斗鱼案"中，一审法院认为电子竞技中的网络游戏画面不构成作品："我国著作权法保护的对象是在文学、艺术和科学领域内具有独创性并能以某种有形形式复制的智力成果。由于涉案赛事的比赛本身并无剧本之类的事先设计，比赛画面是由参加比赛的双方多位选手按照游戏规则、通过各自操作所形成的动态画面，系进行中的比赛情况的一种客观、直观的表现形式，比赛过程具有随机性和不可复制性，比赛结果具有不确定性，故比赛画面并不属于著作权法规定的作品，被告

使用涉案赛事比赛画面的行为不构成侵害著作权。"❶

上述观点,可能源自 2003 年体育总局将电子竞技列为第 99 个竞技项目后,法院对电子竞技的判断多参考一般体育竞技。在"伦敦奥运会"案中,法院即认定被告未侵犯原告对于"伦敦奥运会"的"转播权":"CCTV5 等涉案电视频道转播的体育竞赛节目非以展示文学艺术或科学美感为目标,亦不构成著作权法意义上的作品"。❷

究其原因,有以下几点:第一,体育比赛本身是为了获胜,观赏性并不是作为参赛队进行比赛的首要目的,即无创作意图;第二,比赛的随机性强,不符合固定性与思想性;第三,无法解释"谁是作者"的问题,因为无论是球场上的每名队员、还是裁判、观众等,都是这场比赛的参与者,但都不能作为"作品"的作者。

在"中超"案中,法院将赛事画面作为"作品"进行了保护,但需要注意的是,一审法院认为:"从赛事的转播、制作的整体层面上看,赛事的转播、制作是通过设置不确定的数台或数十台或数几十台固定的、不固定的录制设备作为基础进行拍摄录制,形成用户、观众看到的最终画面,但固定的机位并不代表形成固定的画面。用户看到的画面,与赛事现场并不完全一致、也非完全同步。这说明了其转播的制作程序,不仅仅包括对赛事的录制,还包括回看的播放,比赛及球员的特写,场内与场外、球员与观众,全场与局部的画面,以及配有的全场点评和解说。而上述的画面的形成,是编导通过对镜头的选取,即对多台设备拍摄的多个镜头的选择、编排的结果。而这个过

---

❶ 上海知识产权法院(2015)沪民三(知)初字第 191 号民事判决书。
❷ 北京市海淀区人民法院(2013)海民初字第 21470 号民事判决。

程，不同的机位设置、不同的画面取舍、编排、剪切等多种手段，会导致不同的最终画面，或者说不同的赛事编导，会呈现不同的赛事画面。就此，尽管法律上没有规定独创性的标准，但应当认为对赛事录制镜头的选择、编排，形成可供观赏的新的画面，无疑是一种创作性劳动，且该创作性从不同的选择、不同的制作，会产生不同的画面效果恰恰反映了其独创性。即赛事录制形成的画面，构成我国著作权法对作品独创性的要求，应当认定为作品。从涉案转播赛事呈现的画面看，满足上述分析的创造性，即通过摄制、制作的方式，形成画面，以视听的形式给人以视觉感应、效果，构成作品。"可以看出，"中超"案虽被业内称为"体育赛事第一案"，但法院实际上保护的是"体育赛事的摄制行为"，而不是体育竞技本身。同时，本案虽认定为"作品"，但依据的是《著作权法》第十条第十七款，并没有道明具体的作品类型。

然而，在此案之后，上海市浦东新区人民法院在"奇迹mu案"中，首次认定了网络游戏画面构成类电作品。这就产生逻辑衔接问题：一款网络游戏本身构成类电作品，将它作为电子竞技比赛的项目，选手操纵该款网络游戏的画面则不构成作品，而"拍摄操作网络游戏的行为"却构成"其他作品"。应该认为，如果一个"作品"，由于政策因素被贴上了"体育竞技"的标签，那么如何使用该作品，并不应直接影响该作品本身的"独创性评价"——独创性的评价标准应该是稳定的。近而，如果一款网络游戏可以被认定为类电作品，那么被电竞选手操作的游戏画面本身，依然应该作为一个"作品"，而这个作品的归属应该依然属于游戏开发公司——电竞选手"操作"的行为本身不产生独创性，但不妨碍产生的游戏画面构成类电作品，或者录像制品。

另外，如果一款游戏画面认定为类电作品，而因游戏玩家操作而对应产生的游戏画面，依理仍应作为一个作品，那么就出现了新的问题：前者的"作品"与后者的"作品"是什么关系？如果将后者视为前者的"演绎作品"，那么就无法解释，为何游戏玩家不是该"演绎作品"的作者，也未能享有"表演者权"。这就涉及在认定一款网络游戏构成"类电作品"时，涵盖的范围到底是什么？排除后期游戏玩家通过MOD或者皮肤编辑器等开放工具，进行二次创作的情形，所有运行该网络游戏所对应形成的画面都应归类于游戏开发公司所拥有，那么，这个"作品"就更不应割裂出"前后"，而应当作为一个完整的作品看待。如此一来，电子竞技中网络游戏运行画面的著作权法律性质及权利归属都显而易见了。应该说，虽然电子竞技从2003年被划分到体育竞技项目中，但应该看到，并不是所有的体育竞技项目在"作品判断"时都相似，一场足球比赛与一场电子游戏竞技比赛所包含的法律问题完全不相同。

3. 赛事整体画面是否构成作品

在"斗鱼案"中，被告广州斗鱼网络科技有限公司实际上主要使用的是涉案游戏"DOTA 2"在该次电子游戏竞技大赛中"观战模式"下的游戏视频画面，并未涉及当场电子游戏竞技比赛的整体画面。但如前文所述，一场电子游戏竞技大赛不仅包含了双方的电竞选手操作的游戏运行画面，如同一台晚会，同样包含了观众、灯光、音效、舞美、场地布置、串场时的COSPLAY（角色扮演）演员、现场解说等元素，那么，整场电子游戏竞技大赛的视频内容是否属于著作权法保护的事项呢？

在"中超"案中，原告新浪互联公司认为：被告天盈九州公司在凤凰网（www.ifeng.com）上中超频道首页显著位置标注并提供比赛的直播：①鲁能vs富力（8月1日）；②预告——19：35视频直播申鑫vs舜天（8月1日）。点击上述标题后，进入该场比赛的专门页面，显示"凤凰体育讯""凤凰体育将为您视频直播本场比赛，敬请收看！"在"点击进入视频直播室"，该页面的浏览器页面标签上的标题为"视频直播合作：凤凰互动直播室"字样，且该页面存在大量广告。原告认为，天盈九州公司未经合法授权，在网站上设置中超频道，非法转播中超联赛直播视频，故以侵犯著作权法中的"独占传播、播放权"及违反《反不正当竞争法》为由，向北京市朝阳区人民法院起诉。

第八章　电子游戏的专利权保护

第一节　电子游戏专利保护概况

一、网络游戏产业情况

目前网络游戏产业可以细分为三大板块。

1. 制造业

传统的游戏市场，包括游戏机与 PC 游戏，始终主导着游戏产业，差不多占游业产业总收入的 80%。游戏机硬件已经升级到第 7 代了。目前，任天堂、微软、索尼三大公司主导着游戏机市场。当然，还有一些新的竞争者，比如 OUYA、NVIDIA 和 VALVE。任天堂旗下的 Wii 游戏机曾创造了游戏机最佳销售纪录，但在 2000 年时落后于 PS3 和 XBOX360。

2. 数字化

PC 游戏由于网络游戏的成熟开始兴起，从 2011 年的 180 亿美元的产值，迅速攀升到 2012 年的 240 亿美元，增长近 33%。电脑游戏软件在欧洲的零售销售额高于北美地区。2012 年 PC 游戏销售的领军人物是 VALVE 的 STEAM 平台，拥有 5 000 万名用户和 50 亿次的登载量。STEAM 系统兼容 Windows/Mac/Linux

系统，虽然 STEAM 不支持手机游戏，但 STEAM 的手机端可以支持购买功能和自带的社交功能。排名第二的是 Electronic Arts Origin Service，虽然 Origin 在 2012 年才诞生，但发展迅速，两年之间用户达到了 3 000 万人。另外两个主要竞争对手是亚马逊和 Game Stop，还有很多小公司销售破解 DRM 游戏和独立开发者游戏。

3. 手机游戏

随着智能手机的普及，手机游戏成为游戏的重要平台，它充分利用了玩家的碎片化时间。2012 年，手机游戏的产值达到了 80 亿~120 亿美元。手机游戏虽然依赖于智能手机的性能，但智能手机的品牌占有率并不当然与手机游戏市场占有率画等号。当苹果手机销量达到 12 500 万台销量的时候，其也只占了 18% 智能手机市场。手机游戏可分为两大市场：苹果的 iOS 系统和谷歌的安卓系统；另外，还有黑莓系统、微软的 Windows 手机操作系统。手机游戏的一个重要特征是开发成本相对低廉。手机游戏不是免费下载就是低价下载，开发成本和下载价格低廉的优势使得手机游戏在美、日、法等发达国家之外得以发展。2016 年，中国已成为手机游戏市场占有率世界第一的国家，韩国和东欧各国也成为手机游戏大国。相对于游戏机制造业、PC游戏，手机游戏的开发公司竞争更加激烈，手机游戏的存活率更加低下（1%），所以更重视排名，排名进入前十的游戏单月流水可以达到排名前 100 的游戏的利润的 10 倍或者更多。手机游戏依赖于引擎使用和目标营销，虽成本低但依旧有很大的盈利空间。

免费下载和免费增值模式成了 MMO 游戏的主要模式，游戏虽然免费下载，但要在游戏中获得更多，需要额外消费，比如游戏中的道具、更高的等级、额外角色或加速模式等。免费增值模式（free to play）成了 MMO 游戏的标准配置。一些游戏（如 LOL），初始是免费的，但后来越来越多的游戏从付费下载转型到免费增值模式。MMO 游戏的免费增值模式之所以成功，很大原因在于它需要大量的用户基础来完善玩家在游戏中的体验。免费增值模式允许玩家免费接触游戏的核心内容（相对于付费模式，只允许试玩初始的几关，之后精彩部分则需要付费解锁），进行基础操作，而给那些"氪金玩家"（愿意付费享受更优服务的玩家）提供付费的选择。

免费增值模式同样可以作为检测一款游戏的手段。现在流行的是购买游戏中大量的"DLC"（追加内容下载包），但 DLC 多是在付费游戏中出现的，现在游戏开发者进一步，提供免费的游戏核心内容体验，把游戏中的付费作为单纯的收益流。免费增值业务可能对于移动端或者 App 市场的利润贡献不是很大（当然，这是分国家而言的，对于我国而言，大量的小公司开发的手机游戏是严重依赖于渠道、平台的推广的，而相应的，利润中的相当比例也流向了渠道、平台），但它相对于传统的付费游戏模式，确实开创了新时代。

除了免费增值业务，手机游戏还有一个盈利点：广告。广告一般与免费增值业务游戏结合，成为一个热门平台。当然，广告费用与免费增值业务的可比性不强。通过分析用户行为与收集用户数据，广告商可以精确投放广告到特定的用户客户端。很多开发免费增值游戏 App 的开发商，通过广告可以引导该款游戏的用户，在疲软期顺利流向同一个开发公司的新游戏之中。❶

---

❶ David Greenspan,《Mastering the Game – Business and Legal Issues for Video Game Developers》。

我国目前以手机游戏为主要盈利点,手机游戏开发成本低、开发周期短,但专利是网络游戏的核心竞争部分。

二、专利保护与著作权保护、商标权保护、反不正当竞争法保护的关系

从表 8-1 中可以看出,网络游戏在各国立法中都没有单独作为一种权利客体,所以在网络游戏保护层面,保护点不同,适用的法律也不同。形象地说,著作权保护网络游戏的"表面",专利权保护网络游戏的"内在",商标法保护网络游戏的"名字",反不正当竞争法可以保护网络游戏的"灵魂(设计及规则)"。

表 8-1 网络游戏内容分解和知识产权权项

法律	受保护的权益	网络游戏内容
著作权法	著作权	音乐、人物角色、美术画面、故事情节、源代码、Box 设计、网站设计
商标法	商标权	公司名称、公司标识、游戏名称、游戏标识
专利法	专利权	硬件技术方案、游戏设计元素、技术创新(软件、网络或数据库设计)
反不正当竞争法	商业秘密	客户通信名单、价格信息、发行合作、中间设备合同、开发人合同、In-house 开发工具、经营条款

资料来源:郝敏. 网络游戏要素的知识产权保护 [J]. 知识产权,2016(1):69-77.

1. 著作权

著作权法适用的情况最多,也是我国目前涉网络游戏侵权案件最主要的案由。以北京市受理网络游戏案件数量集中的两

第八章　电子游戏的专利权保护

家法院的统计数据为例：北京市海淀区人民法院2016年《有关网络游戏侵犯知识产权案件的调研报告》中显示："侵犯著作权案件占到全部涉游戏知识产权案件的85%左右。2014年1月1日至2015年12月31日，海淀法院共审结涉游戏侵犯著作权案件183件，其中2014年49件，2015年134件，2015年同比增长173.5%。在已审结的案件中，以判决方式审结案件38件（其中2014年5件，2015年33件），判决率为20.8%；撤诉109件（其中2014年40件，2015年69件），调解33件（其中2014年4件，2015年29件），调撤率77.6%；其他方式（裁定驳回起诉、移送等）审结案件3件（全部为2015年审结）。仅2016年前5个月，海淀法院就新收涉游戏侵犯著作权案件139件。相比之下，涉游戏侵犯商标案件、不正当竞争案件数量较少。2014年至2015年，海淀法院审结涉游戏侵犯商标权案件17件，其中撤诉12件、调解2件、判决2件、移送1件；审结涉游戏不正当竞争案件共9件，主要涉及搭便车、虚假宣传两种情形。"北京市石景山区人民法院2016年《关于涉动漫游戏知识产权案件新情况、新问题的调研报告》显示："侵犯著作权纠纷案件有268件，占比高达94.68%，多为游戏内容涉嫌侵犯他人动漫美术作品、音乐作品、文字作品等著作权，其中侵害作品信息网络传播权纠纷案件有225件，侵害改编权、游戏人物形象复制权纠纷案件有13件，其他著作权权属、侵权纠纷（例如图片侵权、动漫形象侵权等）30件，且都涉及网络；不正当竞争纠纷案件6件，为被诉游戏在推广过程中存在虚假宣传行为攀附在先知名游戏商誉，或者发行类似游戏的游戏公司的一方起诉另一方存在不正当竞争行为；侵害商标权纠纷案件6件，多为被诉游戏名称与他人在游戏产品服务上的注册商标相同或者近似；涉游戏的知产合同纠纷共3件，主要为游戏开发过程中产生的合同纠纷,其中技术委托开发合同纠纷1件、计算机软件著作权许可使用合同纠纷1件,委托创作合同纠纷1件。"

著作权主要保护的是一款网络游戏的外在,比如美术库、CG动画、游戏地图、音乐、台词等,当然,也包括游戏对应的计算机程序,即有创造性的指令,在著作权法中作为文字作品保护。但实际上,涉网络游戏的侵权诉讼中,起诉侵犯软件著作权的情况非常罕见,原因有三:第一,有的原告在起诉时会主张被告对其网络游戏软件著作权的侵犯,但出于商业秘密的考虑,拒绝向法院提供自己游戏的源代码,进而被告也拒绝提供被诉侵权游戏的源代码,所以无法开展比对鉴定工作,最后法院只能驳回原告的该项诉讼请求。第二,源代码对比鉴定的周期长、鉴定费用昂贵(按指令行计算价格),一些中小型的游戏公司难以负担,且漫长的鉴定周期将导致被诉侵权游戏的持续运营盈利,而目前网络游戏的赔偿数额即便有所突破,实际上也难以覆盖被诉游戏几个月的流水进账,导致被告"虽败犹荣"。第三,即便原告提出该诉讼请求,被告也可以提出"反向工程"抗辩取得而构成合理使用,当然,更多地情况是,被诉游戏往往在技术开发时,就会采取替换部分指令的方式进行设计。另外一方面,由于游戏第三方引擎的广泛使用,原告对游戏中引擎部分的指令并不享有著作权,只是通过付费享有使用权,被告往往会以此提出抗辩。

应该说,著作权法更多的只能阻挡"低级抄袭",即外在抄袭,而对于"高级抄袭",著作权法显然是无能为力的。

2. 反不正当竞争法

《反不正当竞争法》规制的行为主要涉及四种:第一,商业秘密,即网络游戏公司中涉及离职员工带走原公司客户名单、源代码、内部资料等情况,这类案件数量并不多;第二,即《反不正当竞争法》第五条涉及的"知名商品、服务的特有名称""特有装潢",该类案由主要涉及游戏界面的保护,由于游戏操作界面难以构成著作权法中的作品,一些法院以"特有装潢"提供保护;第三,虚假宣传,主要涉及被告游戏的借势宣传、虚假宣传的"搭便车"情况;第四,即《反不正当竞争法》第二条的囊括性保护,一些客体可能在其余三种法律中皆无救济手段,而被告的侵权行为又违反了竞争秩序,应予规制,则放入第二条原则性条款进行保护,最典型的就是"游戏设计",在"炉石传说 v. 卧龙传说"案中,法院则通过第二条保护了原告卡牌游戏的游戏设计。但目前对于游戏设计是否应该保护、如何保护还存在争议,对于是否应该大规模使用原则性条款亦存在争议。

3. 商标权

商标法保护的客体十分有限,即网络游戏的名称。实际上,对于网络游戏的名称的法律保护是分裂的,对于游戏本身的名称多以商标法进行保护,而对于网络游戏元素名称,一些布局比较好的大型游戏公司会将热门游戏的主要元素名称注册为商标,更多的游戏元素名称,要么是原创但未进行商标注册布局,要么是通过改编权得来,只能放在著作权法中保护。

商标法的保护范围受限于申请时间、申请类别等,在商标侵权案件中,法院已经模糊了 9 类、41 类、42 类的商品服务类别,但提供保护的前提还是原告必须进行商标注册,并且获得注册。商标权因为可以续展,所以理论上是永久的权利,但游戏名称的侵权行为也只能算是"低级抄袭"。

4. 专利权

网络游戏产业面临最大的风险来自专利，而专利同样也是各游戏公司掌握的致命武器。专利的好处不仅在于可以进行授权、赢得诉讼，还有以下好处：第一，专利存量是一个公司的实力象征，游戏公司需要知识产权的基础来作为日后谈判、授权时的筹码；第二，专利可以提升公司利润，平均来说，拥有专利的公司利润要高于没有专利技术的游戏公司；第三，专利可以增加产品的价值与价格，拥有专利技术的软件与游戏机，由于"禁用权"，在市场竞争时可以占有更多的份额；第四，专利可以通过专利布局，建造知识产权的护城河，以"在先技术"（prior art）的子弹，抵御后来的竞争者。当然，专利也有其劣势：第一，专利期只有20年，而且选择专利就意味着要公开专利；第二，专利侵权诉讼中的核心被诉游戏是否所有技术点全部踩中原告游戏的权利要求保护范围，而在被告只要有一两个技术点没有踩中，那么也不会被判定专利侵权。

在游戏产权成熟的国家，游戏公司对于专利的日常管理和布局意识非常严格，而在手机游戏繁荣的国家，诸如中国、东南亚地区国家，则普遍缺少专利布局意识与专利防范意识。

不同国家、地区的网络游戏发展类型各有特色，其在专利申请中的特色各不相同。

（1）美国。

美国、日本是最大的游戏机、游戏设备生产国，其面对的"专利钓鱼""专利诉讼"相比于其他国家要更加严峻，随着PS4和XBOX one的发布，势必有基于设备而产生的新游戏、新功能，但这些"新功能"背后的技术将很可能落入他人专利的权利要求范围之中。

一家总部位于美国得克萨斯州的小公司Uniloc就是一家专

第八章 电子游戏的专利权保护

门从事专利钓鱼工作的企业,该公司没有任何具体的游戏产品,其所有者在 2012 年 7 月一次状告了 Electronic Arts、SquareEnix、Gameloft、Halfbrick、Laminar Research、Mojang 等多家知名游戏公司,理由在于这些公司在移动平台发布的产品侵犯了 Uniloc 所持有的"防止他人未经认证进入某电子装备查看电子数据"的技术专利;2012 年 3 月,包括 Facebook、Zynga 在内的 21 家涉足社交游戏领域的公司,被 GameTek 公司告上法庭,因这些公司网络游戏道具收费模式侵犯了 GameTek 公司"在电脑游戏环境中通过交易获得优势的系统和方法"专利。2012 年 4 月,暴雪公司遭遇了 Worlds 公司"专利钓鱼"诉讼,原因是《魔兽世界》和《使命召唤》两款游戏侵犯了 Worlds 公司拥有的"允许玩家与虚拟空间互动的系统及方法"的专利;《英雄联盟》开发公司 Riot Games 从美国专利商标局获得了游戏观战系统的专利同样引起了争议。面临质疑,Riot Games 首席执行官布拉顿·贝克(Brandon Beck)和总裁马克·米瑞尔(Marc Merrill)日前在《英雄联盟》官方网站上进行了回应,声称"LOL 不会把这项专利用于攻击其他竞争对手,申请专利只是出于自我保护,用来防范专利流氓公司"。这一定程度上也反映出外国游戏业在技术专利上的激烈竞争。❶

(2)日本。

日本是手持游戏机、家用游戏机及大型游戏机的主要生产国。尤其是大型游戏机,在很多国家已经不再流行,但在日本则十分流行。诸如"小钢珠游戏机"等游戏其实掺杂了博彩性质的大型游戏机遍布日本的街头巷尾,由于该类游戏并不直接

---

❶ LOL 观战凭啥申请专利看游戏业专利惨烈竞争[EB/OL]. 17173 产业新闻,http://news.17173.com/content/2012-07-23/20120723143216050.shtml.

提供玩家赢得的钢珠的兑换现金交易服务,而仅可兑换为小礼品,从而未直接违反日本的相关法律规定,但在游戏厅之外,有专门回收"小礼品"的店铺。实际上,现金价值与实物已然脱钩,变相变现。

日本游戏公司也非常重视专利布局。在日本2012年公布的游戏界无线专利以及连接效果的排行榜上,日本三大游戏公司任天堂、科乐美和南梦宫万代毫无意外地位列前三名(见图8-1)。

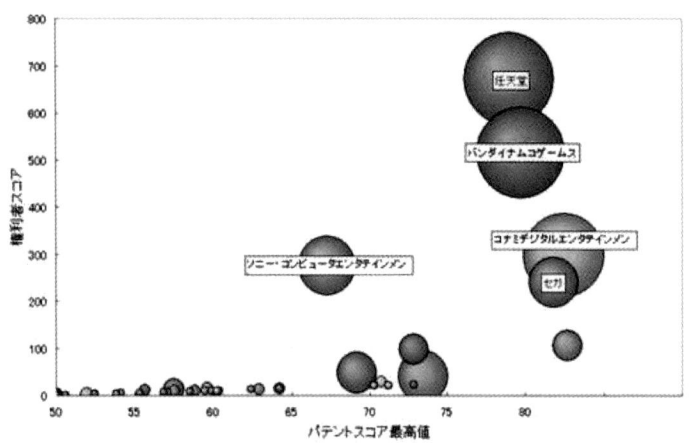

图8-1　2012年日本游戏专利排行榜

资料来源:任天堂登顶日本通信专利综合实力排行榜[EB/OL]. [2016-12-01]. http://news.17173.com/content/2012-08-30/20120830093213926.shtml.

而在我国,棋牌类游戏的公众喜好历史悠久,所以在专利申请中可以看到,涉及扑克牌的牌面设计、扑克牌玩法、麻将牌的设计占据了绝大多数,而申请者多是公民个人。在近些年手机游戏开始兴起的同时,一些大型游戏公司才开始申请了一些游戏操作方式、游戏玩法的专利。游戏机在我国的发展由于历史原因，目前已经停滞，也鲜有游戏公司进行游戏机开发，所以涉及游戏机类的专利，我国主要为外观专利，申请主体也多为公民个人。

三、网络游戏可以申请的专利类型

网络游戏可申请的专利类型包括：①游戏控制方法；②游戏装置（主要是游乐设施，广义上讲大部分不在网络游戏的归类之中）；③游戏系统架构与硬件设置（硬件设置主要是游戏机外置设备，比如手柄之类）；④游戏机（大部分专利来自日本，因为日本的大型游戏机、钢弹游戏机有博彩的性质，可以间接兑换现金，相比于其他国家，大型游戏机更加流行，比如阿鲁策株式会社 ARUZE.org，现更名为 UNIVERSAL ENTERTAINMENT）；⑤外观设计（主要为游戏设备的外观及棋牌类的卡牌外观）；⑥游戏系统；⑦游戏界面；⑧防作弊系统（外挂识别、阻断系统）；⑨游戏引擎。

四、国外知名专利案例

1.《白猫计划》

在日本一款名叫《白猫计划》的游戏中也有关于操作方法的创新，而游戏开发商也为这种名叫"ぷにコン"的操作在日本申请了专利。这可以说是现有的关于游戏操作的专利案例中和《自由之战》最接近的例子了（见图8-2）。

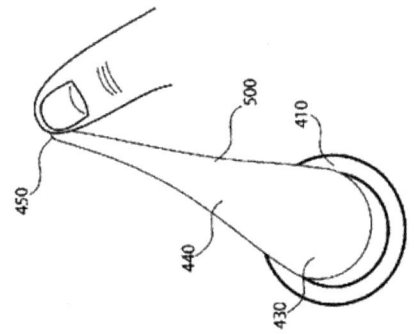

图 8-2　《白猫计划》中一种"拖动操作"的专利

资料来源：从《自由之战》和腾讯的抄袭之争说起：关于游戏的专利问题 [EB/OL]. [2016-12-04]. http://tech.sina.com.cn/zl/post/detail/i/2016-08-11/pid_8508221.htm.

2.《模拟人生 3》

以系统架构为例，美国专利授权公司 Lodsys 于 2011 年，以二件美国专利（US7620565 与 US7222078）宣称 Angry Bird 的开发商 Roviou，及《模拟人生 3》的开发商艺电（EA）等许多知名游戏开发商侵害其游戏内执行内购（In-App Purchase）技术的专利，便是一大知名案例。

3.《闪电十一人》

说起硬件设备方面的典型案例便要提及任天堂的携带式游戏机（3DS、DSi、DS、Game Boy）被美国 Quintal Research 集团提出的专利侵权诉讼（US7425944），此案法院作出任天堂没有

第八章　电子游戏的专利权保护

侵权的判决。《闪电十一人》(*Inazuma Eleven*) 是由 LEVEL-5 在 2008 年发售的一款任天堂 DS 收集、育成足球队的角色扮演游戏，游戏推出后大受欢迎，之后更发行电视动画与电影助长人气。《闪电十一人》游戏的玩法，便是使用者要透过触摸笔或手指触摸的方式于屏幕上点选，以对角色进行控制，例如跑动、传球与起脚射门等。而 SEGA 公司在 2012 年指出《闪电十一人》可让使用者透过触摸笔或手指触摸操控角色的方式，疑似侵害其第 JP5482953 号日本发明专利，故而向法院提出专利侵权诉讼并请求 LEVEL-5 须赔偿 9 亿日元。而这项专利的内容便是在讨论"如何透过触摸方式游玩足球游戏"（见图 8-3）。

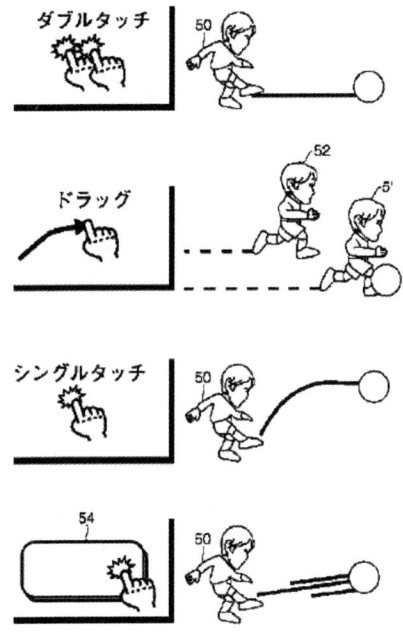

图 8-3　日本发明专利公告案第 JP5482953 号的实施示意图

4. Candy Crush Saga

Candy Crush Saga 是由英国网络游戏公司 King.com 于 2012 年所推出的游戏。*Candy Crush Saga* 的玩法简单，所以老少咸宜，基本规则是将三至五颗一样的糖果排成一线，以消除糖果得到分数，而玩家更需要把不同的糖果组在一起并引爆，以产生不同效果威力的消除方式（见图 8-4）。

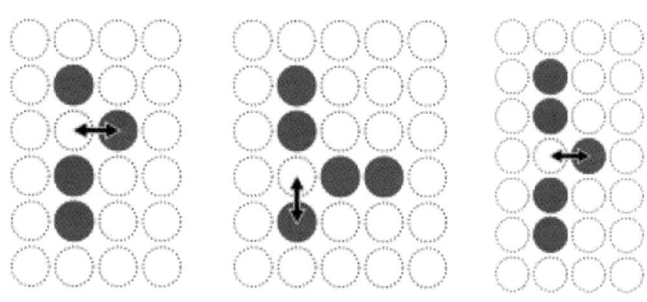

图 8-4 *Candy Crush Saga* 的糖果消除玩法示范

King.com 针对 *Candy Crush Saga* 游戏所申请的美国专利至少就有 10 件，本书就拿其中一件与玩法最相关的出来讨论，美国发明专利公开案第 US20140128159 号"Method for implementing a computer game"，是 King.com 于 2013 年所申请的美国专利，从图 8-5 可以看到，专利内容就在说明一种玩 *Candy Crush Saga* 的方法，玩家须在有限的移动数量下，借由完成三个相同图样元素的组合，达成特定任务，而玩家更可启动特殊图样的元素，以大范围地（专利内用 Water sprout 这个词）进行消除动作。

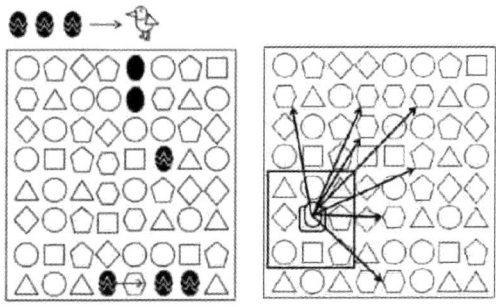

图 8-5　美国发明专利公开案第 US20140128159 号的图示

5.《海岛奇兵》

Supercell 有一件美国专利（美国发明专利公开案第 US201501 05151 号 "Electronic device for facilitating user interactions with graphical user interface"）就是在讨论 Boom Beach 的玩法，当进入玩家所指定的地图后（即选定要攻击哪个岛屿），将侦测玩家点选哪个军队（即图 8-6 右图的 514 处），并继续侦测玩家点选那些部署点（即图 8-6 左图的 410a～c 处，或图 8-6 右图内的 510 处），进而执行攻击。

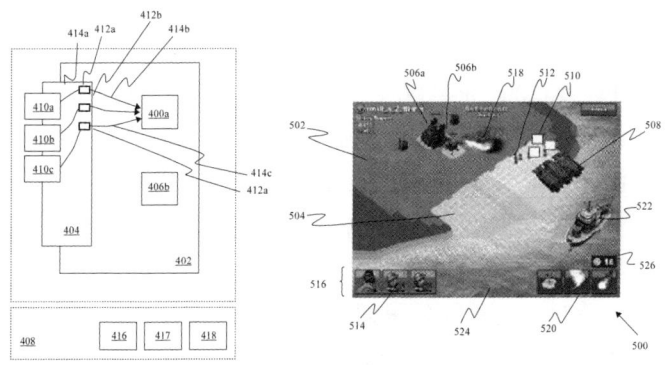

图 8-6　美国发明专利公开案第 US20150105151 号的图示

第二节　我国目前网络游戏专利申请情况

一、数量及布局情况

1. 总体数量

笔者于2016年时以Soopat进行检索，得出的结果是：涉及游戏的专利总数为35 468件（其中，3 681件授权发明、10 139件外观专利、9 260件实用新型专利、12 388件审查中发明专利）。

在35 468件专利（已授权及审查中）中，国外知名游戏公司的专利数量为：微软公司402件（96件已授权）；任天堂株式会社242件（48件已授权）；株式会社万代南梦宫游戏250件（42件已授权）；索尼公司700件（198件已授权）；阿鲁策游戏美国有限公司576件（125），科乐美数码娱乐株式会社1 063件（405件已授权）。国内知名游戏公司的专利数量为：腾讯公司369件（110件已授权）；网易公司155件（多集中在2015年、2016年申请）；畅游天下公司20件（1件已授权）；盛大游戏9件（2件已授权）；完美世界公司1件；巨人公司3件，金山游戏177件（35件已授权）；华为公司128件（43件已授权）；苏州蜗牛游戏公司28件；四三九九公司42件；斗鱼公司（"斗鱼直播平台"）24件；边锋公司2件（"战旗直播平台"）；华多网络科技公司18件（"虎牙直播平台"）。可以看出，从整体上，国外游戏、互联网公司拥有的专利数量占有绝对的优势地位，基本已经在中国完成游戏专利布局。相比之下，我国游戏及互联网公司在近几年内才开始重视游戏产业的专利布局，很

第八章 电子游戏的专利权保护

多专利申请集中在 2015~2016 年。大部分国内的游戏专利是个人申请，大部分涉及棋牌类的外观专利、实用新型专利等，还有一些个人申请的涉及游戏新玩法的发明专利，很多后续都被国家知识产权局以"权利要求保护的方案不是技术方案，不符合《专利法实施细则》第二条第一款的规定"为由驳回申请。

2. 抽样分析

在 3 681 件已经取得发明授权的专利中，笔者随机选取 390 件作为样本。390 件专利中，只有 39 件专利申请人为我国个人及企业，其中申请人为公司的 23 件，申请人为个人的 16 件。在 23 件申请人为公司的授权发明专利中，有代表性的有广州代代星电子科技游戏公司的"可用于体感游戏的游戏系统"、深圳市天趣网络科技有限公司的"Flash 游戏的控制方式"、鸿海精密工业股份有限公司、鸿富锦精密工业（深圳）有限公司的"掌上型游戏机"、联想（北京）有限公司的"电子游戏输入装置、电子游戏设备及输入方法"、广州爱九游信息技术公司的"游戏引擎"。

其余 351 件为国外公司及个人申请。其中，日本公司之外的有 36 件，权利人包括美泰公司、PKR 公司、IBM、雷蛇（亚太）私人有限公司、时间游戏 IP 公司、百利游戏有限公司、IGT 公司、美国扑克牌公司等。涉及的专利技术包括：策略性游戏、在线游戏的改进、多人在线游戏、游戏控制器、用于诸如电子游戏机（EGM）的游戏装置的生物反馈、分布式游戏服务、智能桌面游戏系统、骰子等。权利人为日本公司的 314 件，其中 BLD 东洋株式会社 3 件（游戏装置）、BLDORIENTAC 株式会社 6 件（游戏装置）、阿尔卑斯电气株式会社 1 件、阿鲁策株式会社 71 件（游戏机 64 件，游戏方法、游戏系统 7 件）、环球销售有限公司 3 件（游戏机）、环球娱乐株式会社 14 件（游戏机）、环球娱乐株式会社 & 阿鲁策游戏美国有限公司 7 件（运行共同游戏的游戏机、公共游戏与单位游戏使用不同符号列的游戏机和控制方法、游戏信息集成系统）（阿鲁策株式会社 ARUZE gaming 现更名为 Universal entertainment，系主营做老虎机、小钢珠机的上市公司）、京乐产业株式会社 51 件（游戏机、游戏显示控制方法及程序）、精工爱普生株式会社 5 件（游戏机）、科乐美股份有限公司 20 件（游戏机、装置、游戏系统）、科乐美数码娱乐株式会社 67 件（游戏界面，对战游戏系统、单元，网络游戏系统，游戏机装置）、任天堂株式会社 6 件（游戏系统、控制器）、任天堂&株式会社盖姆弗利克 1 件（游戏系统）、任天堂&株式会社克里丘斯 1 件（游戏卡和使用游戏机的系统）、世嘉股份有限公司 24 件（游戏系统、游戏装置、硬币游戏机柜体）、索尼电脑娱乐公司 4 件（游戏装置、辅助服务器、辅助系统和方法）、索尼计算机娱乐公司 1 件（通信装置、无线游戏控制器）、索尼株式会社 1 件（游戏机）、天使游戏纸牌股份公司 3 件（纸牌游戏系统）、万代股份有限公司 1 件（游戏装置）、夏普株式会社 1 件（游戏机）、株式会社万代南梦宫游戏 8 件（游戏币、游戏装置、游戏系统）。韩国公司 1 件。❶

可以看出，游戏机、游戏装置、游戏控制器及通信专利的专利大部分由日本及美国公司掌握，这与其主要以游戏硬件设备、大型 PC 游戏为盈利点的商业模式契合。而我国由于近些年主要以手机游戏为主进行发展，游戏公司及互联网公司的专利主要集中在游戏角色控制方法、游戏物品交易方法等玩法专利，但数量依旧不多。

---

❶ 数据通过 2016 年 7 月 Soopat 检索得出。

二、类型分析

在10 139件外观设计专利中,选取420件作为采样样本,其中137件为外国企业及个人申请,其中日本企业及个人106件。在9 260件实用新型专利中,选取420件作为采样样本,其中31件为外国企业及个人申请,在国内企业及个人申请的389件中,美好世界集团公司1件、德普互动科技公司16件、康佳集团公司2件、盛大公司1件、上海华勤通信公司1件、联想集团公司1件。

①游戏控制方法。涉及游戏控制方法的专利共有1 929件,其中微软公司14件、任天堂株式会社18件、株式会社万代南梦宫游戏31件、索尼公司129件、阿鲁策株式会社32件、科乐美数码娱乐有限公司397件、世嘉公司62件、京乐产业有限公司7件、百利公司9件,共计699件;其余的国内专利中,网易公司32件、腾讯公司29件、畅游天下公司1件、金山公司10件、华为公司9件、联想公司2件、苏州蜗牛公司1件、中兴公司19件、四三九九公司7件、武汉斗鱼网络科技有限公司9件、奇虎公司6件。

②游戏装置(主要是游乐设施,广义上讲大部分不在网络游戏的归类之中)。其中,国外知名游戏公司共拥有699件专利。微软公司14件、任天株式会社18件、株式会社万代南梦宫游戏31件、索尼公司129件、阿鲁策株式会社32件、科乐美数码娱乐有限公司397件、世嘉公司62件、京乐产业有限公司7件、百利公司9件;国内知名游戏公司及互联网公司共有125件专利,其中,网易公司32件、腾讯公司29件、畅游天下公司1件、金山游戏公司10件、华为公司9件、联想公司2件、苏州蜗牛公司1件、中兴公司19件、四三九九公司7件、武汉斗鱼网络科技有限公司9件、奇虎公司6件。

③涉及游戏机共7 907件，大部分专利来自日本，因为日本的大型游戏机、钢弹游戏机有博彩的性质，可以间接兑换现金，相比于其他国家，大型游戏机更加流行。国外知名游戏公司拥有专利1 592件，其中世嘉娱乐有限公司143件、阿鲁策株式会社493件、索尼公司177件、微软公司15件、任天堂公司179件、株式会社万代南梦宫游戏79件、科乐美数码娱乐有限公司363件、京乐产业株式会社143件。

④涉及游戏界面专利共33件，国外公司及个人拥有16件，其中索尼公司4件、阿鲁策株式会社1件、IGT公司4件、百利公司2件。

⑤涉及游戏引擎专利共310件，国外知名游戏公司拥有75件，其中索尼公司10件、英特尔公司2件、雅虎公司1件、西门子公司2件、微软公司12件、诺基亚公司5件、咖姆波雷特公司5件、飞利浦公司3件、环球网游公司1件、谷歌公司2件、高通公司1件、百利公司1件、3M公司2件；国内知名游戏及互联网公司共拥有37件，其中百度公司4件、畅游天下公司1件、金山游戏公司2件、广州多益公司1件、四三九九公司2件、华为公司1件、江苏易乐公司1件、鲸彩公司2件、乐道互动公司2件、上海恺英公司2件、苏州蜗牛公司1件。

第三节　国内网络游戏专利诉讼情况分析

一、《自由之战》事件

2016年7月29日，在2016年ChinaJoy展上，《自由之战》的国产手游开发者在腾讯公司的展台前展示"手游抄袭＝犯罪，

第八章 电子游戏的专利权保护

侵犯专利=犯罪"。据称,他们早在2015年1月就上线了这款游戏,并在游戏中加入了由他们自己创新研发的"双轮盘+锁定"系统。根据《自由之战》方面的说法,"这种操作解决了MOBA游戏在手机触屏上操作困难的问题,增加了游戏的可玩性"(见图8-7、图8-8)。

图8-7 《自由之站》

图8-8 《王者荣耀》

简单来说,在《自由之战》中的"双轮盘+锁定"中,"双轮盘"指的是图8-7中右侧出现的操纵圆盘,部分非指向性技能,按住技能按钮会出现一个圆盘,在圆盘内划动可以控制技能释放方向,划出界线外则取消释放。而"锁定"则是指在通过上下划动攻击按键,在小兵和英雄目标之间进行切换锁定的设计。腾讯旗下的《王者荣耀》游戏的默认设定下，是没有上述功能的。但如果在设置中手动开启，就会出现和《自由之战》一样的"双轮盘+锁定"功能（见图8-9）。

```
20140725                                    201410357414X

                    说明书摘要

        本发明的目的是提供一种用于多点触摸终端的触摸控制的方
    法与设备。触摸控制设备通过获取用户在多点触摸终端的触屏上
    对第一触摸按钮的第一操作及对第二触摸按钮的第二操作，然后
    根据所述第一操作所对应的操作执行对象执行所述第二操作所对
 5  应的对象操作。与现有技术相比，本发明通过在多点触摸屏上实
    现两个操纵按钮，支持用户进行更为复杂的人机交互，例如通过
    按钮1选择角色朝向与移动、通过按钮2选择并执行角色所能执行
    的操作，提高了多点触摸屏的操作便捷性与多样性，提高了人机
    交互效率并提升用户的使用体验。
```

图8-9　"双轮盘+锁定"专利说明书

根据《自由之战》开发方提供的发明专利证书图片，我们可以看到他们在游戏发售的前一年（2014年）7月就向国家知识产权局提出了对这种操作系统的专利申请，并于2015年12月9日成功获得了专利授权。

"自由之战"事件，首次拉开了国内游戏界专利大战的序幕，也让很多大型游戏公司首次意识到，专利布局已经从最初的防卫性布局，转向了进攻性布局。

二、国外游戏公司已运用专利布局开展行动

1. 专利行政

①外观专利：在曾庆松诉专利复审委员会、三人美国扑克牌公司案中，该专利与美国扑克牌公司提交的证据3均为关于扑克牌的外观设计，二者用途相同，属于相同种类的产品，具

有可比性,将二者相比较可知:二者所记载的扑克牌均为长方形,其组件1、组件2、组件3、组件55的主视图和组件55的后视图所显示的图案和色彩均完全相同,二者的区别仅在于该专利组件1至组件54的后视图为蓝色网格状图案,对比设计则为红色网格状图案。根据2006年《审查指南》第四部分第七章第1节的规定,2001年修改的《专利法实施细则》第十三条第一款所述的"同样的发明创造"对外观设计而言,是指外观设计相同或者相近似。故该专利与对比设计属于同样的发明创造,专利复审委认定该专利不符合2001年修改的《专利法实施细则》第十三条第一款的规定,宣告专利全部无效。法院亦维持了被告的决定意见。❶

②实用新型:阮岗侠诉专利复审委员会案中,专利复审委员会认为:原告对棋牌分类、张数、制作材料、文字、图案、颜色、抽象图形符号等进行的限定以及对游戏牌的游戏规则和玩法的限定,并没有采取利用了自然规律的技术手段来解决技术问题,没有在棋牌的形状、构造或者其结合上形成新的技术方案,因此,权利要求1限定的方案没有采用技术手段、没有解决技术问题、同时也没有获得符合自然规律的技术效果,根据《审查指南》第一部分第二章6.4节的规定,本申请权利要求1不属于实用新型专利保护的客体,不符合《专利法实施细则》第二条第二款的规定,故认定全部无效。法院亦维持了被告决定的意见。❷

2. 专利侵权

①索尼电脑娱乐公司诉顶尖电子(深圳)有限公司案中,

---

❶ 北京市第一中级人民法院(2011)一中知行初字第39号行政判决书。
❷ 北京市第一中级人民法院(2010)一中知行初字第1773号行政判决书。

原告索尼电脑娱乐公司诉称，原告是"游戏机控制器"外观设计专利（专利号：ZL97311758.3）的专利权人。原告已向海关总署对上述外观设计专利进行了知识产权海关保护备案，海关备案号为P2000-02034。2004年12月3日，深圳海关在深圳蛇口港查获被告明鑫诚公司申报出口的游戏机手柄共计10 000个（以下简称"侵权货物"）。经原告鉴定，上述货物部分侵犯了原告外观设计专利权，原告已于2004年12月9日向深圳海关发出《扣留侵权嫌疑货物申请书》，申请扣留该等侵权货物。深圳海关依据的申请，对上述侵权货物予以扣押。上述涉嫌侵权货物系由被告顶尖公司生产和制造。原告因此诉至法院，法院判决认定被告侵犯了原告的专利权。❶

②原告科乐美数码娱乐株式会社诉被告广州市华吉冠动漫科技有限公司侵害外观设计专利权纠纷一案，原告诉称，原告是一家根据日本法律设立并存续的公司，是日本著名的科乐美公司的子公司，是科乐美集团的主要业务数码娱乐的核心骨干，是电子游戏软件的开发、生产、销售商。原告于2008年6月6日向中国国家知识产权局申请了名称为"游戏机"的外观设计专利，并于2009年7月8日获得授权，专利号为ZL200830127376.4，该专利现处于有效法律状态。原告经调查发现，被告实施了制造、销售、许诺销售被控侵权产品"魔法音乐游戏机"的行为，原告进行了保全证据公证。经比对，被控侵权产品与原告专利存在不同点，但是该些不同点均为功能设计或者是位于一般消费者通常看不到的位置，该些不同点不会给两者的整体视觉效果带来实质性的影响，两者构成近似。被告的行为侵犯了原告的专利权，应当承担停止侵害、赔偿损失、消除影响等民事责任。

---

❶ 深圳市中级人民法院（2005）深中法民三初字第424号民事判决书。

第八章　电子游戏的专利权保护

为了维护原告的合法权益，原告向法院提起诉讼，法院最终判定二被告构成侵犯专利权行为。❶

综上，游戏产业专利布局的缺失可归因于以下几点：第一，很多游戏公司系创业公司，甚至法律部门尚未建立，没有专利布局的意识；第二，很多游戏公司制作手机游戏，以挣"快钱"为目的，没有长远的规划，而专利布局是一个长期战略；第三，一些大型游戏公司在面临"出海计划"时才会考虑布局，而布局多以著作权及商标注册为主，既没有重视在"出海"过程中的国外专利布局，又以为在本土很安全，进而也放松了在国内的专利布局战略脚步；第四，专利布局依赖于专门的专利撰写人员，除了一些互联网公司兼营游戏，其同时拥有相关的专利人才，同时也可引入外部律师事务所介入，而一些主营游戏的中小型公司，没有专利人才进行撰写，便也更没有布局的意识。事实上，在一段时期之内，可能涉网络游戏的专利大战还比较遥远，但随着国外游戏、互联网公司在中国逐步完成了专利布局，很快，其将为了赢得在中国市场的竞争优势，发起专利之战，进而抢占利润。所以，中国游戏产业应该以战略眼光重视专利布局的问题，毕竟，涉及著作权侵权，还可以通过修改美术库进行整改，而一旦涉及专利，对于整个游戏都将是一个毁灭性的打击。

---

❶ 广州市中级人民法院（2011）穗中法民三初字第322号民事判决书。

第九章 电子游戏刑事保护

第一节 侵犯著作权罪的刑事立法进程

我国著作权法的修法进程与加入知识产权国际条约的进程是吻合的,达到国际条约的保护标准是我国知识产权进程的助推器。

我国目前加入了以下知识产权国际公约:

《建立世界知识产权组织公约》,1967年7月14日在斯德哥尔摩签订,我国1980年6月3日加入;

《保护工业产权巴黎公约》,1967年7月14日在斯德哥尔摩签订,我国1985年3月19日加入;

《伯尔尼保护文学和艺术作品公约》,1971年7月24日在巴黎修订,我国1992年10月15日加入;

《世界版权公约》,1971年7月24日在巴黎修订,我国1992年10月30日加入;

《保护录音制品制作者防止未经许可复制其录音制品公约》,1971年10月29日签订,我国1993年4月加入;

《专利合作条约》,1970年6月19日在华盛顿签订,我国1994年1月加入;

《与贸易有关的知识产权协议》,1994年签订,我国2001年

12月11日加入；

《世界知识产权组织版权条约》，1996年签订，我国2006年12月29日加入；

《世界知识产权组织表演和录音制品条约》，1996年签订，我国2006年12月29日加入；

《保护和促进文化表现形式多样性公约》，2005年签订，我国2006年12月29日加入。

为了与上述公约相对接，践行我们当初"许下的诺言"，我国《著作权法》自1990年公布后，经历了2001年、2010年两次修法，第三次修法草案已公布。同时为了与著作权法对接，我国1979年《刑法》加入了"假冒商标罪"罪名，1984年《刑法》加入了假冒专利罪罪名，在1994年《全国人民代表大会常务委员会关于惩治侵犯著作权的犯罪的决定》、1995年《最高人民法院关于适用〈全国人民代表大会常务委员会关于惩治侵犯著作权的犯罪的决定〉若干问题的解释》中正式提出"侵犯著作权罪""销售侵权复制品罪"两个罪名，并于1997年《刑法》中正式加入上述两个罪名。至此，我国针对著作权的刑事立法基本成型。

在刑法人的心目中，刑法原则相当于"刑法国度的宪法"。因此，刑法的稳定性要求一直要高于其他实体法律，故而随后一直以"刑法修正案"的形式进行修法。然而，随着社会的发展，犯罪形式和种类不断更新，《刑法》也从1999年到2011年共经历了8次修法，多个罪名进行了相应的调整，但这8次均未涉足调整侵犯著作权罪，法律的指针始终停滞在1997年。

一、对于权利人的权利状态审查不明

一个完整的认定"侵犯著作权罪"的流程是这样的：首先，

权利人举报他人侵权，公安机关接到举报后，让举报人提供权属证明以说明没有得到授权，或由版权局出具函证明该他人不是登记的著作权人，再分析是否构成"情节严重"，如果构成情节严重，则立案侦查、移送起诉、检察院公诉、法院审理宣判。

所以，确定一个案件的著作权权利主体是第一步，也是最要紧的一步。

（1）2011年最高人民法院、最高人民检察院、公安部发布的《关于办理侵犯知识产权刑事案件适用法律若干问题的意见》第十一条规定了关于侵犯著作权犯罪案件"未经著作权人许可"的认定问题："'未经著作权人许可'一般应当依据著作权人或者其授权的代理人、著作权集体管理组织、国家著作权行政管理部门指定的著作权认证机构出具的涉案作品版权认证文书，或者证明出版者、复制发行者伪造、涂改授权许可文件或者超出授权许可范围的证据，结合其他证据综合予以认定。在涉案作品种类众多且权利人分散的案件中，上述证据确实难以一一取得，但有证据证明涉案复制品系非法出版、复制发行的，且出版者、复制发行者不能提供获得著作权人许可的相关证明材料的，可以认定为'未经著作权人许可'。但是，有证据证明权利人放弃权利、涉案作品的著作权不受我国著作权法保护，或者著作权保护期限已经届满的除外。"

该意见也承认了客观上收集权利人证据难度大，转而让被告人自己通过提供许可证明材料来证明自己不构成犯罪，不能提供证明材料就认定犯罪。根据刑法精神，"罪不自证"是一项基本精神，刑法中只有"巨额财产来源不明罪"明确规定不适用"罪不自证"，而且其犯罪主体是特殊主体（国家工作人员）。在刑法没有明确规定的情况下，仅通过司法解释的形式推翻"罪不自证"精神似有不妥。

（2）在著作权属的认定上，基本依靠部分权利人举报、协会出具的函，以及版权局提供的反证，证明其未得到授权。但权利人自己是否有权、其授权是否超范围、超期，在实践中往往不得而知。在"焦某某、高某某侵犯著作权"案中，焦某某、高某某印刷未经授权的图书被检察机关以侵犯著作权罪公诉至一审法院，一审法院认定 A 公司为涉案图书的权利人，二审法院认为公诉机关提供的权利人权属证明文件过少，补证之后发现授权合同中很多是已超过授权期限的，不足以证明 A 公司权利人身份，此时再继续让被告人把扣押的 100 万元退赔给所谓的"权利人"不妥，在犯罪事实基本属实的前提下，改判把涉案扣押的 100 万元予以没收。

知识产权是一种财产权，刑法没有将侵犯知识产权的犯罪规定在侵犯财产罪中，而规定在破坏社会主义市场经济秩序罪中，这是因为从刑法角度而言，这些犯罪主要是破坏了市场竞争秩序。❶

虽然"侵犯著作权罪"侵害的是公法益，但它在众多公法益犯罪中却是最特殊的一个，因为它设立的初衷是保护著作权人的私法益，在其他侵害公法益犯罪中，对被害人赔偿不必然作为从轻减轻的情节，比如"寻衅滋事罪"；但在实践中，"积极向权利人退赔"却是侵犯著作权罪从轻量刑的重要情节，在 2014 年至 2015 年的案件中，因"积极向权利人退赔"而被减轻处罚、判处缓刑的占总量的 20%，这就导致了一种怪现象：实际上涉案作品的权利人身份证据并未充分，但被告出于减轻量刑和缓刑的考虑，往往会赔偿给公安机关确定的"权利人"，这种赔偿相当于是民法上的授权许可费，但这笔不明不白的"许

---

❶ 张明楷. 刑法学 [M]. 2 版. 北京：法律出版社，2005.

可费"到底是否给对人,就不好说了。实践中,支付额赔偿款、换取轻刑的被告人往往已无力再给付判决的罚金刑。

二、"复制发行"的应有之义

判断有无"复制发行"是认定"犯罪行为"的重要依据。

1. 复制

可以看出,1997 年《刑法》关于侵犯著作权罪的保护标准是与 1990 年《著作权法》挂钩的。在 1990 年《著作权法》中,著作权仅包括发表权、署名权、修改权、保护作品完整权、使用权和获得报酬权等五个权项,"使用权和获得报酬权"承载了"复制、表演、播放、展览、发行、摄制电影、电视、录像或者改编、翻译、注释、编辑等方式使用作品的权利;以及许可他人以上述方式使用作品,并由此获得报酬"的权利。

我国 1992 年加入《伯尔尼公约》,适用 1971 年的巴黎文本。其中,"第九条第一款承认作者对受保护的文学艺术作品拥有授权以任何方式和采取任何形式复制这些作品的专用权利。此条款的表达方法很宽,可包容各种复制方式,机械复制和磁性复制(唱片、磁带、影片及微缩胶片等)均在其内。附件第一条第六款 b 项给予了发展中国家在一定条件和一定时期内脱离公约确定的关于翻译权和复制权的最低保护标准。……上述通知有效期为十年。"❶

所谓的"以任何方式和采取任何形式",笔者认为主要是针对 1886 年《伯尔尼公约》最后议定书第三条中关于"机械复制自由"的条款,为了把机械复制的权利收归著作权人。根据

---

❶ 德利亚·利普希克. 著作权和邻接权 [M]. 北京:中国对外翻译出版公司, 2000:529-544.

《著作权领域的立法示范条款草案》（1989年8月11日文件），"复制"应指"机械复制、物理复制、计算机系统复制（存入内部或外部存储器）"。

2001年《著作权法》迎来第一次修改，随后，针对侵犯著作权罪的规定有2004年《最高人民法院、最高人民检察院关于办理侵犯知识产权刑事案件具体应用法律若干问题的解释》（以下简称《解释一》），其中复制发行的对象仍为"文字作品、音乐、电影、电视、录像作品、计算机软件及其他作品"，与1997年《刑法》的规定一致。但在《解释一》第十一条第三款中，通过扩大解释，把信息网络传播行为也"视为"复制发行行为，而此时2001年《著作权法》已经明确把复制权和信息网络传播权分别列为两个独立的权项。故而此解释已难以称为"扩大解释"，而难免有类推解释之嫌了。

张明楷教授在《刑法学》一书中对"罪刑法定原则"有如下论述："由于刑法是人民意志的体现，故司法机关不能随意解释刑法，尤其不能类推解释。又由于刑法是人民意志的体现，它要尽最大可能、最大限度地保护人民的利益，如果扩大处罚范围，就必然侵害人民的自由；反之，如果过分缩小处罚范围，也会使人民利益遭受侵害……"❶

2. 发行

2006年我国加入《世界知识产权组织版权公约》和《世界知识产权组织表演和录音制品公约》后，又陆续公布了《最高人民法院、最高人民检察院关于办理侵犯知识产权刑事案件具体应用法律若干问题的解释（二）》（以下简称《解释二》），《最高人民法院、最高人民检察院、公安部关于办理侵犯知识产

---

❶ 张明楷. 刑法学 [M]. 2版. 北京：法律出版社，2005.

权刑事案件适用法律若干问题的意见》，其中《解释二》第二条中规定："刑法第二百一十七条侵犯著作权罪中的'复制发行'，包括复制、发行或者既复制又发行的行为。侵权产品的持有人通过广告、征订等方式推销侵权产品的，属于刑法第二百一十七条规定的'发行'。"该意见第十二条再次明确"发行"的范围为"总发行、批发、零售、通过信息网络传播以及出租、展销等活动。"

《世界知识产权组织版权公约》第六条规定了关于"发行权"的定义，发行权指有权通过销售或其他所有权转让形式向公众提供其作品原件和复制件的专有权，该复制件专指可作为有形物品投放流通的固定的复制件。所以"发行权"主要针对的是销售、流通，故而才有"发行权用尽"一说。

所以出现了两个问题：第一，《解释二》把"广告、征订等方式推销"也归入"发行"范畴，从民法角度看"广告、征订等方式推销"应视为"要约"或者"要约邀请"，并未构成实际的"销售"；从刑法角度看，把"广告、征订等方式推销"解释为销售行为的犯罪预备不免牵强，有类推解释之嫌，况且针对此罪的犯罪预备是否需要苛以刑罚也是需要讨论的。

第二，《解释二》实际上扩大了"复制发行"的苛刑范围，仅有"发行"亦构成犯罪。但《刑法》第二百一十八条"销售侵权复制品罪"的设立初衷就是因为担心实践中按照"复制且发行"来判断罪与非罪，导致一些只有"发行"未发现"复制"定罪证据的案子不能成立，故而设定此罪，此次扩大解释实际把刑罚较轻（有期徒刑三年以下）的第二百一十八条"销售侵权复制品罪"架空，向刑罚较重（情节特别严重的，有期徒刑三年到七年）的"侵犯著作权罪"逃逸。

笔者收集了北京法院近三年的相关案例，最终以"销售侵权复制品罪"定罪的仅一例。而在 2015 年到 2014 年的侵犯著作权罪案件中，被告或被告辩护人对定罪有异议的占 20%，都认为应定"销售侵权复制品罪"。虽然这一方面反映了向轻罪逃逸的辩护策略，但另一方面也说明了社会公众降低了对于行为罪否的预判能力。

3. 权利客体

《关于办理侵犯知识产权刑事案件适用法律若干问题的意见》在第十三条中，将"信息网络传播行为"的客体又增加了"录音录像制品"，且不论在"侵犯著作权罪"上增加邻接权客体是否合适，由于录音制品存在法定许可制度，是否构成直接侵权尚未定；即便判定构成犯罪，取证也较为困难，难以操作。

第二节 外挂入刑问题

一、原理研究

关于网络游戏"外挂"是否应该入刑，分为两派：一派是以各检察院为代表的大多数，认为网络游戏"外挂"修改了软件，侵犯了修改权和复制权，按照"侵犯著作权罪"的精神，应该入罪。少数派是王迁教授和一名地方警察学院的老师，认为多数派未区分《著作权法》和《计算机软件保护条例》中的"软件"和口语中的"软件"，不是有修改行为就一定侵犯计算机软件的著作权，得看修改的是不是著作权保护的客体。

王迁教授针对"彩虹显案"提出：《计算机软件保护条例》明确保护的是指令、作为文学作品的表达，不保护数据、算法，因为数据本身不可能被计算机直接或间接执行、完成特定工作、产生特定结果……单纯的数据只是"事实",并非独创性的表达,不可能构成《著作权法》上的"作品"。同时王迁教授还提出了"动态修改"和"静态修改"的概念。他认为修改游戏程序运行中产生的数据不构成对游戏程序的"修改"。他引用了"MDY 公司诉暴雪公司案",美国第九巡回上诉法院指出:"针对魔兽世界的外挂程序 Gilder 并不会侵犯暴雪公司的任何专有权利,因为其不涉及对魔兽世界游戏软件的修改或复制"。❶

外挂被诟病的地方在于"改变(修改权)和复制(复制权)"两个行为。根据我国《计算机软件保护条例》第十六条,软件的合法复制品所有人享有"根据使用需要把该软件装入计算机等具有信息处理能力的装置内"的权利,所以如果外挂设计者事先通过正规途径购买网络游戏软件并下载安装程序,虽然有复制行为,但是不侵权的,而在事后解析客户端中的数据,因为第一次的复制是合法的,所以也是合法的。所以网络游戏外挂核心问题在于是否侵犯游戏软件的"修改权"。修改行为肯定是有的,侵权与否就在于它修改的客体是否受著作权保护。笔者部分同意王迁教授的观点,但王迁教授的观点过于绝对,没有实际区分网络游戏外挂不同的修改方式。

外挂的工作原理是这样的:如果把客户端(典型的客户端比如 IE 浏览器)比作一个房间,客户端通过指令(表达)调用的预置的数据包(相当于房间里的家具),通过 TCP/IP 协议网络传输给游戏服务器端,服务器识别该数据,再解释和执行指令给客户端。外挂分两种,一种是模拟点击鼠标等重复动作,实际就是通过封包、抓包程序,修改了指定触发的数据,把砍

---

❶ 王迁. 论软件作品修改权——兼评"彩虹显案"等近期案例 [J]. 法学家, 2013 (1).

第九章 电子游戏刑事保护

一下怪调用成1 000下,服务器识别后,执行1 000下的动作。一种是直接通过分析服务器数据包,修改指令性数据直接生成欺骗性游戏封包,以修改人物属性等。

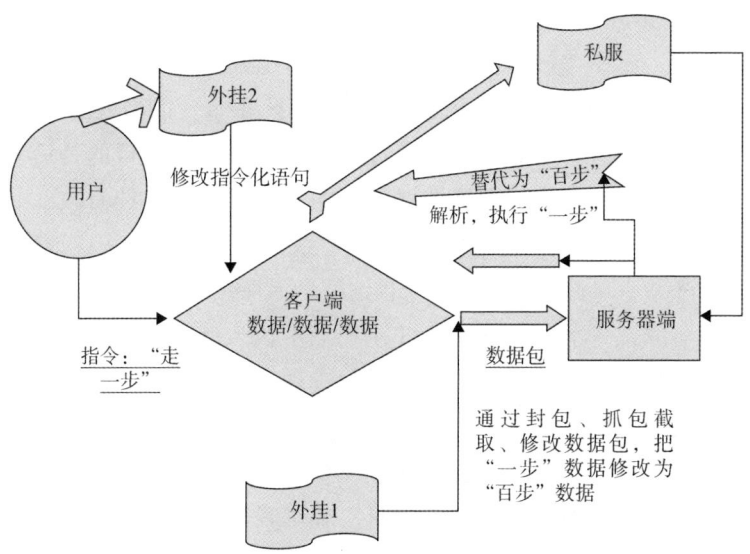

所以"外挂"到底复制、修改的是数据还是指令就成了非黑即白的判断标准。那么,到底怎么区分数据和指令呢?

计算机硬件主要通过不同的时间段来区分指令和数据,取指周期(或取指微程序)取出的即为指令,执行周期计算机加载的第一条肯定是指令,然后根据这条指令去取二进制数,如果这条指令要取操作数(数据),那么取出来的就是操作数;如果这条指令要取下一条指令,那么取出来得就是指令。

指令和数据存放的格式一样,但是访问它们的时机不同。在取指令时期,CPU通过指令流取指令,存放在指令寄存器,然后解释并执行指令;在执行指令时期,CPU通过数据流取数据,存放在数据寄存器。所以指令流取的是指令,数据流取的

是数据。❶

最直接的，你看到<%@ page contentType = " text/html ; charset = gb2312"%>，这就是一个指令，你看到1010101010101……这就是一个数据。但是实际上，指令和数据的泾渭并不像它们看上去的那么分明。比如"按键精灵"，就是通过中途截获、修改客户端发送给服务器端的数据，把"点击了一下鼠标"的数据修改为"点击了一百下鼠标"，最后骗过服务器端，最后执行的是后者的结果，以此来解放网络游戏玩家的手。像这种外挂修改的是数据。还有一些外挂是修改的指令性数据，这就处于灰色地带。再有一些直接修改客户端指令，这就是赤裸裸的侵权了。

所以，一个网络游戏"外挂"该不该入刑，应该具体分析该"外挂"的具体设计思路和运行机理，来判断到底修改的是指令还是数据，从而判断是否侵权，甚至是否构成犯罪。

但是，这在刑事侦查实践中往往是不好区分的。在送检的司法鉴定意见书中，通常只写明构成对客户端程序的引用与复制。然而若行为人是在购买正版游戏软件后的反编译和复制行为，并不一定是侵权行为，即"外挂"真正发挥威力的"修改"功能未论述。于是对于非官方"外挂"的性质只能从"插件、脚本"界定为"非法出版物"。

当然，从游戏公司角度而言，想通过民事诉讼获得侵权赔偿，首先需要的就是确定侵权主体，而现在非官方"外挂"往往是几个自然人在一起攒的，公安机关需要根据网络技术手段定位，再根据对信息流、业务流、资金流等进行分析和追踪才能确定嫌疑人。公司很难有这种侦查能力。没有明确被告，这

---

❶ http://zhidao.baidu.com/link?url=kqcAMWYS9IFr600MdFPTmPA5oOqTM 9fAs x6JirKC9i9Ge3a3qEtqE1Xq4frxQgFucwEpZ6SPOXaroFpjNHPgra.

案子到了法院也没法立，更谈不上获得赔偿了。然而，如果通过刑事诉讼，通过公安的力量，既可锁定犯罪嫌疑人，又可苛之以刑罚，起到警示社会的作用，也从根上断了这个"外挂"，可谓"一举三得"。

笔者建议，在公安立案侦查之前，游戏公司除举证证明自己的权利主体资格外，还应初步证明该"外挂"软件运行修改了自己的何种指令，侵犯了何种著作权权项，这种证据应该在公安机关立案之前提供。

二、罪名选择

焦点问题无非是"外挂"行为如何与侵犯著作权罪的复制、发行行为挂钩，即外挂软件到底复制的是什么，不同外挂不一定都侵犯网络游戏可版权性的部分（指令，oder），比如客户端数据包和封包就不是 WIPO 规定的软件可著作权保护的部分，比如按键精灵是否修改了指令。涉及选择罪名的问题，关于罪名的适用，各地不一。一开始大家习惯适用非法经营罪，实际上在 2010 年之前的文章全是论证定性为非法经营罪是如何正确的，但到了 2011 年，有了一个司法解释，该解释针对非法经营罪沦为"口袋罪"的趋势，限缩了关于非法经营罪的"非法"的解释，除非有国家法律法规明文规定适用该罪的，不得套用非法经营罪，这就使得把"外挂"解释为非法出版物、适用非法经营罪不再可行。那么就只能在破坏计算机信息系统罪和侵犯著作权罪上考虑了。

外挂并未达到破坏计算机信息系统罪的"破坏"标准。破坏要求要导致计算机或服务器停止使用。侵犯著作权罪最初是针对盗版书、盗版电影的，"复制"和"发行"行为是犯罪行为的构成要件。"发行"好解释，销售出去就视为已发行，最关键的问题在于复制。在实际操作中，部分人认为它复制了客户端与服务器的通信协议就是复制行为。

退一步讲，由于刑事标准和民事标准的不同，那么复制通信协议就一定构成"复制"行为吗？

先看什么是通信协议，说白了就是：你向服务器发出的指令（请求），都是1和0的组合，是需要翻译成服务器看得懂的语言，它才能给客户端一个反馈，通信协议就好像客户端和服务器端中间的"翻译官"。通信协议分为两种，一种是下层通信协议最常见的通信协议比如TCP/IP协议，就是互联网最基本的通信协议，早期我们安装路由器需要设置的192.168.X.X就是这种，也是进入共有领域的通信协议，从著作权角度讲，这种协议是没有独创性的。另一种是应用层的通信协议，这种通信协议是有独创性存在的，其中又分为两种：一种是泛用通信协议，比如安卓系统，其通信协议是开放的，它开源的目的让广大用户可以在使用中不断完善该系统。另外一种是私有通信协议，客户端发出的指令，只要在我自己的机器上才可以识别，这种通信协议又可分为保密的和不保密的，实际上，不保密的通信协议不代表开放，只是说第三方容易破译，开发者是保留相关权利的。

事实上，想编写一个外挂，就必须要了解这款游戏的通信协议，因为直接修改指令是不可能的，服务器端也不认，所以很多外挂修改的是数据包和通信协议——当然像"按键精灵"这种外挂，理论上都不需要了解通信协议，它只要编写一个点对点的链接，能挂上这个链接，就可以实现模拟鼠标点击的功能。

所以，笼统地说复制通信协议构成侵犯著作权罪的"复制"行为有点扩大解释之嫌，毕竟，如果外挂没有复制指令，也没有复制私密通信协议,没有实际侵犯该款游戏开发者拥有的具有独创性的可版权保护部分,是不好说是"复制"的。

实际上,涉及互联网保护领域,我国的刑事立法和民事立法水平并不统一:我国的互联网民事立法落后于欧美国家,而刑事立法是远远站在世界的顶端的:为了适应《欧盟网络刑事保护法》,德国于2007年第41次的修法成果已经处于世界领先水平,而其保护力度也不过相当于我国的《刑法修正案(七)》的水平。服务器标准,放在刑事案件也不是权威解释,刑事案件一直坚持的用户体验标准、实质性替代标准。当然,刑事立法的这种超前有好有坏:好的方面就是,推动我们刑事立法门槛提高的往往是中美双边协议和入世时的一揽子协议,提高门槛,可加强我国在国际上的知识产权保护的形象;不好的方面是,超前于民法、行政法太多,容易对其衔接带来一定的困难。

第三节　DNS 劫持

一、关于"破坏计算机信息系统罪"的历史

"破坏计算机信息系统罪"在此之前是一个冷门罪名,纵观北京法院九年的受理情况,不过寥寥二十几件,除了个别出现在大兴、平谷区,基本集中在海淀区和朝阳区。

与侵犯著作权罪的立法背景几乎一样,破坏计算机信息系统罪也是在1997年刑法中新加入的罪名,但它的犯罪客体并不是知识产权,从体例上,"侵犯知识产权罪"规定于《刑法》第二编第三章"破坏社会主义市场经济秩序罪"下,而"破坏

计算机信息系统罪"是列在《刑法》第六章"扰乱公共秩序罪"下,可以看出破坏计算机信息系统罪主要是针对黑客行为的互联网犯罪,侵犯的法益是公共秩序。

2011年,最高院、最高检出台了《关于办理危害计算机信息系统安全刑事犯罪案件应用法律解释》,其中更明确了"破坏计算机信息系统罪"主要针对的是数据的删除、修改、增加或者提供域名解析、身份认证、计费等基础服务不能正常运转累计一小时的行为。

最早就计算机犯罪立法的国家是美国,其中包括《电子通讯隐私法》《联邦计算机安全处罚条例》《计算机欺诈与滥用法》(CFAA),其中,CFAA是最重要的一部,1984年最初立法时只规制针对国防、外交、金融机构、政府的计算机犯罪,因为涉及犯罪面太窄,群众不干,所以又在1986年新增设了三个罪名,计算机欺诈、篡改、毁坏数据或阻止正常使用,计算机密码欺诈。

其中"篡改、毁坏数据或阻止正常使用"基本等同于我国《刑法》的"破坏计算机信息系统罪",针对该罪,美国的犯罪门槛是经济损失1 000美元或者医疗记录,我国除了规定了经济损失一万元以上或者违法所得五千元以上,还同时以计算机系统数量、系统瘫痪时间做了并列性门槛规定,可以看出其实是比美国的惩罚力度要大的:虽然"篡改、毁坏数据或阻止正常使用"在美国是重罪,但美国徒刑一年以上的就算重罪,1999年开发"美杜莎"病毒的被告人也只是被判了20个月的监禁。

北京法院从2006年到2015年的"破坏计算机信息系统罪"案件,从2013年开始少量增加,主要涉及的行为包括:涉及删除公司企业数据和应用程序的4起,涉及修改、删除政府、事业单位的数据的3起,使用DDOS攻击的6起,涉及入侵网络游戏公司服务器修改数据、复制游戏币、设备的3起,其中涉及DNS修改的1起,涉及在网站上强制添加链接、抢占流量的1起。

二、针对上海浦东新区法院"流量劫持"案的思考

就像之前"外挂"入刑第一案惊起游戏界一样,流量劫持案同样在互联网圈引发热议。

与涉软件著作权的客体为指令相反,从美国最早的立法本意上看,"篡改、毁坏数据或阻止正常使用"行为主要针对的是数据库或服务器中的数据,而如同"侵犯著作权法"的扩大解释趋势一样,"破坏计算机信息系统罪"也在不断扩大解释。针对《解释》,《中国信息安全》杂志在2011年第10期做了一期访谈,涉及"破坏计算机信息系统罪"有两个:第一,破坏计算机信息系统的对象应该是数据库、网站等提供服务的系统,系统既包括应用程序,也包括系统程序,"计算机信息系统"和"计算机系统"是一个意思。第二,针对DNS劫持的行为,主要针对DNS进行DDOS攻击造成的诸多网站不能访问的攻击行为,强调的是"破坏"。

DDOS攻击DNS的原理就好比一群小混混想整垮一个饭馆:他们不去直接把饭馆砸了,而是来一大帮人,挤在饭馆中,对服务员提出各种要求,一是使得真正吃饭的顾客进不来,二是使得进来了的顾客和服务员说不上话,只能等着。

2006年宣武法院审理的被告人兰某修改DNS案,其案发时是网站的网络管理员,其以发邮件的形式更改了DNS指向的IP地址,导致网站4天无法打开,造成经济损失10万余元,判处有期徒刑二年。从行为看是修改了域名解析服务器的数据,客户端发送一个IP请求,而存在于域名解析服务器缓存里的真实

数据被改了，所以反馈请求的结果是一个错误 IP，客户端是永远不能打开该公司网页的。还有一种我们常说的 DNS 劫持就是钓鱼网站，使用户进到一个误以为是真的网站，通过盗取银行密码等客户信息盗取金钱，但这种行为抓住就按诈骗罪处理了。

2015 年上海浦东新区法院"流量劫持案"中，被告人做的是我们所说的"网页跳转"，它的原理是客户端发送一个 2345 网站的 IP 请求，被告人在把请求回馈替换成 5W 网站的 IP 请求，修改的是客户端发送给域名解析服务器的指令，而这个指令是不属于域名解析器的，严格说是属于运营商的。它和上述犯罪最明显的区别在于：第一，它并没有实施修改 DNS 数据的行为，第二，它不是钓鱼行为，用户可以明显的区分 2345 网站与 5W 网站，从直观上看，两个网站从设计风格和细节上截然不同，用户不会混淆，实现的只是替代。第三，被告并未对 2345 网站实施破坏，实际上我们经常遇到网页跳转的情况，这时用个 360 安全助手，或者顶多把 DNS 手动改成其他域名解析服务器就行，2345 网站是可以打开的。

实际上，DNS 劫持网页跳转最多的原因往往来自运营商，因为 DNS 服务器往往是由各运营商控制的，2015 年 5 月的 DNS 劫持案，百度诉的就是重庆的运营商，涉及的是运营商中的两个网络管理员。

第四节　电子游戏虚拟物

电子游戏虚拟物一般包括两大类，电子游戏虚拟装备及电子游戏虚拟货币。

一、主要国家和地区的法律规定

目前,世界各国都未在正式法律中明确电子游戏虚拟物,尤其是电子游戏虚拟货币的法律性质。鉴于电子游戏虚拟货币在互联网上可以自由流通、交易,各国对于电子游戏虚拟物的谨慎态度,很大一部分是出于"反洗钱"及国家金融体系管控的考虑,并不单纯是法律层面的问题。

韩国主要由文化观光部负责监管,韩国法学界一直申请将电子游戏虚拟货币列入民法客体保护,但韩国法院始终没有正面回应。一个案子中,两名涉嫌"盗窃"电子游戏虚拟货币的被告人被无罪释放,文化观光部还特意对国际媒体发出辟谣声明:韩国没有承认电子游戏虚拟货币的法律地位。

日本主要由文化厅及财务厅监管,1999年时颁布了"不法连线行为禁止法",2000年正式实施。日本虽然在特别法中将不法连线行为认定为犯罪,但刑罚较低,为一年以下有期徒刑。其旨在借着被害人的告发,让国家警察机关可以合法接触民间企业的电脑网络系统,同时建立其安全的网络秩序。2005年,两名日本高中生涉嫌非法窃取被害人的虚拟装备及虚拟物品,共计1 000日元。此为首例将侵权虚拟物作为犯罪看待的刑事案件,此案即适用"不法连线行为禁止法"。[1] 需要注意的是,日本规定的"不法连线行为"类似于我国的"非法入侵计算机信息系统罪"规制的行为,其亦未直接承认电子游戏虚拟货币的法律性质。

台湾地区对于电子游戏虚拟物的性质认定并不统一。在

---

[1] 寿步. 网络游戏法律政策研究 2008 [M]. 上海:上海交通大学出版社,2008:30.

2001年第一起电子游戏虚拟货币盗窃案中，4名被告人盗卖知名网络游戏《天堂》的游戏货币及装备，由于没有相应的"立法"，警方最后以欺诈罪、盗窃罪移送"检察院"起诉。❶ 但2003年，我国台湾地区相关部门对刑事相关规定进行了修订，窃取网络游戏虚拟物的行为依第三百五十九条"无故取得、删除或变更他人电磁记录罪"处罚，应该注意，这已经属于"亲告罪"的罪名，即"自诉"范畴。所以在2003年又一起窃取网络游戏虚拟货币的案件中，"检方"仍依据"盗窃电磁记录罪"的罪名提起公诉，被"法院"以"适法性变动"为由，宣告对被告免除刑事处罚。

美国对黑客行为非常重视，1984年就通过了CFAA法案（The Computer Fraud and Abuse Act），其中"修改或损害计算机代码、程序、命令"的条款是唯一可能涉及窃取电子游戏虚拟物的，但美国亦未在法律中明确电子游戏虚拟物的法律性质。

二、我国目前的司法实践

本书第二章中提及，我国目前针对电子游戏虚拟物，尤其是虚拟货币，是由文化部会同商务部负责，在行政管理层面，要求做到电子游戏虚拟货币的发行者与电子游戏虚拟货币的交易平台方实行隔离制，不能为同一主体兼营，电子游戏虚拟货币交易平台方按照商务部的电子商务平台管理相关制度运营。同时对于进行电子游戏虚拟货币发行方的资质、注册资本做了严格的限制。

北京市朝阳区人民法院2003年审理的"李宏晨诉北京北极冰科技发展有限公司娱乐服务合同纠纷"一案，是全国第一起

---

❶ 于志刚. 论网络游戏中虚拟财产的法律性质及其刑法保护 [J]. 政法论坛，2003（6）.

针对电子游戏虚拟物的案件。

【案例1】
案情介绍：

原告诉称：原告系网络游戏"红月"的玩家，2003年2月17日，原告发现自己在红月优雅处女服务器的ID内所有的虚拟装备丢失。原告遂向被告索要盗号者的具体情况，被告以"玩家资料属个人隐私，不能提供"为由拒绝。2003年6月10日，被告未做通知，以"拥有大量复制物品的玩家"为由限制原告ID"冰雪凝霜"使用，次日，要求停止游戏中的物品交易；6月20日，被告将上述受限制的账号及另一个未受限制的ID"国家主席"中的所有装备删除。

法院意见：

第一，就被盗窃装备平台方是否需要承担相应责任的问题。"原告在ID'国家主席'内的装备丢失，根据被告的分析，物品流失途径可能有三种，在第一种情形下，如果游戏能提供完备的防火墙保障，具备完善的安全防护系统，第三者将难以侵入并盗走服务器数据。就被告提出的因玩家使用不良程序导致的物品丢失，因被告称游戏包含防不良软件的程序而可以排除。第二种情形是游戏经营者直接对玩家构成侵权。在上述两种情形下，被告若主张免责，应举证证明其已实施的行为将必然阻却这两种情形发生。根据现有证据没有证明被告在安全防护措施方面无懈可击，服务器有外挂证实了服务器被侵犯的事实，因此可以认定被告在安全保障方面存在欠缺，应承担由此导致的相应的法律后果。在第三种情形下，根据庭审调查情况得知，原告的密码有其提供的证人知道，而丢失物品的流向亦已查明，被告完全可以通过其掌握的注册资料确认丢失物品是否与证人有关,现被告没有主张对其有利的事由发生,则应当认定证人与丢失的物品无关。此外,没有证据表明原告的密码有证人之外的其他人员知道,或者符合此种情形的其他事实存在。在网络游戏中,玩家在游戏预先设定的环境下进行活动,活动的自主程度受环境设定的限制,而被告作为游戏经营者,掌握服务器运行,了解玩家活动情况,并可控制服务器数据,因此要求被告对玩家承担更严格的保障义务,被告较原告也具备更优越的举证能力。在此前提下,综合前述对物品流失可能性的分析,本院认为被告应对原告物品的丢失承担保障不利的责任。关于丢失装备的价值,虽然虚拟装备是无形的,且存在于特殊的网络游戏环境中,但并不影响虚拟物品作为无形财产的一种获得法律上的适当评价和救济。玩家参与游戏需支付费用,可获得游戏时间和装备的游戏卡均需以货币购买,这些事实均反映出作为游戏主要产品之一的虚拟装备具有价值含量。但不宜将购买游戏卡的费用直接确定为装备的价值,游戏网站上公布的产品售价与原告购买游戏卡的实际花费不完全一致,而且虚拟装备无法获得现实生活中同类产品的价值参照,亦无法衡量不同装备之间的价值差别,为避免不适当的价值确定可能对某一方造成有失公平,本院认为原告主张的丢失物品可由被告通过技术操作对已查实的物品进行回档,亦与原告参与游戏、享受游戏乐趣的娱乐目的相一致。原告要求双倍赔偿宠物卡和大礼包,没有法律依据,本院不予支持。由于不能确定原告装备的丢失系他人盗号所为,故原告要求被告协查盗号者身份的请求,亦难以支持。"

原告为参与游戏花费大量时间、精力和金钱是客观事实,因游戏中的一些问题也确实给原告的精神带来影响和不快,但原告在付出的同时,已经从享受游戏的乐趣中得到部分回报,

第九章 电子游戏刑事保护

并不因问题的发生而全部损失;而且原告物品的丢失,被告仅承担保障不利的责任,并不能确定是直接侵权人,被删除的复制物品本身也不具有法律认可的价值,通过被告对原告正常的物品进行恢复,应当可以对原告受到的损失进行弥补。

二审法院维持了一审判决。❶

案件分析:

本案是一起民事合同案件,但它是我国第一起涉及电子游戏虚拟物的案件。案件虽然主要针对电子游戏运营方对于用户虚拟货币及虚拟装备被盗是否需要承担责任、承担何责任,以及电子游戏运营对于虚拟装备的删除规则,但不可避免地要正面对"电子虚拟物"做法律定性,通过法院的表述为"虚拟装备是无形的,且存在于特殊的网络游戏环境中……不宜将购买游戏卡的费用直接确定为装备的价值,游戏网站上公布的产品售价与原告购买游戏卡的实际花费不完全一致,而且虚拟装备无法获得现实生活中同类产品的价值参照,亦无法衡量不同装备之间的价值差别"。说明,我国当时的法律认定是和同时期世界其他国家的标准是一致的,即其是"储存在计算机系统中的数据或指令集"。

【案例2】

案情介绍:

2007年3月,上海市浦东新区人民法院审理了一起被告通过修改官方服务器数据和上传"私服"虚假数据以非法获得游戏装备并公开销售的刑事案件,涉及犯罪金额200余万元。因为被告人系该游戏公司的工作人员,最后以职务侵占罪判处主犯有期徒

---

❶ 一审案号北京市朝阳区人民法院(2003)年朝民初字第17848号民事判决书;二审案号北京市第二中级人民法院(2004)二中民终字第02877号民事判决书。

刑五年。这是我国第一起非法销售电子游戏虚拟物的刑事案件。

检察院指控：身为网络游戏"热血传奇"的运营公司部门副经理之职的被告一王某，于2004年至2005年，伙同被告二金某、被告三汤某，手动修改游戏服务器部分目标文件，同时接受被告二、被告三通过外部发送的软件包，在游戏软件中出售非法获取的电子游戏虚拟物，共获利200余万元。公诉机关以"侵犯著作权罪"提起公诉。

三名被告的辩护人的辩护意见为：被告人的行为无罪，电子游戏中的虚拟物不能作为"计算机软件"看待，被告亦没有复制、发行计算机软件的行为，不符合侵犯著作权罪的犯罪构成，我国刑法中对财产权的保护仅限于有形财产和无形财产，不包括虚拟财产。

法院认定及判决：

法院认为，三被告的行为不构成侵犯著作权罪。网络游戏中的虚拟物是计算机软件运行后生成的结果，是一种虚拟财产，其在虚拟环境中的作用决定了其可以被人占有、使用等，但游戏玩家要取得虚拟财产除了花费时间外，还必须付出一定的费用，如购买游戏点卡的费用、上网费等，同时该虚拟财产通过现实中的交易能转化为货币，因此虚拟财产既有价值，又有使用价值，具有现实财产的属性。游戏公司对虚拟物享有所有权和处分权。根据《最高人民法院关于审理贪污、职务侵占案件如何认定共同犯罪的问题的解释》第一条："行为人与公司、企业或者其他单位的人员勾结，利用公司、企业或者其他单位人员的职务便利，共同将单位财物非法占为己有，数额较大的，以职务侵占罪共犯论处"。故认定三被告的行为构成"职务侵占罪"。判决被告一有期徒刑五年；被告二有期徒刑三年，缓刑四年；判决被告三有期徒刑二年六个月，缓刑三年。

二审法院维持了原判决。❶

案件分析：

第一，可以看出，相比于 2003 年时的"第一案"，此时的刑事第一案中，法院对于电子游戏虚拟物的法律认定更加有先驱性——虽然承认"网络游戏中的虚拟物是计算机软件运行后生成的结果"，但同时又认可"具有现实财产的属性"，同时结合最后认定"职务侵占罪"的犯罪构成中"单位财物"的表述，有认定为"财产"的倾向。实际在同期，几个重点国家也都经历了从严到松、再到严的过程。

第二，法院认定电子游戏虚拟物的所有权属于游戏运营公司（虚拟装备及虚拟货币的发行商）。这种权属的认定只能解释这次的案件，当日后出现发生在玩家之间的盗窃虚拟物的案件时，这种权属的认定无法解决犯罪所得的返还问题，到底是应该返还游戏运营公司，还是返还给玩家？实际上，这种返还更加复杂，技术层面上，只能通过游戏运营公司返还给被害人。

之后的涉及电子游戏虚拟装备、虚拟货币的刑事案件，玩家之间盗窃的情况很少，多数的都是通过外挂插件，从游戏服务器中窃取游戏虚拟物。所以，一度这种犯罪行为都认定为"非法经营罪"。实际上，一直到现在，依然会有不同地方的法院认定为"非法经营罪"。2010 年，随着对"非法经营罪"范围的缩限，后续针对窃取电子游戏虚拟物的犯罪都认定为"破坏计算机信息系统罪"。

---

❶ 一审案号上海市浦东新区人民法院（2006）浦刑初字第 929 号刑事判决书；二审案号上海市第一中级人民法院（2007）沪一中刑终字第 285 号刑事裁定书。

【案例 3】

案情介绍：

2015 年 4 月至 8 月 28 日，被告人杨某利用游戏公司所开发并负责运营的苹果客户端手机游戏充值系统漏洞，在不实际支付货币的情况下对他人上述两款游戏账号进行反复充值，并以此获利人民币八十七万余元。公诉机关认为构成破坏计算机信息系统罪，提起公诉。附带民事诉讼原告游戏公司要求被告人杨某赔偿因其破坏行为造成的公司经济损失，并以盗窃罪追究刑事责任。

法院认定及判决：

被告人杨某违反国家规定，利用他人计算机系统的漏洞侵入被害单位的计算机系统，获取该计算机信息系统中存储、处理、传输的数据，且通过变卖非法获取的部分数据（游戏币），情节特别严重，其行为已构成非法获取计算机信息系统数据罪，应予惩处。根据本案证人证言证明，涉案游戏的漏洞关键是作案方利用越狱手段和某些特定工具阻止其服务器销毁苹果提供的票据，从而形成未实际支付价款而多次重复下订单，获取游戏虚拟财产的情况，至于作案人如何利用的漏洞，无人知晓，根据被告人杨国辉的供述产生了答案，即在确定购买成功的页面弹出以前，退出交易，然后换游戏账号，再次点击充值后，再点击取消就可以给新的游戏账号充值了。由此说明，这种作案手法只是在系统终端通过某种手段拦截了后台服务器发送的信息，而没有通过对被害单位计算机信息系统功能即后台服务器进行修改、删除或增加的手法，使系统被破坏。此情节已经被害单位认可。被告人只是利用了计算机信息系统的漏洞非法获取了系统内的部分数据（游戏币），同时再转移此部分数据获利。

被害单位的诉讼代理人据此认为被告人的行为构成盗窃罪,因为其非法获取的计算机信息系统数据并非真实的财产,而是一种虚拟的服务,无法核算其市场价值,且法律已经对此种行为做出明确的定罪标准,故该代理意见无事实及法律依据,本院不予采纳。对于被害单位所提的附带民事诉讼要求,根据最高人民法院《关于适用刑法第六十四条有关问题的批复》指出,被告人非法占有、处置被害人财产的,应当依法予以追缴或者责令退赔,被害人提起附带民事诉讼,或者另行提起民事诉讼请求返还被非法占有、处置的财产的,人民法院不予受理。且刑事诉讼法规定附带民事诉讼提起的条件是被害人因人身权利受到犯罪侵犯或者财物被犯罪分子毁坏而遭受的物质损失。本案被害单位表示被告人的犯罪行为并未造成其公司游戏数据恢复、服务器更换等损失,且其当庭亦无法提供相关的损失诉求的证据,故该诉讼请求法院不予支持。

案件分析:

可以看出,我国对于电子游戏虚拟物的法律性质认定,经历了从2003年的"严"、2007年的"宽",又回到了"严"。这种趋势是符合对于新事物的认知规律的,也是顺应国际趋势的。这种理解来自对于互联网技术手段理解得越来越透彻。

第五节 贴牌加工

我国是贴牌加工的世界大国,很多地区的工厂在为很多国外公司制作电子游戏机、PC等的贴牌加工。虽然目前针对电子游戏业的贴牌加工产业未出现刑事案件,但在其他行业的贴牌加工，已经出现了因"假冒商标罪"而受到刑事处罚的案例。值得广大电子游戏业贴牌加工公司的警惕。

在《刑法》诸多法条中，第二百一十三条至第二百一十五条属于"沉寂多年，慢慢走红"的罪名：在1993年《关于惩治假冒注册商标犯罪的补充规定》出台之前，只有一个笼统的"假冒注册商标罪"，甚至有人呼吁取消这个罪，因为使用的机会很少。1997年《刑法》根据《补充规定》的精神，正式确立了：假冒注册商标罪（同一种商品上、使用、相同商标）；销售假冒注册商标的商品罪（明知）；非法制造、销售非法制造的注册商标标识罪（伪造或擅自制造或销售……）这三个罪构成了商标维权的三驾马车。随着我国知识产权的条约义务和保护决心越来越大，从2014年开始，以打击假运动鞋为主题的维权活动在各地开花。

浙江温州曾判决了一起有点特别的案子，这个案子后来被媒体称为"中国贴牌加工入刑第一案"：被告人周某是当地做贴牌加工的大公司的老板，某天一台商联系要做converse和all star的帆布鞋的贴牌加工生意，6000多双鞋（一双7.5元）生产之后，台商又以验收不合格为由，拒绝收货付款，这些鞋就压在仓库里。但没过多久，工商和质检部分的同志就扣押、查封了仓库，最后周某作为公司法人被以假冒注册商标罪判处有期徒刑三年，缓刑五年，罚金十万元。

被告辩护人的辩护意见为：被告人的行为不构成民法意义上的使用，当然更构不成刑法上的"使用"，组织的刑法法律专家论证会也引用了最高人民法院对浦江亚环锁业有限公司与莱斯防盗产品国际有限公司侵害商标权纠纷一案（"PRETUL"案）再审判决的内容："亚环公司受储伯公司委托，按照其要求生产挂锁，在挂锁上使用'PRETUL'相关标识并全部出口至墨西哥，该批挂锁并不在中国市场上销售，也就是该标识不会在我国领域内发挥商标的识别功能，不具有使我国的相关公众将贴附该标志的商品，与莱斯公司生产的商品的来源产生混淆和误认的可性能。"认为既然贴牌加工不构成民事侵权，那么更谈不上刑事犯罪。

但事实上，上述观点有欠妥之处，故法院并未采纳。

第一，本案与"PRETUL"案的事实截然不同。

简单地说："PRETUL"案是中国某公司接了一个外国的贴牌加工的任务，外国公司就涉及贴牌的商标在本国有商标注册，但是因为商标是有地域性的，这时另外一个中国企业主张，"涉案商标我在中国注册了，该贴牌公司侵权了我的商标权"。这里面就存在一个基本的商业秩序和商业伦理：一个做贴牌加工的公司做的是进出口生意，人家的注意义务只要到"确认外国客户的合法拥有所在国的商标"就够了，"PRETUL"案之所以要保护贴牌加工公司正是因为该公司尽到了应尽的注意义务和有足够的善意。

实际上，就在"PRETUL"案不久，江苏省高级人民法院也宣判了"东风案"的结果，恰恰就是认定侵权，"东风案"正是基于贴牌加工公司的"未尽义务"和"非善意"而认定该公司侵权的。而在"贴牌加工入刑"案中，涉及的是国际知名公司康沃斯的两枚著名的商标 ALL STAR 和 CONVERSE，康沃斯公司已经在中国大陆和中国台湾地区将上述两枚商标都注册在了鞋类商品上，该温州公司就不仅仅是"非善意"了。

第二，温州公司未尽到足够的注意义务。

我国是贴牌加工业大国，同时基于贴牌加工的特殊性，一般不宜对贴牌加工企业苛以过重的注意义务，一般只要做到对于外商的商标所有权情况初步核实就可以；实际上，外商一般是不提供国外的注册商标权证原件，只提供传真件或复印件，同时由于中国互联网一般不能查询外国商标注册情况，所以一般对于一些非驰名、非知名的品牌，贴牌加工企业只要做到这步注意义务就够了。

但对于一些世界驰名、知名品牌和一些大众熟知品牌的贴牌加工，这种注意义务是要相应地增强的。比如本案中，ALL STAR 和 CONVERSE 帆布鞋历史悠久，大部分消费者都知道，那么作为一个台湾小公司来你这里进行贴牌加工，被告不会怀疑一下吗？这个台湾公司即便提供了台湾地区的商标权证复印件，被告不会怀疑下真伪吗？即便被告抗辩说大陆地区互联网查询不了台湾地区商标注册情况，但中国海关的"知识产权保护系统"也是可以免费登录的。

虽然一般的大品牌公司都是以贴牌加工形式生产鞋子，但都会有自己的一套严格质检标准来规范、统一质量和标准，以一双鞋7.5元（这还不是净成本）的加工水平，相信被告再怎么辩解，也很难证明其没有恶意。

第三，定罪符合罪名的犯罪构成。上述分析，已经证明了被告有"明知"的犯罪故意，"商标使用"的犯罪行为，同时也符合"未经商标权人许可"和"商标、商品相同"的两个条件，在犯罪构成上是符合"假冒注册商标罪"的。

当然，也有观点认为该公司行为应定"非法制造、销售非法制造的注册商标标识罪"，因为贴牌加工企业一般都是依据国外公司提供的商标图样，自行生产商标标识的，但由于商标的贴附行为已经发生，且被告不是以贩卖假标贴为营的，所以笔者认为不宜认定此罪。

第十章　其他国家关于电子游戏的法律规定

WIPO 在 2013 年 7 月 29 日公布了报告 The Legal Status of Video Games: Comparative Analysis in National Approaches。需要说明的是，报告中所称的"Video Games"，我国并没有与之相应的词汇。我国相对应的词汇只有"网络游戏（online games）"。实际上，online games 只是包含于 video games 下的一个小概念，所以下文中，改称为"电子游戏"。

第一节　电子游戏的宏观历史

一、电子游戏与计算机技术

创作的历史，某种角度上也是技术发明的历史。创作每次的创新背后，都默默伴随着一次创作工具革新。石器时代，人们用石头、棍子等自然工具来平息他们的艺术欲望，随着科技的进步，艺术家得以逐步完善他们的作品。得益于数字技术的创新，作者可以创作出电影作品、数据库、软件程序，以及电子游戏。

电子游戏是一件非常复杂的作品——它包含多种类型的艺术形式，比如音乐作品、剧本、情节、视频、绘图及游戏角色设定——应该说，电子游戏不是一种孤立的作品，而是一个集合了各种可以单独构成作品的"大杂烩"，当然前提是它们具备一定程度的原创性与创造性。

电子游戏大致包含动作游戏、动作冒险游戏、冒险游戏、角色扮演游戏、模拟游戏、军事战略游戏、音乐游戏、聚会游戏、运动游戏等。各种类型的游戏元素并不相同，但它们共同的元素是不变的：需要通过软件程序来运行游戏。

世界上最早一款电子游戏是麻省理工学院的学生 Steven Russel 在 1961 年设计开发的游戏"Spacewar 空中大战"，可以允许一名玩家操纵飞船用导弹打外星人。那时，电脑的外形像军用雷达，玩法也很像军用雷达。实际上，1981 年 IBM 家用电脑才问世。Steven Russel 使用的是学校实验室的电脑，因为他自己在当时是买不起的。PDP-1 可以高速处理 sin、cos 这样的函数，这样就有了电子游戏设计的前提：坐标。

另外一款明星游戏是 1975 年雅达利公司设计开发的家庭电视游戏"Pong"，风靡全球。这时，距离 IBM 家用电脑的诞生还有 6 年的时间，但 C 语言和网络传输 TCP 协议已经诞生，这款游戏已经可以让玩家通过电视机在客厅里玩了，同时，它是可以支持二人对战模式的。这种游戏模式在后来的一两年里被广泛抄袭。是的，为了把游戏地点从实验室转换到家庭，美国游戏公司用了 14 年的时间。

电子游戏在创作的初期，是完全依赖于计算机科技的每一步创新的。所以，这个时期很难把游戏中的思想和表达区分清楚。所有的游戏都黑色背景、像素级的角色设计，还有一些基本元素（射击或者躲避）。在 20 世纪 80 年代美国第一起电子游戏侵权诉讼中，法院认为当前的电子游戏都是这个样子，难以说原告的游戏里的各元素有独创性，它们都是必要的表达手段，无法提供版权救济。

二、电子游戏元素

1961年最早的电子游戏"Spacewar"还只是简单的图像，连声音元素都没有能力加进去。随着计算机科技的发展，电子游戏中的元素越来越多。大致可以分为三类：音乐元素、视觉元素、软件指令。"音乐元素"包括歌曲、人声、录音、输入音效、输出音效。"视觉元素"包括图像（giff/tiff/jpeg格式）、数字捕捉移动影像（mpeg格式）、动画效果、文档；"软件指令"包括游戏引擎、代码、插件（第三方子程序）。

另外，同样可以受版权保护的还有电子游戏的脚本、剧情和其他文字作品；知名游戏角色；（WIPO前述"报告"中的用词是"well-developed characters"，这充分说明两点：第一，不是所有的游戏角色都想当然地应该获得版权保护，它需要游戏公司深度开发、推广。第二，不是当然有名气的游戏角色就必然获得版权保护，它同样需要个案经过测试。因为美国版权法对于虚拟人物提供版权救济是非常严苛的）场景设计；动作体态；地图和建筑作品。

但是，上述元素也不是当然就会获得版权救济，它们需要在个案中逐个进行标准测试。一些国家，比如美国，只对有形的原创表达提供版权保护，而在另外一些国家和地区，比如欧盟，对无形的表达也提供版权保护。也有一些国外理论提出，应该针对游戏提供独立的版权救济。

三、开发电子游戏

1996年，世界上第一款online游戏《子午线59》问世，距离今天整整21年。因为www和html技术直到1989年才出现。

此前要开发一款游戏，只要几个电脑技术员，而今，开发一款大游戏，仅美工人员就需要几百人。从某种意义上看，开发一款大型电子游戏的复杂程度和分工的烦琐，丝毫不亚于拍摄一部电影：首先是开发团队，包括团队协调、助理制作、联席制作、总制作；其次是设计团队，包括首席设计师、关卡设计师、内容设计师、脚本编剧、系统设计师、技术设计师、UI 设计师、美工、文字编辑；然后是美术师，负责总体的游戏风格；软件开发团队、声效团队；邻接权作者：为游戏配音和动作捕捉的演员和音乐作者；最后是"无版权"团队，包括质检员、产品经理、游戏出版商、会计师和推广经理。

四、电子游戏是否构成视听作品

现代电子游戏（Video Games）包括两个主要部分：外在的视听部分（图片、视频、音频）和内在的软件（控制相应的视听部分及有关部分），在这点上，各国的态度基本是一致的。争论主要集中在对"电子游戏"整体的定性上：电子游戏到底在法律上应该定性为多媒体作品还是视听作品，抑或是计算机软件？

部分学者认为，电子游戏应该在法律上定性为"视听作品"中的"多媒体作品"（我国目前无此概念）——这类作品可以归纳为"一系列相关的图像、音乐的集合"。但是，这些"集合"本质上是用于"展示"（to be shown）的，这恰恰不是开发电子游戏的初衷。开发电子游戏就是为了给用户提供主动娱乐的机会，是为了让用户操作和运行对应的游戏软件程序。从这种层面上讲，电子游戏是需要用户主动参与的，而视听作品则还是让用户被动欣赏的。

基于上述原因，另外一些学者建议：不应简单地把电子游戏归类于"视听作品",原因在于:第一,视听作品的对应作者(脚本作者、导演、作曲者等)与电子游戏的对应作者(人设师、美工、音效师、视觉测试工程师等)并不是一一对应或者可以类比的关系;第二,电子游戏开发者与视听作品制片人的权利需要并不相同;第三,视听作品中对应的邻接权往往并不会出现在游戏中。

实际上,纵观WIPO报告,目前尚没有一个国家可以很好地解决对电子游戏的法律定性问题。一些国家,诸如阿根廷、加拿大、中国、以色列、意大利、俄罗斯、新加坡、西班牙、乌拉圭,法理和学理的主导观点还是认为电子游戏首先是计算机软件,是一种性质特殊的、强烈依赖于软件操作执行的作品。而另外一些国家,诸如比利时、巴西、丹麦、埃及、法国、德国、印度、日本、南非、美国、瑞典,考虑到给电子游戏进行整体定性是一件"极端复杂"的事,没有整体定性,按要素提供救济(文字作品、美术作品、视听作品等)。最后,还有一小部分国家,诸如肯尼亚和韩国,直接给电子游戏定性为视听作品,当然这并不是说电子游戏对应的软件指令就不受法律保护,而是意味着在定性时优先保护视听作品。

可以看出,随着游戏业的发展,我国的保护思路是在不断变化的。如今的思路已经不同于WIPO报告作出时的2013年,已经出现了法院把电子游戏整体认定为类电作品的案例。

五、电子游戏指令的独创性

电子游戏侵权案件中,以侵犯作为文字作品的计算机软件权利的诉请非常少,究其原因,除了"软件指令侵权对比不仅烦琐,而且费用昂贵",主要还因为电子游戏指令编程并不像其他计算机软件指令编程那样具有那么高的独创性。

一款电子游戏的软件部分，一般包括作为"游戏引擎"的指令和针对该款游戏专门编写指令两部分。

游戏引擎是用于简化开发设计程序，使一款游戏可以在智能手机或者 PC 端顺利运行的技术。当然，"游戏引擎"是比较大众的称谓，它在计算机编程领域的另一个常用的名字叫"中间件"（Middleware）。"中间件"是一种基础软件，处于操作系统软件与应用软件之间，用于不同软件之间的互操作。有了"中间件"，游戏开发人员无须从头运行游戏就可以调用中间件提供者的工具与资源。

在 20 世纪八九十年代，电子游戏公司还热衷于自行开发游戏引擎，第三方的游戏引擎几乎没有，那时，一款游戏的软件部分，几乎 100%的指令作者是游戏开发者。时至今日，为了缩短开发周期、节约开发成本，第三方引擎广泛应用于电子游戏，比较知名的有 App Game Kit 公司、Bigworld 公司、Blitztech 公司、惊叫引擎 3 公司、Gamebryo 公司、地狱引擎公司、虚幻引擎 4 公司等。一款电子游戏中，只有一部分的代码是为该款游戏而专门编写的。

很多游戏公司已经形成"公开中间件部分的源代码和小部分无独创性的专写代码"的惯例，当然，随着游戏的发售，全部的视听部分也同时公开了。实际上，从 1972 年 C 语言的问世，电子游戏编程的思路与 20 世纪八九十年代时的思路并没有本质上的改变和提升。至于一些学者声称的"网络游戏就是玩家完全按照程序设计好的一步一步进行"情况，现在应该很少了（多存在于 20 世纪八九十年代的单机游戏）：因为大型多人在线的网络游戏，是无法做到"每步都是设计好的"，所有的动作都是玩家现通过客户端操作引发数据包，随时发到送服务器，服务器再相应回馈给客户端的。实际上，游戏开发者只能预判

第十章 其他国家关于电子游戏的法律规定

玩家大致会干什么，实际的操作反馈都是即时的。一些玩家使用"外挂"，正是通过修改、替换这些数据包来达到修改自己客户端游戏的目的。同样，由于服务器通讯传输的问题，同时出现在一款游戏中的玩家们，各自屏幕上的图像有时并不会完全同步，所以目前很多 MPBA 游戏，已多使用"帧同步"技术来解决这种情况：在 A 的屏幕上显示"击中"，而在 B 的屏幕上则显示"已回避"。

第二节　各国电子游戏保护情况

一、阿根廷

阿根廷不光有梅西，电子游戏业也有一定的规模。阿根廷针对电子游戏的保护，并无特别立法，实践中参照计算机软件程序、视听作品、汇编作品来保护。唯一关于电子游戏的特殊规定是，电子游戏生产商和销售商必须在包装盒上，与合格证一起贴上"沉溺游戏有害健康"的标签，有点类似于香烟的"吸烟有害健康"。法律法规并未界定"电子游戏"是什么。

按照《阿根廷著作权法》第二十条，如果认可电子游戏整体构成视听作品，那么该游戏作品中的剧情编剧、电影导演、作曲者，都对该款游戏享有平等的权利。

针对玩家是否可以构成电子游戏作者的问题，阿根廷学界也有正反两种意见：①很多热门的网络游戏开放了创建新元素（角色、等级、特效及其他创造性作品）的工具包（Creation Toolboxes），近而催生了一种新的作者理论：针对电子游戏合法（实际上，非法产生的新作品一样是作品，对外一样可以寻求救济，禁止他人使用，所以此处强调"合法"有点多余）创建出新作品的玩家，可以作为该款电子游戏的作者之一，有权禁止他人擅自使用、修改。当然，开放工具编辑口的游戏开发者，故而可以视为开发者对于修改游戏作品或者从中添加新的作品是默示许可的。实际上，《阿根廷著作权法》第四条也为该理由提供了法律依据。②阿根廷学者中持反对观点的认为，不应认定游戏玩家构成作者之一，因为，这些玩家的"创造自由"其实是非常有限的，他们进行的"创作"所"映射"到游戏界面上的"作品"，实际也是按照游戏开发者的指令和划定的有限编辑范围进行"发挥"的。

二、日本

1. 概况

日本游戏产业分为两块，一块是网络游戏业务，另一块是固守不放的游戏机实体业务。相比于中国和美国，日本的游戏业并不似想象的那么赚钱了，因为现今推出一款大型热门游戏已经不是一家大型公司可以单独运作的了。以近期全球大火的AR游戏"pokemon go"为例，实际上任天堂公司只是负责该款游戏的运营和推广，根据彭博社2016年7月25日的通讯，任天堂在日本的股价在经历大涨后，迅速又下跌了16%，业内分析热门游戏"pokemon go"不能真正拯救任天堂公司。实际上，这款游戏是包括任天堂公司在内的三家公司参与分成的，Niantic公司负责开发、设计这款"轻AR"游戏（这么说是因为，游戏业内并不认为这是一款真正的AR游戏，因为它还没有使用游戏画面和实际地理图像100%的融合渲染技术），而宠物小精灵的著作权是属于宝可梦公司的，任天堂公司作为运营方，获得分红的比例其实并不高，而且目前看来，利润贡献率最高的地区

第十章　其他国家关于电子游戏的法律规定

是美国。

《日本著作权法》（1970年）第十条并未针对电子游戏单独设计规定，但由于第十条采取的是非穷竭式的方式，所以电子游戏自然是受著作权法保护的。

2. 定性

虽然日本成文法中未有针对电子游戏的单独表述，但有判例认可了电子游戏可以作为著作权法第二条第三款中规定的"电影作品"受到保护，这点同我国目前的情况是一致的。起初，日本各地方法院对电子游戏的法律定性问题态度并不统一，直到最高裁判所在2002年通过H12-JU-952号案中统一标准，把电子游戏归类于"电影作品"，认为电子游戏的性质是符合电影作品的。但需要说明，并非所有的电子游戏都有机会被认定为"电影作品"，如果一款游戏的游戏画面是静态图像而非动画，则显然不能归类于电影作品。

电子游戏整体归类于电影作品，提供了一个非常宽泛的救济，为了适当限制这个范围，日本法院给电子游戏提供的保护范围是小于传统电影作品的。举个例子，最高裁判所规定，传统电影作品的发行权是不受"一次销售权利用尽"的限制的，但电子游戏是受此限制的。

同时，电子游戏视听元素对应的计算机程序中独创的源代码（排除了"中间件"）仍可作为文字作品收到保护——当然，编程语言（JAVA、C、C++）、编程规则、算法是不受著作权法保护的客体。

3. 针对"孤儿游戏"的特殊规定

由于日本的游戏产业发展得非常早，一些老游戏成了"孤儿作品"。针对这些游戏，《日本著作权法》第六十七条规定了著作权人不明等情况下的作品使用强制许可制度。

游戏发烧友和游戏开发者可以取得并使用那些在市场上已经停止销售、权属不明的老游戏（Abandonware Video Games）——"孤儿作品"。游戏开发者向文化事务管理委员会（CACA）提交许可申请，申请内容包括公开使用的时间段、通过尽职调查无法找到权利人、律师提供担保等。经文化厅长裁定并待权利人寄存使用补偿金后，游戏开发者可以依照裁定规定的方式加以二次利用。

近几年，日本学界已经不满足于最高裁判所目前"将部分电子游戏归类于电影作品或视听作品"的方法，主张立法者应为电子游戏"量身定制"法律规定，以此来促进游戏产业的发展。

4. 针对破解技术措施的规定

因为日本的游戏硬件产业十分发达，其针对游戏破解的法律规定相比于其他国家要更加细致、更有特色。

按照日本学者田村善之的分类标准，技术测试可以分为"信号妨碍型措施"和"密码型措施"两种，其实，日本直译更加通俗易懂："反复制技术措施"和"反接入技术措施"。

在1999年、2003年两次修法时，日本把规避"反复制技术措施"行为保留在著作权法第二条第一款第二十项、第三十条第一款第二项、第一百二十条第二项，把规避"反接入技术措施"行为放在了不正当竞争防止法第二条第一款第十项、第十一项。它的区分是有用意的：因为规避反复制技术措施侵犯了复制权，所以在著作权法中，除了民事侵权责任，还设定了严苛的刑事责任；而规避"反接入技术措施"行为属于侵权的"其他权利"，不正当竞争防止法只规定了民事侵权责任，惩罚

第十章 其他国家关于电子游戏的法律规定

力度要小于前者。[1] 比如用烧录卡破解任天堂 NDS 游戏掌机的行为，就是典型的规避"反接入技术措施"行为。

三、加拿大

1. 概况

《加拿大著作权法》（1985 年，R. S. C. C-42，目前已改为 C-60）未针对电子游戏作出单独规定。根据加拿大著作权法，电子游戏主要作为"计算机程序"，以文字作品的形式受到保护。电子游戏包含了电影作品、音乐作品、表演者的表演（3D 人物动作捕捉）、录音制品等，因此，电子游戏又被作为"汇编作品"保护，另外，也有理论认为其还可以构成"合作作品"。

近期，加拿大最高法院明确了电影音轨（soundtrack）不构成录音制品，其还是属于电影的一部分，不能单独受到保护，近而明确，电子游戏中属于电影作品部分的音效也不能单独作为一个作品受到保护。

加拿大最高法院同时还明确，使用电子游戏中通过互联网数字技术进行的"公开表演"（3D 动作捕捉演员），权利人是无法获得使用费的；电子游戏的直播（与"下载"相对）是包含于"传播权"的范畴之内的，就像同一个邮件向多个收件人重复发送一样，每个点对点传播的总数决定了传播权的活跃度。

2. 关于"汇编作品"理论的应用

电子游戏被视为"汇编作品"的前提是，每个作品的作者都是隔离的，一个人只负责视觉部分，另一个人只负责情节脚本。汇编作品的每个艺术家与写手各自享有其对应的作品权利。但这种理论在文字作品领域还没有通过测试。具体而言，电子

---

[1] 田村善之. 日本知识产权法 [M]. 4 版. 北京：知识产权出版社，2011.

游戏作为计算机程序,其每个场景对应的源代码编写是以团队的形式分工完成的,很难说清不同作者是谁。

加拿大"汇编作品"理论主要适用于玩家在交互式在线网络游戏的主剧情基础上,二次创作(使用工具修改、添加)的原创角色及原创剧情。这种玩家的独立原创,并不因为游戏开发者规定的封闭开发环境规则而受到影响。

3. 关于"合作作品"理论的应用

另外一些加拿大学者主张"合作作品"的保护路径。这主要适用于大型工作室开发的电子游戏。基于"合作作品"理论,无须为每个参与的作者单独划分其负责的作品。但这种理论问题在于,没法针对作者的"实质、重要"的创造贡献进行严格的质、量方面的测试。按照著作权法的原则,针对他人作品进行的细微修改或提升并不能达到"合作作者"需要的贡献程度。

一些加拿大法院主张构成"合作作者"还有第二个必要条件,即"合作意图",其在于保证创作中的合作作者们对授权收费达成合意,避免一方对外授权而一方拒绝承担单独作者身份的情况发生。应该注意到,这种"合作意图"的必要条件同样存在争议,亦无相应的法令、法案支持。对于电子游戏,适用这种理论可能会导致越来越多"集权作者"出现——实际上就如电影作品法定的将作者归于制片人一样,这种"集权作者"主要还是出于后续发行及转授权的操作便利,未必是坏事。

4. 玩家二次创作行为的法律认定

一个成型发售的电子游戏也会涉及另外一些"作者"——这尤其针对一些允许玩家进行发挥创作的在线网络游戏。即便游戏开发者在拆封协议中规定了封闭式开发环境,玩家同样可以对其原创作品主张著作权。若通过了独创性测试,那么玩家所原创的作品可以作为"汇编作品"中的一部分。

第十章 其他国家关于电子游戏的法律规定

判例认为,虽然加拿大法律认可玩家的二次创作是独立作品,但无法阻止其他游戏操作者实际使用这些连续的游戏画面,因为其他玩家在游戏开发者的拆封协议中获得了默示许可。

精神权利是不可转让的,该权利只能持续地存在于作品之中,除非作者书面放弃整个或部分作品的精神权利。著作权法规定,作品的著作权转让不包含精神权利的转让,除非这些精神权利被书面放弃。依此无论是"汇编作品"理论还是"合作作品"理论,除非作者书面放弃精神权利,否则电子游戏的其他著作权即便转让了,其作者依然享有精神权利。

加拿大理论界和中国一样,对电子游戏持"拆分"保护的思路,但其更乐于将之视为"汇编作品"或者"合作作品"加以保护。

四、韩国

韩国的电子游戏产业主要由文化观光部管理,基于游戏产业促进法案,2006年成立了游戏振兴委员会,负责推广游戏文化、发展游戏产业。游戏振兴委员会有权独立地根据游戏内容进行分类,同时可以规制非法网络发行、大型电玩游戏机、非法电子赌博游戏等,防止非法赌博、国际的暴力及裸露镜头给社会带来的副作用。

韩国的游戏等级划分由游戏物等级委员会负责,为流通(发行)、视听或提供使用的目的而制作或购入玩家,必须将游戏内容向委员会申请等级分类并得到等级分类。针对游戏中的虚拟货币,仍由文化观光部负责。虽然韩国的网络游戏业发达,但韩国对于游戏虚拟货币却一直持保守态度。

韩国专门针对电子游戏的法律、法规有《唱片、录像物及游戏物相关法律》,文化观光部1999年出台的《网络数码内容物产业发展法》《文化产业振兴基本法》《文化基本法》《游戏产业振兴相关法》《游戏产业振兴相关施行令》《游戏产业振兴相关法实施细则》《射幸行为规制及处罚特别法》《韩国游戏分级评审规则》等。

尽管韩国拥有高规模的电子游戏产业，但韩国著作权法中没有对电子游戏进行专门的定义或分类。在文化观光部于1999年制定的《唱片、录像物及游戏物相关法律》中，关于"游戏物"的定义。"游戏物：利用计算机程序等信息处理技术或机械设备，为了能够进行娱乐，善用余暇、提高学习及运动效果而制作的电影作品或机器"，可以由此看出，文化观光部已倾向于把电子游戏看作"类电作品"。

然而，韩国法理学界和法院普遍的观点还是将电子游戏归类于计算机程序。针对计算机程序，韩国专门制定了《计算机程序保护法案》（1986年），类似于我国的《计算机软件保护条例》。

由于韩国电子游戏工业在近年来的迅猛发展，关于如何有效保护电子游戏的争论越发激烈。于是，法学界及法院在实践中根据《著作权法》（2009年）第二条第十三款中关于类电作品的定义，将电子游戏归类于视听作品或者类电作品，同时与商标权、针对专业选手的公开权一并列为电子游戏的保护路径。

法学界对于电子游戏玩家是否享受著作权保护并无争议，他们普遍认为，玩家操作的游戏并不视为受著作权保护的对象。少数人认为，可以给部分玩家提供"表演者权"的邻接权保护。

韩国电子竞技产业非常发达，很多专业玩家的主要收入来自所属战队的工资、签约直播平台的授权费以及电子游戏公司的现金奖励。如果可以从一名普通玩家成为明星选手（Star Players），其通过专业的操作技巧和个人风格，可以像其他行业

第十章 其他国家关于电子游戏的法律规定

的明星一样形成"眼球经济",赚取广告费等额外的高额收入。这时,法律为该类明星选手提供了公开权,这项公开权甚至可以对抗竞赛组织者及游戏开发者。这在世界其他国家是所没有的。

韩国电子游戏的特点之一就是电子竞技产业化。权利人已经不再满足于开发游戏、销售游戏本身,而拓展像电子竞技这样的"二次开发"产业。电子竞技活动的主体包含了竞赛主办方、专业电竞选手、信息网络传输单位等。韩国在某层意义上讲,是最有规则性的国家之一,它建立了一套给予游戏和游戏开发者的责任制度。它是这样分配的:①游戏开发商是电子游戏最主要的权利人,其作为类电作品的作者。②初始著作权人,就是游戏用以改编的小说、漫画、戏剧等著作权人。③做出创造性贡献的每名游戏开发人员,可以作为类电作品的作者,比如编辑、图形设计师、游戏测试员、软件工程师。④对专业玩家(Gamers)和选手(Players)进行公开传播行为的传媒公司。⑤电子游戏竞赛的组织者。⑥专业玩家(Gamers)和选手(Players)。

游戏开发者作为类电作品的作者当然地享有传播权、出版权、演绎权及二次开发等权利,如果第三方需要得到类电作品的授权,就必须将作品的权利全部转移到游戏开发者身上,或者就依据《著作权法》第一百条的规定执行:①与电影作品制作者协议合作创作电影作品的人享有电影作品的著作权,同时推定电影作品制作者享有对电影作品的必要使用权,除非合同另有约定。②第①项不影响制作电影作品的小说、戏剧等艺术作品或者音乐作品的著作权。③对于电影作品的使用,如有与电影作品的制作者协议合作创作电影作品的表演者(一般指配音、3D动作捕捉等),则推定《著作权法》第六十九条的复制权、发行权、广播权、交互传输权都出让给电影作品的制作者，另有规定除外。

逐步增长的电子游戏促成了体育频道、游戏频道的电子游戏竞技直播业，这个"第二产业"的繁荣又反哺了游戏业。

合理使用原则直到近些年才被韩国著作权法作为一个原则性条款。实务界承认合理使用的以往判例少之又少。由于"美—韩自由贸易协议"的本土法律对接，"合理使用"原则这才作为一项基础条款。

针对开发游戏时使用的 SW 组件（Solidworks 软件，Dassault systems 公司的子公司开发的一套针对 Windows 系统的三维 CAD 系统），到底构成合作作品还是汇编作品的问题，有学者认为构成汇编作品。这种观点需要商榷：与"用画笔、颜料创作一幅美术作品，而画笔、颜料商家无法主张著作权"一样，SW 组件只是绘制 3D 图形的工具，它提供一些元素，但游戏开发者的原创性与独创性足够高，很难说组件公司对美术作品（角色人物、景色等）可以主张著作权。

困惑主要在于，到底应该把游戏看作计算机程序还是类电作品。在转让时，如果作为类电作品，那么根据《伯尔尼公约》，人格权是无法转让的，除非明确放弃；而如果作为计算机程序，根据《计算机程序保护法》，则可以转让全部权利，包括人格权——此点对应我国的《计算机软件保护条例》第八条，软件著作权人可全部或部分转让其软件著作权。而这与《韩国著作权法》第十条第一款第五至十七项相左。同时，如果是计算机程序，那么登记备案需要向程序审查调解委员会办理，如果是类电作品，则由著作权审查调解委员会登记备案。实务中，很多游戏公司选择同时向两个部门等级备案。

第十章 其他国家关于电子游戏的法律规定

五、美国——电子游戏定性及作者归属

1. 个案定性

《美国版权法》(1976年)第一百〇二条列举式地规定了受版权保护的客体,条文中未明确提及电子游戏,但电子游戏"原创的,可通过设备运行(模拟或数字),可感知,可复制"的特性是符合版权客体的基本要求的。

美国拥有世界上最大的电子游戏产业,美国电子游戏的历史同时也是一部诉讼史。至今,意图研究电子游戏的法律保护的论文,引用的无一例外都是美国当年的经典案例。但时至今日,美国仍未针对电子游戏有明确的法律分类。电子游戏可以获得何种司法保护,完全取决于个案中具体游戏所包含的不同因素。电子游戏可以作为计算机软件作品,所以电子游戏的源代码便作为文字作品;如果一款电子游戏的图像部分更加卓越,则该款电子游戏可作为"视觉艺术作品",相应地,若该电子游戏的活动影像或视听部分更为突出,则可划分到类电作品或者视听作品。可以看出,只有根据不同游戏,分析其不同的因素,才能确定个案中的法律定性与分类。

在电子游戏诞生的初期,"思想和表达"的界限十分模糊,在1981年电子游戏历史第一案 Atari. Inc v. Amusement World. Inc 中,就涉及原告的游戏"Asteroids"与被告的游戏"Metrors"的相似性比对问题。本案中,法庭再次重申"思想不受版权保护,唯有表达可以",同时明确了电子游戏"Asteroids"以一个录像带的形式,可作为视听作品受到版权保护,法庭确认了原告的选择,认定原告主张的电子游戏重要部分为视觉部分而非计算机软件部分,同时,法庭亦认定,"游戏中,游戏飞船对抗小行星的方案为"思想"。故两游戏相似的地方不涉及版权

问题。"

另一个经典案例是 Atari. Inc v. North American Philips Consumer Electronics Corp 案，原告诉称，被告（一家荷兰公司的美国分支机构）开发的电子游戏"K. C. Munchkin"与原告的游戏"Pac-man（吃豆人）"非常近似。法庭基于 Atari 公司推出的"吃豆人"游戏在商业上的成功而批准了诉前禁令，法庭认为一款游戏只有在有限的表达中展示出超越思想范畴的创造性或者添加了独创性成分，才能受到版权法保护。法庭承认两款电子游戏的视觉部分存在诸多不同，但"没有抄袭者会傻到去说明自己有多少进行了抄袭"，故二游戏构成实质性相似。

2. 版权登记

原创作品的版权登记始终是美国版权系统中异常重要的一环。符合登记标准的是计算机软件及对应的屏幕显示部分，当涉及登记作品类型时，权利人须择一而选：由于计算机软件系统系文字作品，故电子游戏登记为文字作品为惯例；但如果视觉部分更卓越，则以"视觉艺术作品"登记；类似的，若动画部分更卓越，则可申请登记为视听作品。任何由计算机软件产生的有独创性的屏幕画面都可以登记。

版权局有意统一关于计算机软件画面保护的争论，明确了"统一登记保护包括电子游戏在内的计算机软件及其对应的屏幕显示，无需再分件登记或作为计算机软件的特殊申请登记。"

最后，电子游戏中不对外公开的部分可参照美国统一商业秘密法案中的商业秘密来保护。另外，游戏的基础技术可用专利法保护，电子游戏的名称及角色名称可由商标权保护。

综上，电子游戏的法律定性与分类十分复杂，纵然有大量的诉讼案例与法律文献报告，电子游戏的法律保护依然呈碎片化，依赖于每个原创作品的要素与独创性。

这种"碎片化"影响了电子游戏"作者"的归属。一个完成的电子游戏中可能涉及众多权利人，通常包括运营公司、开发者、出版商，开发者通过与作者或机构的授权合同，成为电子游戏知识产权的主要权利人，电子游戏的知识产权不会因为支付过对价（雇用和承揽）就自然移转。

即便如此，绝大多数的出版公司及开发公司仍有意通过提供游戏新平台，吸引更多的小型工作室加入，以及通过新的合同协议（限制作者保留部分知识产权）来占有电子游戏的全部知识产权，在价值链中谋求利益。

这种情况下，"作者"可以是任何对电子游戏做出原创贡献的人，或者任何以雇用或其他形式参与的人。不同于欧洲国家，美国法规定，在"雇员—雇主"或承揽的关系中，公司可以作为作者。这样就意味着，雇员因为其是被雇佣来创作某一个明确的"作品"的，依据《美国版权法》第二百〇一条（B）款的规定——"雇佣作品：作品为雇佣作品的，雇主或创作作品的他人，就本条而言，视为作者，享有版权中的一切权利，但当事人以签署书面文件对此做出明确相对约定的除外"，其不再有机会成为作者，"作者"的身份归属于雇主。同时，《美国版权法》第一百〇一条中未包含的"电影或其他视听作品或雇佣作品"的"视觉艺术作品（work of visual arts）"，其精神权利有所限制。这暗示了：部分电子游戏贡献者不能作为作者，甚至不一定能拥有精神权利。这反映了美国产业集团促进立法的现实，与电影行业协会一样，电子游戏产业同样催生了这样的条款，以便于作品的二次创作及授权。

3. 雇佣作品原则

权利的移转要求必须书面形式。电子网络游戏中，玩家会通过电子游戏开发者提供的 Tool（工具编辑器或开放权限）创造出新的装备、新的角色及新的级别，独创性高的可以构成作品，除非玩家书面授权，否则这些作品上的权利仍归玩家享有，这种书面授权许可可以是书面明示的，亦可通过产品拆封协议（默示合同 end-user-license Agreement）。如果没有书面的许可，则根据习惯，推定为默示的、非独家的许可。

根据《美国版权法》第二百〇一条（B）款的规定，版权的全部或部分转让必须书面，雇员的权利以"相反声明排除"才能取得，其中雇佣工作的范围是："（1）由雇主指定的明确的工作。（2）或，根据指示或雇主确定的以下九项之一：1. 集体作品，2. 汇编作品，3. 部分类电作品或视听作品，4. 翻译作品，5. 辅助工作，6. 教学文本，7. 测试，8. 测试结果，9. 地图集。通过书面明示，上述作品可视为雇佣作品。"

可以看出，上述列明的这九种情形非常重要，无论是出于作品的二次开发的授权便捷，还是出于参照电影协会的种种"倒逼立法"的行为，"天平"似乎更偏向于产业协会。——这时，我们就可以看出为什么大量的游戏公司在诉讼中，对于涉案游戏的法律分类坚持"类电作品"或"视听作品"了。因为若把电子游戏归类于"计算机软件"，那么就不属于上述九类的范围之内，则不能当然适用"雇佣作品原则"；而一旦电子游戏构成"类电作品"或者"视听作品"，则可以被推定为"雇佣作品"，雇佣创作者或团队的企业、雇主即成为当然的"作者"。

另外，还有一种"制售"（vendor, a independent contractor）的情形。制售方作为独立的合同一方，而非雇员。此时，除非作品落入上述九种类型之中，才能适用"雇佣作品原则"。对于电子游戏而言，部分划分到"视听作品"的可适用"雇佣作品原则"，而那些无法符合视听作品的要求的电子游戏，因为只能归类于"计算机软件"，从而无法适用"雇佣作品原则"。所以说，每个法律行为的背后都有一个行业利益和社会利益的博弈，我国学界在讨论是否应该给电子游戏提供"类电作品"保护时，首先应该弄清楚，为什么电子游戏需要这种强保护？什么样的电子游戏才可以符合这种强保护所需要的条件——应该看到，每一种法律强保护的背后，必然伴随着社会利益的让步，而著作权法不仅是保护作者的法，同时也是保护使用者的法。

六、法国

1. 电子游戏业现状

根据法国电子游戏协会的报告，法国电子游戏产业已经有30多年的发展历史，拥有欧洲大陆最大的电子游戏市场。2008年，欧洲9个国家的电子游戏软件（除去硬件和游戏机之外的单纯游戏产品）销售额达73亿欧元。排名前三位的分别为英国（23亿欧元）、法国（16亿欧元）和德国（14亿欧元）。2009年，法国电子游戏产值27.09亿欧元，这一数字比2008年萎缩近20%（当年数字为34亿欧元），但与历年产值绝对数字比较，仍然是第二位。

法国著名游戏公司有：①育碧娱乐软件公司（Ubisoft Entertainment，作品包括《波斯王子三部曲》《刺客信条》和《英雄无敌5》等），该公司还计划在马来西亚开发电子游戏主题游乐园。②银弗格拉姆/雅达利公司（Infogrames/Atari，作品包括《七龙珠Z》《矩阵》等，还为网络游戏《龙与地下城》提供技术支持）。③手机游戏发行商Gameloft，成立于2000年，是少数上市的游戏公司之一，其营收主要来自迅猛增长的手机游戏市场。该公司表示，其95%的营收来自手机游戏，2015年的营收为1.99亿美元。

游戏软件的开发人员在法国是颇受人尊敬的，几位享有世界声誉的游戏主创人员如米歇尔·昂塞尔（Michel Ancel,《雷曼竞技场 Rayman》主创，育碧公司出品）、大卫·凯奇（David Cage,《幻想杀手 Fahrenheit》主创，雅达利公司出品）、埃里克·维埃诺（Eric Viennot,《记忆的牢笼 In Memoriam》主创，育碧公司出品）等人都曾获得法国文化部颁发的艺术与文学骑士勋章，同文学家、艺术家们并驾齐驱。❶

2. 法律定性

在法国法律，尤其是在法国知识产权法典（CIP）中，没有对电子游戏进行法律分类或定性的特别条款。尽管如此，根据 L112-1 条，电子游戏肯定是受版权保护的作品。L112-2 条以"开放式"的方式，列举了诸如书籍、音乐、美术作品、计算机软件等作品类型。法国司法界一致认为：单纯用"计算机软件"保护电子游戏是远远不够的。法国国会在 2015 年开展的电子游戏调研中认为，鉴于法国电子游戏诉讼数量不大——实际上，通过互联网可以查到法国涉电子游戏的诉讼，也就是 2015 年法国消费者协会机构 UFC-Que Choisir 起诉 Valve 公司一案。在该案中 Valve 公司旗下的数字游戏平台 Steam 的用户协议禁止玩家在 Steam 平台上出售二手数据游戏资源，法院认为此举构成"不利于消费者"的霸王条款（因为在法国，二手数据游戏是可以被继续出售的）。稍远点的，就是法国手机游戏开发商 In-Fusio 起诉微软公司，指控其违背了与手机版游戏《Halo》相关的协议。目前这种"碎片化"的法律保护模式似乎并不需要特意用新的专门立法而改变，但针对权利人（作者）的问题，法国理论和实务界人士倾向于认为版权规则应相应调整。

---

❶ [EB/OL]. [2016-09-23]. http://www.culturalink.gov.cn/portal/pubinfo/001/20111103/9caf22bfbbe14b6ea7861349bac3 f334.html.

第十章 其他国家关于电子游戏的法律规定

3. 作者身份

法国认为任何对电子游戏创作做出创造性、原创性贡献的自然人都可以作为作者，法院通过判例还明确了"声效设计师"可以作为电子游戏声音的作者。在我国近期的新闻中，曾为《西游记》前五集配音的艺术家李世宏老师为DOTA2新开发的游戏角色"孙悟空"进行配音工作，台词多达1 000句，而一般游戏角色的配音在500~600句。从这个角度就可以看出，游戏角色配音可作为作品保护，可享有表演者权。

同时，一些未直接参与创作的人一样可以作为电子游戏或其部分的作者。这主要体现在交互式网络游戏中，那些在现有游戏中创作新的设定、角色、汽车等可为其他玩家所用的物品的人。随着电子游戏交互性的增强，很多国家的法律并未"与时俱进"，法国针对网络游戏中的玩家的创作行为的法律地位亦未在成文法或判例法中体现。既然玩家根据其"创作"的独创性和原创性而作为作者，那么任何用户的开发、使用其内容都应需要授权。当然，通常这些授权是通过安装游戏时的"最终用户许可协议"即"拆封协议"来取得的——不点击"确认"就无法进行下一步安装。

在法国法律中，雇员是可以作为作者的，即使其是在雇主的授权下进行创作的。另外，"作者—开发商—出版商"之间的权利转移也是重点。鉴于目前分作品类型保护的方法，"作者—开发商—出版商"之间的权利继承，通说认为是需遵守L131-3条的规定的："著作权转让的条件为，每一权利的转让均应在转让合同中分别指明，并明确转让权利的使用范围、目的、地域及期限。在特殊情况下，且转让权利的使用范围已按照本条一款要求以明确的，可通过交换电报缔结有效的转让合同。转让视听改编权合同应以书面签订，该合同应与专门的印刷作品出版合同分别订立。转让受益人按照合同，应承诺依行业惯例开发使用转让的权利。"

特别说明的是，计算机软件在"雇员—雇主"与作者之间的权利是自动转移的，体现在法国知识产权法典 L113-9 条。在法国知识产权法典 L132-24 条规定，视听作品的权利转移问题，除非有排除约定，否则 111-3 条、121-4 条、121-5 条、122-1 条到 122-7 条、123-7 条、131-2 条到 131-7 条、132-4 条与 132-7 条的权利，开发者有独家使用权。

七、德国

严谨如德国，以传统工业与制造业闻名于世，电子游戏这种新兴的产业依然发展得很迅速。德国有电子游戏博物馆及著名的德国科隆国际游戏展，桌面游戏最早也是从德国发源的。

德国的电子竞技从某种程度上缺乏世界范围内的影响力，因为他们从来不会把世界排名前三十的魔兽选手聚到一起打上半年，也不会重金邀请世界上最顶尖的 CS 战队到柏林住一两个月，并且每天只打 3 场比赛。

德国最知名的电子竞技赛事联盟 ESL 和最知名的电子竞技俱乐部 Mouz 都有一个显著的特点，即把投资的高性价比作为其经营和人才培养的指导方针。

ESL 赛事全称是 E-Sports League，在德国这是一个开展得非常广泛的电子竞技赛事，项目涵盖绝大多数的电子竞技项目，从主流的魔兽、CS、Quake、Dota2 到模拟体育类的实况、FIFA、NBA，再到中国玩家不怎么熟悉的 Live For Speed 这种流行欧洲的赛车游戏。而每年一度的电子竞技大奖 Esports Awards 也是德国电子竞技的一大特色，这个立志于成为世界电子竞技奥斯卡的评奖活动已经举行了三届。

第十章　其他国家关于电子游戏的法律规定

Mouz应该是在中国最有知名度的德国电子竞技战队了，Mouz在德国电子竞技中的地位等同于拜仁慕尼黑在德国足球甲级联赛中的地位。

德国选手自身的学历修养和俱乐部的规范管理也使得德国电子竞技呈现出世界少有的"干净"。在德国，很多从事电竞行业的选手和管理人员都是在大学读书或已经毕业的学生，他们把电子竞技当作兴趣和副业，利用业余时间或休学一段时间来打职业比赛。❶

德国著作权与邻接权法（UrhG）于1965年实施，历经多次修改，最新版本是2008年版本。德国著作权与邻接权法中权利保护的客体采取非穷尽的列举式，没有将电子游戏单列进去，但电子游戏受著作权保护是没有问题的。

鉴于电子游戏未作为一项单独的作品，原则上其便作为一项多媒体作品。德国著作权与邻接权法在第二十一条中，规定了"通过音像制品再现的权利"，指"借助音像制品使公众感知到朗诵或者表演的著作权利。本法第十九条第三款（关于朗诵权和表演权）规定准用"。德国著作权法认为，控制电子游戏的计算机软件和内置的视听作品，属于第二十一条中规定的"通过音像制品再现的权利"。❷

在德国著作权与邻接权法中，很有特色是第四十条，针对"未来著作的合同"进行了规定：①对于著作人尚未创作或者只规定类型的未来著作，其利用权之授权须有书面形式的合同。

---

❶ 德国电子竞技概况[EB/OL].[2015-10-18]. http://wenku.baidu.com/link?url=RROIzxqCjVQAZ5o6hzW35r79Yifx-BoHaqN5rJzt-hUtOIrRIDQmonx5c6oNAxZkMun-jS8oDwmQPQHNpwVEzeS Y5qLloZO6PDj9vWBOR83q.

❷ 《十二国著作权法》翻译组.十二国著作权法[M].北京：清华大学出版社，2011.

双方得自签订合同起五年之后解除合同。合同未达更短期限的，解除期限为六个月。②解除权不得事先放弃。其他约定的或法定的解除权不受影响。③履行合同时已授权未来著作的利用权的，对在合同终止时还未交付的著作的处分无效。❶这点对于互联网线上文学的创作、授权模式有很大的借鉴作用，或者从某种层面上，目前一些大型的文学网站签约的"白金"等级别的网络作家的模式，与德国是一样的，只不过授权周期更长，然而我国并没有相关的法律支持，所以这些对未发生的作品的处分行为的效力，还是存在理论争议的。

需要特别说明的是，德国是把电子游戏的视听部分作为"电影作品"的国家之一。作为电影作品，它是一项由游戏设计师、动画设计师、音效师等诸多贡献者合作完成的，如果上述作品达不到独创性和原创性的标准，法院也会将电子游戏的视听表达部分至少作为不需要"个人智慧创作证明"的"活动图片"（moving image，此处于《美国著作权法》中的"moving picture"的法律性质有天壤之别）。活动图片是与电影著作并列的客体，一起规定在《德国著作权法》第三部分"关于电影的特殊规定"，对于何为"活动图片"，《德国著作权法》中未做定义解释，但从具体规定来看，"活动图片"的权利是明显少于电影著作的："本法第88条、第89条第4款、第90条、第93条和第94条准用于不能作为电影著作保护的连续画面或者连续音像。"❷

电影著作与活动图片这两种不同的客体，对于电子游戏的

---

❶ 《十二国著作权法》翻译组. 十二国著作权法[M]. 北京：清华大学出版社，2011.

❷ 《十二国著作权法》翻译组. 十二国著作权法[M]. 北京：清华大学出版社，2011.

第十章 其他国家关于电子游戏的法律规定

著作权归属和作者归类亦是差异明显的。首先,要区分一个电子游戏中不同的著作权人,首先需要看谁做出了原创的、独创性的贡献,脚本设计师、角色设计师、对话设计、游戏导演、设定、音乐编曲、程序师、演员,所有这些做出原创、独创性贡献的人都可以作为这个最终作品的作者。对于合作作者而言,由于贡献不可分割,公开传播权及作品的改造、利用需要共同作者一并许可,或者由依法或依合同获得该权利的作者许可。

针对作为计算机软件的电子游戏的指令部分,德国著作权与邻接权法第 8 节做出了特殊规定。第六十九条 a 款规定"本法所称计算机程序,指包括草案资料在内的任何形态的程序。"针对电子游戏开发公司与具体的雇佣开发者的关系,第六十九条 b 款规定"雇佣为执行职务或者根据雇主指示创作计算机程序的,如无其他约定,只有雇主有权行使计算机程序的一切著作财产权权限。"[1] 相比于法国,德国只给实际"作者"保留了除财产权之外的人身权。与我国不同,《德国著作权法》中的人身权中并未包括"修改权",只有发表权、署名权及禁止歪曲权,这实际是与我国目前《著作权法》第三次修订中呼声很高的"取消修改权,并入保护作品完整权"的思路是一样的。这样的立法模式,避免了"虽然软件属于电子游戏开发者,但后续的升级、修改还需要员工许可,但员工已离职"的情况发生。

另外,在视听表达部分中,游戏设计师是作者,虚拟现实摄影师(Virtual Cameramen)、动画设计师同样作为合作作

---

[1] 《十二国著作权法》翻译组.十二国著作权法 [M].北京:清华大学出版社,2011.

者——后者实际上已经包含在计算机软件引擎中,所以其同样可以作为计算机软件的作者。对于由小说、电影改编而来的电子游戏,原作者不作为电子游戏的作者。

对于著作权期限,德国著作权与邻接权法第六十五条规定:①著作权属于数名共同著作权人的,自共同著作权人中最后死亡者死亡起七十年后归于消灭。②电影著作、类电作品的著作权自下列人员最后死亡者死亡起七十年后归于消灭:主导演、剧本著作人、对话著作人、为相关电影著作配乐的作曲家。当然,这并不意味着只有上述人群可作为作者,但上述群体是计算著作权保护期限的主体。

涉及类电作品,德国著作权与邻接权法并没有规定公开传播权必须通过合同移转。在该法第八十八条关于"摄制电影权"的规定中:"(1)著作人许可他人将其著作摄制电影,如有争议,推定将利用其著作,不加改变地,或者经过改作,或者改动地制作电影著作,且通过各种利用方式利用该电影著作,以及译本和电影改作物的独占权授予该人。(2)如有争议,本条第一款所称的权限不包括将该著作再次摄制电影。如有争议,著作人有权在签约十年后将著作另作电影性质的使用。"❶

最后,一些电子游戏开放设计口,玩家可以建设新的等级、设定、角色,甚至一些功能和代码修改,通过开发商或运营商平台与玩家的"用户协议",玩家默示得到了开发商或计算机软件修改软件、改编游戏的许可。但对于电子游戏开发商和运营商此后对于玩家新作品的再利用、再开发,并未有说明。

---

❶《十二国著作权法》翻译组. 十二国著作权法 [M]. 北京:清华大学出版社, 2011.

第三节　各国对电子游戏的行政监管

针对电子游戏的监管，大多数国家采取文化部门加行业协会（非营利民间组织）的形式加以管理。一些国家对电子游戏的内容审查另设评级审批机构，但这些评级机构多交由行业协会管理。

一、日本

日本电子游戏以游戏硬件设备和手机游戏为主，PC端游戏及网页游戏的数量不大。根据日本的行政职能划分，涉及信息通信的管理部门有经济产业省、文部科学省及内阁府。

其中涉及电子游戏著作权的部分由文部科学省管辖的外局"文化厅"负责管理。日本的文化厅并不等同于我国的文化部，它实际上也包含了版权局的职能，根据《日本著作权法》（2009年）第七十八条的规定，著作权登记机关为文化厅。同时根据第六十七条"孤儿作品"的规定，负责审批使用孤儿作品申请的机关同样为文化厅，同时使用人须向文化厅寄存一定数额的担保金——相等于使用费。同时根据第六十八条、第六十九条，广播组织、商业录音制品的强制许可亦是由文化厅负责。❶

同时，文化厅还另设有"文化审议会"，下属著作权分科会。这个文化审议会属于官方机构，并不是民间机构，权力很大。举个例子，根据《日本著作权》法第三十三条、第七十一

---

❶《十二国著作权法》翻译组．十二国著作权法［M］．北京：清华大学出版社，2011：397．

条的规定，涉及教科书及孤儿作品的使用补偿金数额问题，须向文化审议会进行咨询；文化厅审议会有权决定针对"电子书"扩大解释"出版权"❶，也有权将"同人志"等二次创作从"非亲告罪化"范围中去除。❷

2002 年，日本电脑软件娱乐协会 CESA 成立了电脑娱乐分级机构 CERO，独立进行游戏等级的划分。日本游戏分级制度主要针对电视游戏娱乐软件，适用的范围包括日本所有的主流机种，如 SEGA 和任天堂等。2006 年 3 月 1 日，CERO 对原来的分级系统进行重新修订，使分级所用图标的描述更加清晰，其中，A 级适合所有年龄阶层，B 级适合 12 岁以上的人群，C 级适合 15 岁以上的人群，D 级适合 17 岁以上的人群，Z 级仅适合 18 岁以上的人群。除了制定新的级别之外，CESA 也公布了关于 Z 级别游戏软体的销售、陈列与展示的参考准则，未来所有 Z 级别游戏的订单都将标注级别，并全面禁止销售给 18 岁以下玩家，必须陈列于 150cm 以上、儿童无法拿取的高度，针对 Z 级别游戏试玩的展示则希望店家自我规范。❸

游戏中的虚拟货币，由财务省下属的财务局进行管理。2016 年 4 月，日本关东财务局突击搜查了及时消息应用运营商 Line 公司的办公室，以检查 Line 公司在处理用户在购买游戏虚拟货币的资金时是否违反了日本的资金结算法。根据日本法律，作为货币使用的预付费游戏币中获得的资金都必须报告，如果游戏用户存入的未使用资金超过 9.062 万美元，公司需要将一

---

❶ [EB/OL].[2015-11-02]. http://culture.people.com.cn/n/2013/0911/c172318-22885589.html.

❷ [EB/OL].[2016-01-15]. http:/m.toutiao.com./i6213220325656625666/.

❸ 燕道成. 国外网络游戏管理及启示 [J]. 中国青年研究，2009（8）：105.

半的资金存入法务局托管。❶

二、韩国

韩国的游戏业与日本不同，PC 端游、网页游戏及电子游戏竞技直播业更为发达，游戏的二次创作作品丰富。针对电子游戏，韩国有《唱片、录像物及游戏物相关法律》《网络数码内容物产业发展法》《文化产业振兴基本法》等相关法律。

涉及电子游戏，主要由韩国文化体育观光部管理，同时根据《文化产业振兴基本法》，还设立了韩国游戏产业振兴院、韩国软件振兴院（KIPA）、游戏等级委员会、游戏文化振兴协会等诸多专门机构，为非营利民间组织。2009 年，韩国政府与微软韩国共同成立城南全球游戏综合中心（GlobalGame Hub Center）。

韩国的游戏等级划分由游戏物等级委员会（GCRB）负责，为流通（发行）、视听或提供使用的目的而制作或购入玩家，必须将游戏内容向委员会申请等级分类并得到等级分类。申请者向该组织交齐所有必备的材料以后，委员会在一周以后给出等级分类结果通报。委员会一般将游戏分成四个等级：针对所有人的、针对 12 岁以上、针对 15 岁以上和针对 18 岁以上成人的。对于评级结果，委员会要求必须在游戏资料物的显著位置标明游戏等级，在启动游戏时，初始画面的右上角以不同图案进行等级标记。对于成人游戏，必须有青少年保护警告条文的记载，以起到提醒作用。❷《唱片、录像物及游戏物相关法律》第二十条第二款规定了等级审查的例外事项：第一，非获利地在特定的场所向不包含青少年的特定人提供收看的录像物；第二，在

---

❶ [EB/OL]．[2015-10-12]．http://m. toutiao. com./i6270731174402851329/．

❷ 燕道成．国外网络游戏管理及启示 [J]．中国青年研究，2009（8）：105-106．

文化观光部长官或相关部门长官推荐的视听物大赛、展览会等场所上映或提供的录像物及游戏物；第三，属于以公共目的制造和发行或者无需等级分类的情形等由总统令规定的情形的录像物及游戏物。

根据《唱片、录像物及游戏物相关法律》第三条第二款第九项，文化观光部有权指导和取缔被违法制造或出售、出租、传播及收看或利用的唱片、录像物或游戏物。

针对游戏中的虚拟货币，仍由文化（体育）观光部负责。虽然韩国的网络游戏业发达，但韩国对于游戏虚拟货币却一直持谨慎态度。2006年12月11日，文化观光部就曾召开记者发布会，将通过立法禁止网络游戏中将虚拟货币、物品兑换为现金。❶ 2010年5月，韩国大法院针对《天堂》游戏中两名玩家买卖游戏虚拟货币获利案宣告无罪，一时间各国媒体都宣称"韩国已承认游戏虚拟货币等价于真实货币"，5月20日，文化观光部发言人辟谣称：《天堂》案对两名被告人宣告无罪是因为检方缺少"利用非正常游戏渠道获得"的证据，官方依然坚持之前的态度。❷

三、中国

我国针对电子游戏的行政法规、规章近二十个。涉及电子游戏监管的部门2013年前主要为广电总局、新闻出版总署、文化部、商务部，2013年广电总局、新闻出版总署合并为国家新闻出版广电总局，职能也进行了合并。所以形成了以文化部为统一管理、进行内容审批，国家新闻出版广电总局为前置审批，

---

❶ http://m.pcgames/com.cn/x/xyxw/0612/843770.html.
❷ http://developer.178.com/201005/68427969754.html.

第十章 其他国家关于电子游戏的法律规定

行业协会为辅的基本格局。

在我国，电子游戏研发本身无须审批。开展电子游戏运营需要获得《电信与信息服务业务经营许可证》《网络文化经营许可证》《互联网出版许可证》《计算机软件著作权登记证书》，新闻出版部门进行游戏出版审批，取得文号，运营后向文化行政部门备案。开展运营进口电子游戏，除了上述手续，还需要著作权认证，获得国家版权局《著作权合同登记批复》、新闻出版总署《同意出版运营该进口网络游戏的批复》，最后到文化部进行内容审查、批准，方能运营。

2009年，网之易公司运营《魔兽世界：燃烧的远征》事件，将两个机关协调不清的矛盾激化。由此，中央编办特意发布了《"三定"规定解释》，强调：对于进口网游产品的前置审批的行政许新闻出版总署科技与数字出版司负责审批"出版境外著作权人授权的互联网游戏作品"，审批对象为"境外著作权人授权的在互联网上网的游戏出版物"（强调"出版物"），其他进口网络游戏的审批工作由文化部负责。最终，网之易公司在多次反复后，还是选择了在两各部门同时经过审批后，才重新上线运营。

很多业界人士认为存在多层管理、重复审批的情况，其实这种情况很普遍。以韩国为例，因为对于电子游戏到底是作为计算机程序还是视听作品、类电作品在立法上不清楚，所以在涉及游戏登记的问题上，是作为程序向程序审查调解委员会登记，还是作为视听作品向著作权审查调解委员会登记，就成了每个游戏业者面前的难题，所以实务中为了保险起见，会在两

个部门都进行登记。❶

1. 国家新闻出版广电总局

根据《关于贯彻落实国务院〈"三定"规定〉和中央编办有关解释，进一步加强网络游戏前置审批和进口网络游戏审批管理的通知》《网络出版服务管理规定》，国家新闻出版广电总局负责网络游戏的"前置审批"（此前由新闻出版总署负责，在《关于贯彻落实国务院〈"三定"规定〉和中央编办有关解释，进一步加强网络游戏前置审批和进口网络游戏审批管理的通知》第二条中，明确表述了"将网络游戏内容通过互联网向公众提供在线交互使用或下载等运营服务是网络游戏出版行为，必须严格按照国家法规履行前置审批。新闻出版总署是中央和国务院授权的唯一负责网络游戏前置审批的政府部门。"新闻出版总署2013年后与广电总局合并为现在的"国家新闻出版广电总局"，负责发放《网络出版服务许可证》及公司法定代表人的《岗位培训合格证》，进行内容审查、处罚。

我国没有分级制度，对内容审查采取排除式的表述，根据《网络出版服务管理规定》第二十四条规定，涉及"反对宪法确定的基本原则的；危害国家统一、主权和领土完整的；泄露国家秘密、危害国家安全或者损害国家荣誉和利益的；煽动民族仇恨、民族歧视，破坏民族团结，或者侵害民族风俗、习惯的；宣扬邪教、迷信的；散布谣言，扰乱社会秩序，破坏社会稳定的；宣扬淫秽、色情、赌博、暴力或者教唆犯罪的；侮辱或者诽谤他人，侵害他人合法权益的；危害社会公德或者民族优秀文化传统的；有法律、行政法规和国家规定禁止的其他内容的"

---

❶ 寿步. 网络游戏法律政策研究2008 [M]. 上海：上海交通大学出版社，2008：272-273.

第十章 其他国家关于电子游戏的法律规定

都被认为是不合格的。可以看出，这些事项都是原则性的列举，在实际操作中需要具体问题具体分析。

国家新闻出版广电总局拥有的处罚权规定在《网络出版服务管理规定》第五十一条至第五十九条。比如"未经批准，擅自从事网络出版服务，或者擅自上网出版网络游戏（含境外著作权人授权的网络游戏）"的行为，可予以取缔、给予责令关闭网站，尚不够刑事处罚的，删除全部相关网络出版物，没收违法所得和从事违法出版活动的主要设备、专用工具，违法经营额1万元以上的，并处违法经营额5倍以上10倍以下的罚款；违法经营额不足1万元的，可以处5万元以下的罚款。"出版、传播含有本规定第二十四条、第二十五条禁止内容的网络出版物"的行为，可责令删除相关内容并限期改正，没收违法所得，违法经营额1万元以上的，并处违法经营额5倍以上10倍以下罚款；违法经营额不足1万元的，可以处5万元以下罚款；情节严重的，责令限期停业整顿或者由国家新闻出版广电总局吊销《网络出版服务许可证》，由电信主管部门依据出版行政主管部门的通知吊销其电信业务经营许可或者责令关闭网站；构成犯罪的，依法追究刑事责任。

由于我国没有对非法出版行为单独定罪，刑法实务中多以"非法经营罪"定罪量刑。

有学者对《网络出版服务管理规定》提出不同观点，认为针对网络游戏用传统的针对影视业的出版审查欠妥，网络游戏属于信息网络传播权规制的范畴，而出版行为主要涉及复制权与发行权。实际上，在国际上对游戏的管理基本都是交由"出版"监管部门，《韩国著作权法》第一百〇一条之六，还单独规定了"计算机程序专用出版权"及对应的"非法出版罪"。在此前光盘时代，国家通过光盘的版号和识别码来进行管理，只不过如今很多游戏,尤其是手机游戏,已经直接在应用市场下载、运行了,虽然脱离了"光盘"这种物质载体,但管理思路从本质上没有变化。

针对进口游戏运营,《网络出版服务管理规定》第十条规定了中外合资经营、中外合作经营和外资经营的单位不得从事网络出版服务。第十二条第一款第(七)项规定了网站域名注册证明、相关服务器存放在中华人民共和国境内的承诺。

2. 文化部

从日、韩的经验可以看出,由国家文化部门管理电子游戏是常规的思路。我国文化部办公厅发布的《网络游戏管理暂行办法》第三条规定:"国务院文化行政部门是网络游戏的主管部门,县级以上人民政府文化行政部门依照职责分工负责本行政区域内网络游戏的监督管理。"其主要负责:

(1)审查游戏内容。

此处与国家新闻出版广电总局的内容审查职能存在重叠,为此,《关于贯彻落实国务院〈"三定"规定〉和中央编办有关解释,进一步加强网络游戏前置审批和进口网络游戏审批管理的通知》第二条第三款特意强调:"对经新闻出版总署前置审批过的网络游戏,可以上网使用,任何部门不再重复审查,文化、电信等管理部门应严格按新闻出版总署前置审批的内容管理。"但从发文主体可以看出,该通知是由原新闻出版总署、国家版权局、全国"扫黄打非"工作小组办公室发出的,并不是与文化部门联合发出的。

国内游戏最后到文化部门备案即可。根据《网络游戏管理暂行办法》第十一条规定,"国务院文化行政部门依法对进口网络游戏进行内容审查。进口网络游戏应当在获得国务院文化行政部门内容审查批准后,方可上网运营。"一轮周折之后,进口

第十章　其他国家关于电子游戏的法律规定

网络游戏还是需要到文化部门进行内容审查、经批准后才能正式上线运营。

《网络游戏管理暂行办法》中同样列出了原则性的禁止事项，实务操作中由主管部门根据具体情况来掌握。2009年7月，文化部办公厅曾发布《关于立即查处"黑帮"主题非法网络游戏的通知》，集中对以黑社会为题材的电子游戏进行集中整治。

（2）发放《网络文化经营许可证》。

《网络游戏管理暂行办法》第六条规定："从事网络游戏上网运营、网络游戏虚拟货币发行和网络游戏虚拟货币交易服务等网络游戏经营活动的单位，应当具备以下条件，并取得《网络文化经营许可证》：（一）单位的名称、住所、组织机构和章程；（二）确定的网络游戏经营范围；（三）符合国家规定的从业人员；（四）不低于1 000万元的注册资金；（五）符合法律、行政法规和国家有关规定的条件。"

（3）网络游戏虚拟货币管理。

对网络游戏虚拟货币的管理是每个国家的大事。在我国，涉及游戏虚拟货币管理的条文主要规定在《网络游戏管理暂行办法》《关于加强网络游戏虚拟货币管理工作的通知》中，由文化部会同商务部管理。

《关于加强网络游戏虚拟货币管理工作的通知》对"游戏虚拟货币"的定义做出了明确规定："网络游戏虚拟货币，是指由网络游戏运营企业发行，游戏用户使用法定货币按一定比例直接或间接购买，存在于游戏程序之外，以电磁记录方式存储于网络游戏运营企业提供的服务器内，并以特定数字单位表现的一种虚拟兑换工具。网络游戏虚拟货币用于兑换发行企业所提供的指定范围、指定时间内的网络游戏服务，表现为网络游戏的预付充值卡、预付金额或点数等形式,但不包括游戏活动中获得的游戏道具。"

《网络游戏管理暂行办法》第十八条至第二十二条对游戏虚拟货币的管理作出了规定,按照"隔离原则",《关于加强网络游戏虚拟货币管理工作的通知》第一条第二款还规定了游戏虚拟货币的发行方与交易方不得为同一家机构;第四款规定了从事"网络游戏虚拟货币交易服务"业务须符合商务主管部门关于电子商务(平台)服务的有关规定。

(4)《网络游戏服务格式化协议必备条款》的设定。

《网络游戏管理暂行办法》第二十三条第二款规定:"国务院文化行政部门负责制定《网络游戏服务格式化协议必备条款》。网络游戏运营企业与用户的服务协议应当包括《网络游戏服务格式化协议必备条款》的全部内容,服务协议其他条款不得与《网络游戏服务格式化协议必备条款》相抵触。"

3. 行业协会

涉及游戏的行业协会(非营利民间团体)有中国软件行业协会游戏软件分会(CGIA)、游戏工作委员会、中国音像与数字出版协会游戏出版工作委员会、数码互动娱乐专业委员会等。

1993年9月,经原电子工业部和国家民政部批准,成立了中国软件行业协会电子游戏机分会,后于2002年7月更名为中国软件行业协会游戏软件分会(CGIA),《游戏行业自律公约》即由其制定,它也是我国游戏行业的主管协会。

2003年,经原新闻出版总署批准,民政部备案,中国出版工作协会组建的游戏工作委员会成立,受原新闻出版总署的领导。

"中国音像与数字出版协会游戏出版工作委员会"是由原国

家新闻出版总署批准设立的出版行业协会"中国音像与数字出版协会"于2015年成立的。国家新闻出版广电总局数字出版司司长张毅君为理事长（主任）。

第四节 各国关于侵犯著作权罪的规定

一、中美知识产权"刑事门槛"之争

对我国知识产权刑事保护力度质疑的缘起，应该是2007年4月美国就中国知识产权刑事保护机制问题提交DSB（WTO争端解决机构），涉及著作权方面的我国法律及司法解释包括：我国1997年《刑法》第二百一十七条侵犯著作权罪："以营利为目的，违法所得数额较大或者有其他严重情节的，处三年以下有期徒刑或者拘役，并处或者单处罚金；违法所得数额巨大或者有其他特别严重情节的，处三年以上七年以下有期徒刑，并处罚金"；2004年《最高人民法院、最高人民检察院关于办理侵犯知识产权刑事案件具体应用法律若干问题的解释》对"违法所得数额较大"限定在3万元以上，"有其他严重情节"限定在非法经营数额5万元以上（之前为10万元），或者盗版复制品数量合计在1 000千张（份）以上的。（后在《最高人民法院、最高人民检察院关于办理侵犯知识产权刑事案件具体应用法律若干问题的解释（二）》中下调为500份）。"情节特别严重"限定在非法经营数额在25万元以上，复制品数量合计在5 000张（份）以上。

《最高人民法院、最高人民检察院关于办理侵犯知识产权刑事案件具体应用法律若干问题的解释（二）》中规定了罚金数额一般在违法所得的一倍以上五倍以下，或者按照非法经营数

额的50%以上一倍以下确定。

美国对上述我国法律及司法解释规定提出两项指控：其一，中国的侵犯著作权犯罪门槛高，言下之意即便犯罪数额、数量下调到是5万元和500件数量还是高；其二是门槛指向有问题，即计算侵权产品价格应该按正版销售的市场价计算，而不应该按盗版产品销售价格计算。但是最后DSB没有支持美国的主张。❶

在有关知识产权保护的国际公约中，TRIPS是第一个引入"刑事程序"规定的。该协定第三部分"知识产权的实施"的第41.1条规定了总的义务，第六十一条确定了成员对知识产权刑事保护的义务：缔约方应规定，至少在以商业规模蓄意地假冒商标或剽窃著作权的案件中适用刑事诉讼和刑事处罚。适用的法律补救措施应包括足以起到威慑作用的监禁和/或罚款，其处罚程度应与对具有相应严重性的罪行法律补救措施的处罚程度一致。在适当的案件中，可采用的措施还应该包括充公、没收或销毁侵权物品以及任何其主要用途是用来进行上述犯罪行为的材料和设备。缔约方可以规定将刑事诉讼法程序和刑事处罚应用于其他侵犯知识产权的案件，特别是当侵权行为是蓄意的和以商业规模来进行时。

实际上，TRIPS协定第六十一条第1~3句的义务规定只是刑事义务的"最低标准"，对著作权刑事程序的统一是有限度的，只涉及案件对象和刑种及刑度方面，协定对侵犯版权的界定等并没有给出详细的规则。第4句中授权使成员可采取更高标准的刑事程序，其意义在于：加入一个成员采取刑事程序上

---

❶ 小勇. 论中美知识产权"刑事门槛"争端的法律问题 [C]. 中国法学会世界贸易组织法研究会2007年年会论文集，488.

第十章 其他国家关于电子游戏的法律规定

的更高标准，客观上会有效限制贸易，但协定明示不可作为非法贸易壁垒而受质疑。❶

说白了，第4句不是强制性提升标准的要求，而是作为成员自行提升标准而带来的"贸易壁垒行为"不作为贸易壁垒看待的授权性条款。所以，TRIPS的条款并不是中国近些年不断提升标准、扩大化解释的外源原因，真正的外源原因是欧美国家为打破TRIPS框架的约束，通过与中国等其他"弱保护"国签订双边协议，在双边协议中嵌套提升知识产权刑事保护的义务标准，最终达到使"最低标准"形同虚设的目的。❷

TRIPS协定第六十一条中把盗版行为限定为"wilful copyright piracy on a commercial scale"（具有商业规模的故意盗版）；在WIPO出版的《著作权与邻接权法律术语汇编》中，"Piracy"指的是"未经授权，而以任何适宜的方式复制已出版作品或录音制品用于公开发行……"对infringement的定义除了包含Piracy的复制发行之意，还包含了未经授权使用及精神权利侵权。可以看出，TRIPS协定对于"盗版"采用的是狭窄范围定义，限于"复制发行"。应该说，我国通过《最高人民法院、最高人民检察院关于办理侵犯知识产权刑事案件具体应用法律若干问题的解释》及《最高人民法院、最高人民检察院关于办理侵犯知识产权刑事案件具体应用法律若干问题的解释（二）》等司法解释的方式，在实务中已经突破了"复制、发行"的局限，甚至突破了著作权和邻接权的局限，甚至国内学者还一边倒的诟病该种扩大化解释，美国怎么还好意思反过来

---

❶ [美]克利福德·吉尔兹. 地方性知识：事实与法律的比较透视[M]//法律的文化解释. 北京：生活. 读书. 新知三联书店，1994：73.

❷ 志军. 我国著作权刑法保护问题研究[M]. 北京：中国人民公安大学出版社，2011：111.

说中国的著作权刑事保护力度不够呢？

二、国外对于著作权（版权）的刑事保护制度

下面，将中国著作权刑事保护制度与世界主要国家进行横向比较，看看中国现在到底算不算"弱保护"国家。

1. 美国

①1897年。

范围：表演权：戏剧、音乐作品；

入刑门槛：故意+营利目的。

②1909年。

入刑门槛：故意+营利目的；知道+故意帮助或教唆；

自由刑：1年；

罚金刑：25 000美元。

③1976年。

入刑门槛：故意+为了商业利益或私人经济收益，侵权复制品100件；

自由刑：1年；

罚金刑：10 000美元。

④1982年。

入刑门槛：故意+为了商业利益或私人经济收益且侵权复制品6个月内100件；

自由刑：初次1~3年，最高5年；

罚金刑：自由刑1年之内，个人10万美元，单位20万美元；自由刑1年以上，25万美元，单位50万美元；或者不超过收益或损失的2倍。

⑤1984年。

入刑门槛：故意+为了商业利益或私人经济收益且侵权复制

第十章 其他国家关于电子游戏的法律规定

品7~65件；

罚金刑：自由刑1年之内，个人10万美元，单位20万美元；自由刑1年以上，25万美元，单位50万美元；或者不超过收益或损失的2倍。

⑥1992年。

保护范围：登记的全类著作权；

入刑门槛：故意+为了商业利益或私人经济收益且180天内10件且零售价超2 500美元；

自由刑：侵犯邻接权犯罪到5年。

⑦1997年12月。

入刑门槛：为了商业利益或私人经济利益或180天内复制1件并且零售价格超过1 000美元；

罚金刑：自由刑1年之内，个人10万美元，单位20万美元；自由刑1年以上，25万美元，单位50万美元；或者不超过收益或损失的2倍。

为了更好地理解美国著作权刑事保护制度的变迁，首先需要说明两点：第一，单独看罚金是没有意义的，必须考虑当时年份的美元购买力，进行现值折算，比如考虑到1909年美国还在实行金本位货币制度，即当时1美元相当于1.5克左右（0.05盎司）的黄金，以现在1 100美元/盎司的金价折算，相当于现在的137.5万美元；第二，要和中国的现行判例对比。美国经历了从"轻刑（美国自由刑超过1年就算重刑了，这点和中国没有可比性）高罚金"到"重刑高罚金"的过程。从刑期上看，我国的刑期设定至少是和美国持平的。从罚金看，1909年的罚金数额达到美国历史上最高的罚金等级，而在1976年时因为未修法，按照当时的购买力折现，达到最低点。而对比我国，北京地区 2013 年"被告人王某某侵犯著作权罪"中❶被告被判处罚金 80 万元，之前中国网络游戏"外挂"第一案判处的罚金为 200 万元。应该说，罚金刑的力度也基本和美国持平。❷唯一比美国低的地方在犯罪门槛方面，美国在 1997 年时把犯罪门槛压低到不需要主观故意和以营利为目的。但需要注意到的是，美国是世界上少有的版权登记取得的国家，要发起侵权诉讼，版权登记是初步的程序。说白了，美国虽然入刑的门槛低，但在美国获得版权保护的门槛高啊。美国刑期不低，但看过《越狱》等美剧的人懂得，美国的监狱条件不是一般的好。

2. 俄罗斯

《俄罗斯联邦刑法典》第一百四十六条中，规定了侵犯的客体为"著作权和邻接权"。

保护范围：著作权、邻接权。

入刑门槛：侵权复制品达 5 万卢布；数额特别巨大指超 25 万卢布。

自由刑：180~240 小时义务劳动刑；2 年以下自由刑；数额特别巨大的处 6 年以下自由刑。

罚金刑：20 万卢布或 18 个月工资；数额特别巨大的处 50 万卢布罚金。

按照现在人民币兑卢布 1：10.1 的汇率，俄罗斯入刑门槛为 5 000 元。罚金刑为 20 万元到 50 万元。❸

---

❶ (2013) 石刑初字第 326 号。

❷ 栾莉. 美国著作权的刑事保护及启示 [J]. 中国人民公安大学学报，2009 (5).

❸ 孟祥娟. 俄罗斯著作权法 [M]. 北京：法律出版社，2014：270-273.

第十章 其他国家关于电子游戏的法律规定

3. 菲律宾

保护范围：著作权。

入刑门槛：以商业目的，至权利损害。

自由刑/罚金刑：

第一次，1~3 年；罚金 5 万~15 万比索（合 3 355~10 000 元）

第二次，3~6 年；罚金 15 万~50 万比索（10 000~33 557 元）

第三次及以上，6~9 年；罚金 50 万~150 万比索（33 557~100 671 元）

按照人民币兑比索 1:0.067 的汇率，可以看出，菲律宾实行重自由刑、轻罚金刑制度，其刑期设置的比我国要高。[1]

4. 日本

保护范围：著作权、邻接权。

入刑门槛：以营利为目的；

细分：

①侵犯复制权

自由刑：10 年以下；

罚金刑：1 000 万日元。

②人格权

自由刑：5 年以下；

罚金刑：500 万日元。

③以营利目的，以自动复制机器用于复制（提供犯罪工具）

自由刑：5 年以下；

---

[1] 杨涛，杨斌. 菲律宾知识产权法典 [M]. 北京：知识产权出版社，2014：94-95.

罚金刑：500万日元。
④擅翻录录音、录像作品或表演的
自由刑：2年以下；
罚金刑：200万日元。
⑤侵犯署名权
自由刑：1年以下；
罚金刑：100万日元。
⑥复制商业唱片
自由刑：1年以下；
罚金刑：100万日元。

日本的侵犯著作权罪是严格按照侵犯的版权、邻接权权项来划分，侵犯不同的权项，刑期及罚金不同，笔者认为这种设计思路比较合理。❶ 日本的立法思路和美国接近，一些非经营目的的私人使用也被列入了刑事惩戒范围，但日本的罚金刑并不重。

综上，经过横向比较可以看出，我国的著作权刑事保护力度在世界中绝不算弱，在刑事处罚力度上甚至不输美国。可以看出，美国作为著作权刑事保护最为严格的国家，其自身的立法也经历了从宽到严的漫长过程，这是与其经济、科技发展相适应的，相比之下，中国现在著作权刑事保护力度诸君切莫妄自菲薄。

---

❶ 杨和义. 日本知识产权法 [M]. 北京：北京大学出版社，2014：82.

附录：部分涉游戏法规、规章
（2009年至2016年12月）

网络出版服务管理规定

第一章 总　则

第一条 为了规范网络出版服务秩序，促进网络出版服务业健康有序发展，根据《出版管理条例》、《互联网信息服务管理办法》及相关法律法规，制定本规定。

第二条 在中华人民共和国境内从事网络出版服务，适用本规定。

本规定所称网络出版服务，是指通过信息网络向公众提供网络出版物。

本规定所称网络出版物，是指通过信息网络向公众提供的，具有编辑、制作、加工等出版特征的数字化作品，范围主要包括：

（一）文学、艺术、科学等领域内具有知识性、思想性的文字、图片、地图、游戏、动漫、音视频读物等原创数字化作品；

（二）与已出版的图书、报纸、期刊、音像制品、电子出版物等内容相一致的数字化作品；

（三）将上述作品通过选择、编排、汇集等方式形成的网络文献数据库等数字化作品；

（四）国家新闻出版广电总局认定的其他类型的数字化作品。

网络出版服务的具体业务分类另行制定。

第三条　从事网络出版服务，应当遵守宪法和有关法律、法规，坚持为人民服务、为社会主义服务的方向，坚持社会主义先进文化的前进方向，弘扬社会主义核心价值观，传播和积累一切有益于提高民族素质、推动经济发展、促进社会进步的思想道德、科学技术和文化知识，满足人民群众日益增长的精神文化需要。

第四条　国家新闻出版广电总局作为网络出版服务的行业主管部门，负责全国网络出版服务的前置审批和监督管理工作。工业和信息化部作为互联网行业主管部门，依据职责对全国网络出版服务实施相应的监督管理。

地方人民政府各级出版行政主管部门和各省级电信主管部门依据各自职责对本行政区域内网络出版服务及接入服务实施相应的监督管理工作并做好配合工作。

第五条　出版行政主管部门根据已经取得的违法嫌疑证据或者举报，对涉嫌违法从事网络出版服务的行为进行查处时，可以检查与涉嫌违法行为有关的物品和经营场所；对有证据证明是与违法行为有关的物品，可以查封或者扣押。

第六条　国家鼓励图书、音像、电子、报纸、期刊出版单位从事网络出版服务，加快与新媒体的融合发展。

国家鼓励组建网络出版服务行业协会，按照章程，在出版行政主管部门的指导下制定行业自律规范，倡导网络文明，传播健康有益内容，抵制不良有害内容。

第二章　网络出版服务许可

第七条　从事网络出版服务，必须依法经过出版行政主管部门批准，取得《网络出版服务许可证》。

第八条　图书、音像、电子、报纸、期刊出版单位从事网络出版服务，应当具备以下条件：

（一）有确定的从事网络出版业务的网站域名、智能终端应用程序等出版平台；

（二）有确定的网络出版服务范围；

（三）有从事网络出版服务所需的必要的技术设备，相关服务器和存储设备必须存放在中华人民共和国境内。

第九条 其他单位从事网络出版服务，除第八条所列条件外，还应当具备以下条件：

（一）有确定的、不与其他出版单位相重复的，从事网络出版服务主体的名称及章程；

（二）有符合国家规定的法定代表人和主要负责人，法定代表人必须是在境内长久居住的具有完全行为能力的中国公民，法定代表人和主要负责人至少1人应当具有中级以上出版专业技术人员职业资格；

（三）除法定代表人和主要负责人外，有适应网络出版服务范围需要的8名以上具有国家新闻出版广电总局认可的出版及相关专业技术职业资格的专职编辑出版人员，其中具有中级以上职业资格的人员不得少于3名；

（四）有从事网络出版服务所需的内容审校制度；

（五）有固定的工作场所；

（六）法律、行政法规和国家新闻出版广电总局规定的其他条件。

第十条 中外合资经营、中外合作经营和外资经营的单位不得从事网络出版服务。

网络出版服务单位与境内中外合资经营、中外合作经营、外资经营企业或境外组织及个人进行网络出版服务业务的项目合作，应当事前报国家新闻出版广电总局审批。

第十一条 申请从事网络出版服务，应当向所在地省、自治区、直辖市出版行政主管部门提出申请，经审核同意后，报国家新闻出版广电总局审批。国家新闻出版广电总局应当自受理申请之日起60日内，作出批准或者不予批准的决定。不批准的，应当说明理由。

第十二条 从事网络出版服务的申报材料，应该包括下列内容：

（一）《网络出版服务许可证申请表》；

（二）单位章程及资本来源性质证明；

（三）网络出版服务可行性分析报告，包括资金使用、产品规划、技术条件、设备配备、机构设置、人员配备、市场分析、风险评估、版权保护措施等；

（四）法定代表人和主要负责人的简历、住址、身份证明文件；

（五）编辑出版等相关专业技术人员的国家认可的职业资格证明和主要从业经历及培训证明；

（六）工作场所使用证明；

（七）网站域名注册证明、相关服务器存放在中华人民共和国境内的承诺。

本规定第八条所列单位从事网络出版服务的，仅提交前款（一）、（六）、（七）项规定的材料。

第十三条　设立网络出版服务单位的申请者应自收到批准决定之日起30日内办理注册登记手续：

（一）持批准文件到所在地省、自治区、直辖市出版行政主管部门领取并填写《网络出版服务许可登记表》；

（二）省、自治区、直辖市出版行政主管部门对《网络出版服务许可登记表》审核无误后，在10日内向申请者发放《网络出版服务许可证》；

（三）《网络出版服务许可登记表》一式三份，由申请者和省、自治区、直辖市出版行政主管部门各存一份，另一份由省、自治区、直辖市出版行政主管部门在15日内报送国家新闻出版广电总局备案。

第十四条　《网络出版服务许可证》有效期为5年。有效期届满，需继续从事网络出版服务活动的，应于有效期届满60日前按本规定第十一条的程序提出申请。出版行政主管部门应当在该许可有效期届满前作出是否准予延续的决定。批准的，换发《网络出版服务许可证》。

第十五条　网络出版服务经批准后，申请者应持批准文件、《网络出版服务许可证》到所在地省、自治区、直辖市电信主管部门办理相关手续。

附录：部分涉游戏法规、规章（2009年至2016年12月）

第十六条　网络出版服务单位变更《网络出版服务许可证》许可登记事项、资本结构，合并或者分立，设立分支机构的，应依据本规定第十一条办理审批手续，并应持批准文件到所在地省、自治区、直辖市电信主管部门办理相关手续。

第十七条　网络出版服务单位中止网络出版服务的，应当向所在地省、自治区、直辖市出版行政主管部门备案，并说明理由和期限；网络出版服务单位中止网络出版服务不得超过180日。

网络出版服务单位终止网络出版服务的，应当自终止网络出版服务之日起30日内，向所在地省、自治区、直辖市出版行政主管部门办理注销手续后到省、自治区、直辖市电信主管部门办理相关手续。省、自治区、直辖市出版行政主管部门将相关信息报国家新闻出版广电总局备案。

第十八条　网络出版服务单位自登记之日起满180日未开展网络出版服务的，由原登记的出版行政主管部门注销登记，并报国家新闻出版广电总局备案。同时，通报相关省、自治区、直辖市电信主管部门。

因不可抗力或者其他正当理由发生上述所列情形的，网络出版服务单位可以向原登记的出版行政主管部门申请延期。

第十九条　网络出版服务单位应当在其网站首页上标明出版行政主管部门核发的《网络出版服务许可证》编号。

互联网相关服务提供者在为网络出版服务单位提供人工干预搜索排名、广告、推广等服务时，应当查验服务对象的《网络出版服务许可证》及业务范围。

第二十条　网络出版服务单位应当按照批准的业务范围从事网络出版服务，不得超出批准的业务范围从事网络出版服务。

第二十一条　网络出版服务单位不得转借、出租、出卖《网络出版服务许可证》或以任何形式转让网络出版服务许可。

网络出版服务单位允许其他网络信息服务提供者以其名义提供网络出版服务，属于前款所称禁止行为。

第二十二条　网络出版服务单位实行特殊管理股制度，具体办法由国家新闻出版广电总局另行制定。

第三章 网络出版服务管理

第二十三条 网络出版服务单位实行编辑责任制度,保障网络出版物内容合法。

网络出版服务单位实行出版物内容审核责任制度、责任编辑制度、责任校对制度等管理制度,保障网络出版物出版质量。

在网络上出版其他出版单位已在境内合法出版的作品且不改变原出版物内容的,须在网络出版物的相应页面显著标明原出版单位名称以及书号、刊号、网络出版物号或者网址信息。

第二十四条 网络出版物不得含有以下内容:

(一)反对宪法确定的基本原则的;

(二)危害国家统一、主权和领土完整的;

(三)泄露国家秘密、危害国家安全或者损害国家荣誉和利益的;

(四)煽动民族仇恨、民族歧视,破坏民族团结,或者侵害民族风俗、习惯的;

(五)宣扬邪教、迷信的;

(六)散布谣言,扰乱社会秩序,破坏社会稳定的;

(七)宣扬淫秽、色情、赌博、暴力或者教唆犯罪的;

(八)侮辱或者诽谤他人,侵害他人合法权益的;

(九)危害社会公德或者民族优秀文化传统的;

(十)有法律、行政法规和国家规定禁止的其他内容的。

第二十五条 为保护未成年人合法权益,网络出版物不得含有诱发未成年人模仿违反社会公德和违法犯罪行为的内容,不得含有恐怖、残酷等妨害未成年人身心健康的内容,不得含有披露未成年人个人隐私的内容。

第二十六条 网络出版服务单位出版涉及国家安全、社会安定等方面重大选题的内容,应当按照国家新闻出版广电总局有关重大选题备案管理的规定办理备案手续。未经备案的重大选题内容,不得出版。

第二十七条　网络游戏上网出版前，必须向所在地省、自治区、直辖市出版行政主管部门提出申请，经审核同意后，报国家新闻出版广电总局审批。

第二十八条　网络出版物的内容不真实或不公正，致使公民、法人或者其他组织合法权益受到侵害的，相关网络出版服务单位应当停止侵权，公开更正，消除影响，并依法承担其他民事责任。

第二十九条　国家对网络出版物实行标识管理，具体办法由国家新闻出版广电总局另行制定。

第三十条　网络出版物必须符合国家的有关规定和标准要求，保证出版物质量。

网络出版物使用语言文字，必须符合国家法律规定和有关标准规范。

第三十一条　网络出版服务单位应当按照国家有关规定或技术标准，配备应用必要的设备和系统，建立健全各项管理制度，保障信息安全、内容合法，并为出版行政主管部门依法履行监督管理职责提供技术支持。

第三十二条　网络出版服务单位在网络上提供境外出版物，应当取得著作权合法授权。其中，出版境外著作权人授权的网络游戏，须按本规定第二十七条办理审批手续。

第三十三条　网络出版服务单位发现其出版的网络出版物含有本规定第二十四条、第二十五条所列内容的，应当立即删除，保存有关记录，并向所在地县级以上出版行政主管部门报告。

第三十四条　网络出版服务单位应记录所出版作品的内容及其时间、网址或者域名，记录应当保存60日，并在国家有关部门依法查询时，予以提供。

第三十五条　网络出版服务单位须遵守国家统计规定，依法向出版行政主管部门报送统计资料。

第四章　监督管理

第三十六条　网络出版服务的监督管理实行属地管理原则。

各地出版行政主管部门应当加强对本行政区域内的网络出版服务单位及其出版活动的日常监督管理,履行下列职责:

(一)对网络出版服务单位进行行业监管,对网络出版服务单位违反本规定的情况进行查处并报告上级出版行政主管部门;

(二)对网络出版服务进行监管,对违反本规定的行为进行查处并报告上级出版行政主管部门;

(三)对网络出版物内容和质量进行监管,定期组织内容审读和质量检查,并将结果向上级出版行政主管部门报告;

(四)对网络出版从业人员进行管理,定期组织岗位、业务培训和考核;

(五)配合上级出版行政主管部门、协调相关部门、指导下级出版行政主管部门开展工作。

第三十七条 出版行政主管部门应当加强监管队伍和机构建设,采取必要的技术手段对网络出版服务进行管理。出版行政主管部门依法履行监督检查等执法职责时,网络出版服务单位应当予以配合,不得拒绝、阻挠。

各省、自治区、直辖市出版行政主管部门应当定期将本行政区域内的网络出版服务监督管理情况向国家新闻出版广电总局提交书面报告。

第三十八条 网络出版服务单位实行年度核验制度,年度核验每年进行一次。省、自治区、直辖市出版行政主管部门负责对本行政区域内的网络出版服务单位实施年度核验并将有关情况报国家新闻出版广电总局备案。年度核验内容包括网络出版服务单位的设立条件、登记项目、出版经营情况、出版质量、遵守法律规范、内部管理情况等。

第三十九条 年度核验按照以下程序进行:

(一)网络出版服务单位提交年度自检报告,内容包括:本年度政策法律执行情况,奖惩情况,网站出版、管理、运营绩效情况,网络出版物目录,对年度核验期内的违法违规行为的整改情况,编辑出版人员培训管理情况等;并填写由国家新闻出版广电总局统一印制的《网络出版服务年度核验登记表》,与年度自检报告一并报所在地省、自治区、直辖市出版行政主管部门；

（二）省、自治区、直辖市出版行政主管部门对本行政区域内的网络出版服务单位的设立条件、登记项目、开展业务及执行法规等情况进行全面审核，并在收到网络出版服务单位的年度自检报告和《网络出版服务年度核验登记表》等年度核验材料的45日内完成全面审核查验工作。对符合年度核验要求的网络出版服务单位予以登记，并在其《网络出版服务许可证》上加盖年度核验章；

（三）省、自治区、直辖市出版行政主管部门应于完成全面审核查验工作的15日内将年度核验情况及有关书面材料报国家新闻出版广电总局备案。

第四十条 有下列情形之一的，暂缓年度核验：

（一）正在停业整顿的；

（二）违反出版法规规章，应予处罚的；

（三）未按要求执行出版行政主管部门相关管理规定的；

（四）内部管理混乱，无正当理由未开展实质性网络出版服务活动的；

（五）存在侵犯著作权等其他违法嫌疑需要进一步核查的。

暂缓年度核验的期限由省、自治区、直辖市出版行政主管部门确定，报国家新闻出版广电总局备案，最长不得超过180日。暂缓年度核验期间，须停止网络出版服务。

暂缓核验期满，按本规定重新办理年度核验手续。

第四十一条 已经不具备本规定第八条、第九条规定条件的，责令限期改正；逾期仍未改正的，不予通过年度核验，由国家新闻出版广电总局撤销《网络出版服务许可证》，所在地省、自治区、直辖市出版行政主管部门注销登记，并通知当地电信主管部门依法处理。

第四十二条 省、自治区、直辖市出版行政主管部门可根据实际情况，对本行政区域内的年度核验事项进行调整，相关情况报国家新闻出版广电总局备案。

第四十三条 省、自治区、直辖市出版行政主管部门可以向社会公布年度核验结果。

第四十四条　从事网络出版服务的编辑出版等相关专业技术人员及其负责人应当符合国家关于编辑出版等相关专业技术人员职业资格管理的有关规定。

网络出版服务单位的法定代表人或主要负责人应按照有关规定参加出版行政主管部门组织的岗位培训,并取得国家新闻出版广电总局统一印制的《岗位培训合格证书》。未按规定参加岗位培训或培训后未取得《岗位培训合格证书》的,不得继续担任法定代表人或主要负责人。

第五章　保障与奖励

第四十五条　国家制定有关政策,保障、促进网络出版服务业的发展与繁荣。鼓励宣传科学真理、传播先进文化、倡导科学精神、塑造美好心灵、弘扬社会正气等有助于形成先进网络文化的网络出版服务,推动健康文化、优秀文化产品的数字化、网络化传播。

网络出版服务单位依法从事网络出版服务,任何组织和个人不得干扰、阻止和破坏。

第四十六条　国家支持、鼓励下列优秀的、重点的网络出版物的出版:

(一) 对阐述、传播宪法确定的基本原则有重大作用的;

(二) 对弘扬社会主义核心价值观,进行爱国主义、集体主义、社会主义和民族团结教育以及弘扬社会公德、职业道德、家庭美德、个人品德有重要意义的;

(三) 对弘扬民族优秀文化,促进国际文化交流有重大作用的;

(四) 具有自主知识产权和优秀文化内涵的;

(五) 对推进文化创新,及时反映国内外新的科学文化成果有重大贡献的;

(六) 对促进公共文化服务有重大作用的;

(七) 专门以未成年人为对象、内容健康的或者其他有利于未成年人健康成长的;

（八）其他具有重要思想价值、科学价值或者文化艺术价值的。

第四十七条 对为发展、繁荣网络出版服务业作出重要贡献的单位和个人，按照国家有关规定给予奖励。

第四十八条 国家保护网络出版物著作权人的合法权益。网络出版服务单位应当遵守《中华人民共和国著作权法》、《信息网络传播权保护条例》、《计算机软件保护条例》等著作权法律法规。

第四十九条 对非法干扰、阻止和破坏网络出版物出版的行为，出版行政主管部门及其他有关部门，应当及时采取措施，予以制止。

第六章 法律责任

第五十条 网络出版服务单位违反本规定的，出版行政主管部门可以采取下列行政措施：

（一）下达警示通知书；

（二）通报批评、责令改正；

（三）责令公开检讨；

（四）责令删除违法内容。

警示通知书由国家新闻出版广电总局制定统一格式，由出版行政主管部门下达给相关网络出版服务单位。

本条所列的行政措施可以并用。

第五十一条 未经批准，擅自从事网络出版服务，或者擅自上网出版网络游戏（含境外著作权人授权的网络游戏），根据《出版管理条例》第六十一条、《互联网信息服务管理办法》第十九条的规定，由出版行政主管部门、工商行政管理部门依照法定职权予以取缔，并由所在地省级电信主管部门依据有关部门的通知，按照《互联网信息服务管理办法》第十九条的规定给予责令关闭网站等处罚；已经触犯刑法的，依法追究刑事责任；尚不够刑事处罚的，删除全部相关网络出版物，没收违法所得和从事违法出版活动的主要设备、专用工具，违法经营额 1 万元以上的，并处违法经营额 5 倍以上 10 倍以下的罚款；违法经营额不足 1 万元的，可以处 5 万元以下的罚款；侵犯他人合法权益的，依法承担民事责任。

第五十二条 出版、传播含有本规定第二十四条、第二十五条禁止内容的网络出版物的，根据《出版管理条例》第六十二条、《互联网信息服务管理办法》第二十条的规定，由出版行政主管部门责令删除相关内容并限期改正，没收违法所得，违法经营额1万元以上的，并处违法经营额5倍以上10倍以下罚款；违法经营额不足1万元的，可以处5万元以下罚款；情节严重的，责令限期停业整顿或者由国家新闻出版广电总局吊销《网络出版服务许可证》，由电信主管部门依据出版行政主管部门的通知吊销其电信业务经营许可或者责令关闭网站；构成犯罪的，依法追究刑事责任。

为从事本条第一款行为的网络出版服务单位提供人工干预搜索排名、广告、推广等相关服务的，由出版行政主管部门责令其停止提供相关服务。

第五十三条 违反本规定第二十一条的，根据《出版管理条例》第六十六条的规定，由出版行政主管部门责令停止违法行为，给予警告，没收违法所得，违法经营额1万元以上的，并处违法经营额5倍以上10倍以下的罚款；违法经营额不足1万元的，可以处5万元以下的罚款；情节严重的，责令限期停业整顿或者由国家新闻出版广电总局吊销《网络出版服务许可证》。

第五十四条 有下列行为之一的，根据《出版管理条例》第六十七条的规定，由出版行政主管部门责令改正，给予警告；情节严重的，责令限期停业整顿或者由国家新闻出版广电总局吊销《网络出版服务许可证》：

（一）网络出版服务单位变更《网络出版服务许可证》登记事项、资本结构，超出批准的服务范围从事网络出版服务，合并或者分立，设立分支机构，未依据本规定办理审批手续的；

（二）网络出版服务单位未按规定出版涉及重大选题出版物的；

（三）网络出版服务单位擅自中止网络出版服务超过180日的；

（四）网络出版物质量不符合有关规定和标准的。

第五十五条 违反本规定第三十四条的,根据《互联网信息服务管理办法》第二十一条的规定,由省级电信主管部门责令改正;情节严重的,责令停业整顿或者暂时关闭网站。

第五十六条 网络出版服务单位未依法向出版行政主管部门报送统计资料的,依据《新闻出版统计管理办法》处罚。

第五十七条 网络出版服务单位违反本规定第二章规定,以欺骗或者贿赂等不正当手段取得许可的,由国家新闻出版广电总局撤销其相应许可。

第五十八条 有下列行为之一的,由出版行政主管部门责令改正,予以警告,并处3万元以下罚款:

(一)违反本规定第十条,擅自与境内外中外合资经营、中外合作经营和外资经营的企业进行涉及网络出版服务业务的合作的;

(二)违反本规定第十九条,未标明有关许可信息或者未核验有关网站的《网络出版服务许可证》的;

(三)违反本规定第二十三条,未按规定实行编辑责任制度等管理制度的;

(四)违反本规定第三十一条,未按规定或标准配备应用有关系统、设备或未健全有关管理制度的;

(五)未按本规定要求参加年度核验的;

(六)违反本规定第四十四条,网络出版服务单位的法定代表人或主要负责人未取得《岗位培训合格证书》的;

(七)违反出版行政主管部门关于网络出版其他管理规定的。

第五十九条 网络出版服务单位违反本规定被处以吊销许可证行政处罚的,其法定代表人或者主要负责人自许可证被吊销之日起10年内不得担任网络出版服务单位的法定代表人或者主要负责人。

从事网络出版服务的编辑出版等相关专业技术人员及其负责人违反本规定,情节严重的,由原发证机关吊销其资格证书。

第七章 附 则

第六十条 本规定所称出版物内容审核责任制度、责任编辑制度、责任校对制度等管理制度，参照《图书质量保障体系》的有关规定执行。

第六十一条 本规定自 2016 年 3 月 10 日起施行。原国家新闻出版总署、信息产业部 2002 年 6 月 27 日颁布的《互联网出版管理暂行规定》同时废止。

附录：部分涉游戏法规、规章（2009年至2016年12月）

关于移动游戏出版服务管理的通知

新广出办发〔2016〕44号

各省、自治区、直辖市新闻出版广电局，新疆生产建设兵团新闻出版广电局，中央军委政治工作部宣传局，各游戏出版服务单位：

为进一步规范移动游戏出版服务管理秩序，提高移动游戏受理和审批工作效率，根据《出版管理条例》、《网络出版服务管理规定》及相关管理规定，现将有关事项通知如下：

一、本通知所称移动游戏，是指以手机等移动智能终端为运行载体，通过信息网络供公众下载或者在线交互使用的游戏作品。

本通知所称移动游戏出版服务，是指将移动游戏通过信息网络向公众提供下载或者在线交互使用等上网出版运营服务行为。

本通知所称游戏出版服务单位是指取得国家新闻出版广电总局网络出版服务许可，具有游戏出版业务范围的网络出版服务单位。

二、游戏出版服务单位负责移动游戏内容审核、出版申报及游戏出版物号申领工作。

三、申请出版不涉及政治、军事、民族、宗教等题材内容，且无故事情节或者情节简单的消除类、跑酷类、飞行类、棋牌类、解谜类、体育类、音乐舞蹈类等休闲益智国产移动游戏，按照以下要求办理：

（一）游戏出版服务单位按照《出版管理条例》、《网络出版服务管理规定》等要求，参照中国音像与数字出版协会制定的《移动游戏内容规范》，审核申请出版的移动游戏内容，填写《出版国产移动游戏作品申请表》（见附件），并在预定上网出版（公测，下同）运营至少20个工作日前，将此表及相关证照的复印件（一式两份）报送属地省级出版行政主管部门。

（二）省级出版行政主管部门收到申请材料后5个工作日内应完成

下列工作：1. 审核申请材料的完备性和准确性。2. 符合要求的，一份申请材料和省级出版行政主管部门审核意见报国家新闻出版广电总局，另一份由省级出版行政主管部门存档。3. 不符合要求的，申请材料退回申请者并书面说明理由。

（三）国家新闻出版广电总局收到省级出版行政主管部门报送材料10个工作日内，作出是否批准的决定，并将决定通知省级出版行政主管部门。省级出版行政主管部门接到国家新闻出版广电总局批复意见后的3个工作日内，通知游戏出版服务单位。

（四）游戏出版服务单位取得批复文件后，应按批复文件要求，组织游戏上网出版运营，并在游戏上网出版运营后7个工作日内，向属地省级出版行政主管部门书面报告上网出版运营时间、可下载的地址、运营机构数量及主要运营机构名称和是否开放充值等出版运营情况；超过预定上网出版运营时间20个工作日仍不能上网出版的，应及时向属地省级出版行政主管部门书面说明理由。

四、申请出版非本通知第三条范围内的国产移动游戏，按照《关于进一步规范出版境外著作权人授权互联网游戏作品和电子游戏出版物申报材料的通知》（新广出办函〔2014〕111号）（以下简称《规范通知》）和《关于启动网络游戏防沉迷实名验证工作的通知》（新出联〔2011〕10号）的要求办理，其中，《规范通知》附件1所列申报材料中第（二）至（六）项变更为提交《出版国产移动游戏作品申请表》。

五、申请出版境外著作权人授权的移动游戏，按照《规范通知》和《关于启动网络游戏防沉迷实名验证工作的通知》的要求办理。

六、已经批准出版的移动游戏的升级作品及新资料片（指故事情节、任务内容、地图形态、人物性格、角色特征、互动功能等发生明显改变，且以附加名称，即在游戏名称不变的情况下增加副标题，或者在游戏名称前增加修饰词，如《新××》，或者在游戏名称后用数字表明版本的变化，如《××2》等进行推广宣传）视为新作品，按照本通知规定，依其所属类别重新履行相应审批手续。

七、已经批准出版的移动游戏变更游戏出版服务单位、游戏名称或

附录：部分涉游戏法规、规章（2009年至2016年12月）

主要运营机构，应提交有关变更材料，经省级出版行政主管部门审核后报国家新闻出版广电总局办理变更手续。

八、移动游戏上网出版运营时，游戏出版服务单位应负责游戏内容完整性，须在游戏开始前、《健康游戏忠告》后，设置专门页面，标明游戏著作权人、出版服务单位、批准文号、出版物号等经国家新闻出版广电总局批准的信息，并严格按照已批准的内容出版运营。游戏出版服务单位负责审核并记录游戏日常更新，对擅自添加不良内容的行为，应及时予以制止；对不配合的，应及时报属地省级出版行政主管部门予以处置。情节严重的，属地省级出版行政主管部门可按相应程序办理游戏出版批准撤销手续，并追究相应责任。

九、移动游戏联合运营单位在联合运营移动游戏时，须核验该移动游戏的审批手续是否完备，相关信息是否标明，不得联合运营未经批准或者相关信息未标明的移动游戏。

十、各类手机、平板电脑等移动智能终端生产和经营单位预装移动游戏时，须核验该移动游戏的审批手续是否完备，相关信息是否标明，不得预装未经批准或者相关信息未标明以及侵权盗版的移动游戏。

十一、各省级出版行政主管部门应配备满足工作需要的人员与技术设备，在30个工作日内完成属地已获批准移动游戏出版情况的监督审查，并将审查结果报国家新闻出版广电总局。

十二、已获批准且涉及异地运营的移动游戏，由受理申请出版该游戏的省级出版行政主管部门按本通知第十一条负责相关监管工作，异地运营机构所在地省级出版行政主管部门应配合进行日常监管。

十三、本通知自2016年7月1日起施行。自施行之日起，未经国家新闻出版广电总局批准的移动游戏，不得上网出版运营。

十四、本通知施行前已上网出版运营的移动游戏（含各类预装移动游戏），各游戏出版服务单位及相关游戏企业应做好相应清理工作，确需继续上网出版运营的，按本通知要求于2016年10月1日前到属地省级出版行政主管部门补办相关审批手续。届时，未补办相关审批手续的，不得继续上网出版运营。

十五、未按照本通知要求履行相关审批手续即上网出版运营的移动游戏,一经发现,相关出版行政执法部门将按非法出版物查处。

十六、请各省级出版行政主管部门根据本通知要求认真组织实施,并及时向国家新闻出版广电总局报告工作进展情况。

附件:出版国产移动游戏作品申请表❶

国家新闻出版广电总局办公厅
2016 年 5 月 24 日

---

❶ 出版国产移动游戏作品申请表在附录中略去,请读者自行下载。——编辑注

附录：部分涉游戏法规、规章（2009年至2016年12月）

关于贯彻落实国务院《"三定"规定》和中央编办有关解释，进一步加强网络游戏前置审批和进口网络游戏审批管理的通知

新出联〔2009〕13号

各省、自治区、直辖市新闻出版局（版权局）及"扫黄打非"工作领导小组办公室，新疆生产建设兵团新闻出版局（版权局）及"扫黄打非"工作领导小组办公室，解放军总政治部宣传部新闻出版局（版权局）：

  2008年7月11日，国务院办公厅发出《关于印发国家新闻出版总署（国家版权局）主要职责内设机构和人员编制规定的通知》（国办发〔2008〕90号，以下简称《"三定"规定》），2009年9月7日，中央编办发出《关于印发〈中央编办对文化部、广电总局、新闻出版总署《"三定"规定》中有关动漫、网络游戏和文化市场综合执法的部分条文的解释〉的通知》（中央编办发〔2009〕35号）（以下简称《"三定"解释》），对于解决长期以来在网络游戏管理中存在的自设审批、重复审查的问题，对于新闻出版总署依法履行对网络游戏的审批管理职责，对于严把网络游戏内容关、引导网络游戏开发、规范网络游戏管理具有重要意义。

  为认真贯彻落实中央和国务院的决定，依据国务院《互联网信息服务管理办法》和《出版管理条例》，中宣部等六部委《关于加强文化产品进口管理的办法》（中宣发〔2005〕15号），文化部、国家广电总局、新闻出版总署、国家发展和改革委员会、商务部《关于文化领域引进外资的若干意见》（文办发〔2005〕19号），以及国务院《"三定"

规定》和中央编办《"三定"解释》,现就进一步加强网络游戏前置审批和进口网络游戏审批管理通知如下:

一、本《通知》所称网络游戏是指所有通过互联网(包括有线互联网和移动通讯网络等)供公众在线交互使用或提供下载的互联网游戏作品。主要包括但不限于:大型角色扮演类网络游戏(MMORPG)、网页游戏(Webgame)、休闲游戏、单机游戏的网上下载、具有联网功能的游戏、联网的对战游戏平台、手机网络游戏。

进口网络游戏是指经境外著作权人授权的互联网游戏作品。

二、将网络游戏内容通过互联网向公众提供在线交互使用或下载等运营服务是网络游戏出版行为,必须严格按照国家法规履行前置审批。新闻出版总署是中央和国务院授权的唯一负责网络游戏前置审批的政府部门。

未经新闻出版总署前置审批并获得具有网络游戏经营范围的互联网出版许可证,任何机构和个人不得从事网络游戏运营服务。否则新闻出版管理部门将依法予以取缔,同时通知电信管理部门取消其相应增值电信业务经营许可证,通知工商行政管理部门依法变更登记或注销登记。

未经新闻出版总署前置审批的网络游戏,一律不得上网,电信运营企业也不得为其提供互联网接入服务。对经新闻出版总署前置审批过的网络游戏,可以上网使用,任何部门不再重复审查,文化、电信等管理部门应严格按新闻出版总署前置审批的内容管理。

未经新闻出版总署前置审批上网运营或审批后擅自改变内容的网络游戏,新闻出版总署将通知有关地方新闻出版管理部门责令其停止运营服务,并依法予以查处。

三、新闻出版总署负责进口网络游戏审批。所有在中国境内运营的进口网络游戏必须事先依法取得著作权人的授权,并办理著作权认证手续,在取得著作权行政管理部门出具的《著作权合同登记批复》后,由运营单位向所在地省级新闻出版局申报,经省级新闻出版局审核同意后报新闻出版总署审批。

附录：部分涉游戏法规、规章（2009年至2016年12月）

对未经新闻出版总署审批，擅自在中国境内提供进口网络游戏运营服务，或为境外网络游戏在中国境内提供运营推广服务的，新闻出版总署将通知有关地方新闻出版管理部门依法予以取缔，停止其运营，并通知电信管理部门取消其互联网接入服务，关闭相关网站。

从事未经境外著作权人合法授权的进口网络游戏运营，属于侵权盗版行为，国家版权局将会同电信、工商等管理部门依据《中华人民共和国著作权法》，以及国务院《信息网络传播权保护条例》等法律法规，立案查处。涉嫌犯罪的将移交公安机关依法追究刑事责任。

四、禁止外商以独资、合资、合作等方式在中国境内投资从事网络游戏运营服务。外商不得通过设立其他合资公司、签订相关协议或提供技术支持等间接方式实际控制和参与境内企业的网络游戏运营业务。也不得通过将用户注册、账号管理、点卡消费等直接导入由外商实际控制或具有所有权的游戏联网、对战平台等方式，变相控制和参与网络游戏运营业务。违反规定的，新闻出版总署将会同国家有关部门依法查处，情节严重者将吊销相关许可证、注销相关登记。

五、经新闻出版总署前置审批或进口审批过的网络游戏，变更运营单位的，须重新办理前置审批或进口审批手续，自运营单位变更之日起至重新获得批准期间，网络游戏应停止一切运营服务。违者，按非法网络出版处理。

六、经新闻出版总署前置审批或进口审批过的网络游戏，增加新版本、新资料片或更新内容，必须重新履行前置审批或进口审批手续。对未经新闻出版总署前置审批或进口审批，擅自运营新版本、新资料片或更新内容的，新闻出版总署将取消原前置审批或进口审批文件，通知有关地方新闻出版管理部门依法责令其停止运营服务，按非法网络出版予以查处。对擅自增加新版本、新资料片或更新内容，且增加或更新内容存在违法违规问题的，将从重处理，通知电信管理部门取消相关接入服务，关闭网站。

各地方新闻出版、版权、"扫黄打非"工作部门，接到本通知后，应立即将本通知转发本地各有关管理部门、企业，并在10月，集中力量联合组织一次对网络游戏审批和运营服务的全面清理工作,对违法违规问题,要依法严肃查处。

新闻出版总署

国家版权局

全国"扫黄打非"工作小组办公室

二〇〇九年九月二十八日

附录：部分涉游戏法规、规章（2009年至2016年12月）

网络游戏管理暂行办法

第一章 总 则

第一条 为加强网络游戏管理，规范网络游戏经营秩序，维护网络游戏行业的健康发展，根据《全国人民代表大会常务委员会关于维护互联网安全的决定》和《互联网信息服务管理办法》以及国家法律法规有关规定，制定本办法。

第二条 从事网络游戏研发生产、网络游戏上网运营、网络游戏虚拟货币发行、网络游戏虚拟货币交易服务等形式的经营活动，适用本办法。

本办法所称网络游戏是指由软件程序和信息数据构成，通过互联网、移动通信网等信息网络提供的游戏产品和服务。

网络游戏上网运营是指通过信息网络，使用用户系统或者收费系统向公众提供游戏产品和服务的经营行为。

网络游戏虚拟货币是指由网络游戏经营单位发行，网络游戏用户使用法定货币按一定比例直接或者间接购买，存在于游戏程序之外，以电磁记录方式存储于服务器内，并以特定数字单位表现的虚拟兑换工具。

第三条 国务院文化行政部门是网络游戏的主管部门，县级以上人民政府文化行政部门依照职责分工负责本行政区域内网络游戏的监督管理。

第四条 从事网络游戏经营活动应当遵守宪法、法律、行政法规，坚持社会效益优先，保护未成年人优先，弘扬体现时代发展和社会进步的思想文化和道德规范，遵循有利于保护公众健康及适度游戏的原则，依法维护网络游戏用户的合法权益，促进人的全面发展与社会和谐。

第五条 网络游戏行业协会等社团组织应当接受文化行政部门的指

导,依照法律、行政法规及章程制定行业自律规范,加强职业道德教育,指导、监督成员的经营活动,维护成员的合法权益,促进公平竞争。

第二章 经营单位

第六条 从事网络游戏上网运营、网络游戏虚拟货币发行和网络游戏虚拟货币交易服务等网络游戏经营活动的单位,应当具备以下条件,并取得《网络文化经营许可证》:

(一) 单位的名称、住所、组织机构和章程;

(二) 确定的网络游戏经营范围;

(三) 符合国家规定的从业人员;

(四) 不低于1 000万元的注册资金;

(五) 符合法律、行政法规和国家有关规定的条件。

第七条 申请《网络文化经营许可证》,应当向省、自治区、直辖市文化行政部门提出申请。省、自治区、直辖市文化行政部门自收到申请之日起20日内做出批准或者不批准的决定。批准的,核发《网络文化经营许可证》,并向社会公告;不批准的,应当书面通知申请人并说明理由。

《网络文化经营许可证》有效期为3年。有效期届满,需继续从事经营的,应当于有效期届满30日前申请续办。

第八条 获得《网络文化经营许可证》的网络游戏经营单位变更网站名称、网站域名或者法定代表人、注册地址、经营地址、注册资金、股权结构以及许可经营范围的,应当自变更之日起20日内向原发证机关办理变更手续。

网络游戏经营单位应当在企业网站、产品客户端、用户服务中心等显著位置标示《网络文化经营许可证》等信息;实际经营的网站域名应当与申报信息一致。

附录：部分涉游戏法规、规章（2009年至2016年12月）

第三章 内容准则

第九条 网络游戏不得含有以下内容：

（一）违反宪法确定的基本原则的；

（二）危害国家统一、主权和领土完整的；

（三）泄露国家秘密、危害国家安全或者损害国家荣誉和利益的；

（四）煽动民族仇恨、民族歧视，破坏民族团结，或者侵害民族风俗、习惯的；

（五）宣扬邪教、迷信的；

（六）散布谣言，扰乱社会秩序，破坏社会稳定的；

（七）宣扬淫秽、色情、赌博、暴力，或者教唆犯罪的；

（八）侮辱、诽谤他人，侵害他人合法权益的；

（九）违背社会公德的；

（十）有法律、行政法规和国家规定禁止的其他内容的。

第十条 国务院文化行政部门负责网络游戏内容审查，并聘请有关专家承担网络游戏内容审查、备案与鉴定的有关咨询和事务性工作。

经有关部门前置审批的网络游戏出版物，国务院文化行政部门不再进行重复审查，允许其上网运营。

第十一条 国务院文化行政部门依法对进口网络游戏进行内容审查。进口网络游戏应当在获得国务院文化行政部门内容审查批准后，方可上网运营。申请进行内容审查需提交下列材料：

（一）进口网络游戏内容审查申报表；

（二）进口网络游戏内容说明书；

（三）中、外文文本的版权贸易或者运营代理协议、原始著作权证明书和授权书的副本或者复印件；

（四）申请单位的《网络文化经营许可证》和《营业执照》复印件；

（五）内容审查所需的其他文件。

第十二条 申报进口网络游戏内容审查的，应当为依法获得独占性授权的网络游戏运营企业。

批准进口的网络游戏变更运营企业的，由变更后的运营企业，按照本办法第十一条的规定，向国务院文化行政部门重新申报。

经批准的进口网络游戏应当在其运营网站指定位置及游戏内显著位置标明批准文号。

第十三条 国产网络游戏在上网运营之日起30日内应当按规定向国务院文化行政部门履行备案手续。

已备案的国产网络游戏应当在其运营网站指定位置及游戏内显著位置标明备案编号。

第十四条 进口网络游戏内容上网运营后需要进行实质性变动的，网络游戏运营企业应当将拟变更的内容报国务院文化行政部门进行内容审查。

国产网络游戏内容发生实质性变动的，网络游戏运营企业应当自变更之日起30日内向国务院文化行政部门进行备案。

网络游戏内容的实质性变动是指在网络游戏故事背景、情节语言、地名设置、任务设计、经济系统、交易系统、生产建设系统、社交系统、对抗功能、角色形象、声音效果、地图道具、动作呈现、团队系统等方面发生显著变化。

第十五条 网络游戏运营企业应当建立自审制度，明确专门部门，配备专业人员负责网络游戏内容和经营行为的自查与管理，保障网络游戏内容和经营行为的合法性。

第四章 经营活动

第十六条 网络游戏经营单位应当根据网络游戏的内容、功能和适用人群，制定网络游戏用户指引和警示说明，并在网站和网络游戏的显著位置予以标明。

以未成年人为对象的网络游戏不得含有诱发未成年人模仿违反社会公德的行为和违法犯罪的行为的内容，以及恐怖、残酷等妨害未成年人身心健康的内容。

网络游戏经营单位应当按照国家规定，采取技术措施，禁止未成年人接触不适宜的游戏或者游戏功能，限制未成年人的游戏时间，预防未成年人沉迷网络。

第十七条　网络游戏经营单位不得授权无网络游戏运营资质的单位运营网络游戏。

第十八条　网络游戏经营单位应当遵守以下规定：

（一）不得在网络游戏中设置未经网络游戏用户同意的强制对战；

（二）网络游戏的推广和宣传不得含有本办法第九条禁止内容；

（三）不得以随机抽取等偶然方式，诱导网络游戏用户采取投入法定货币或者网络游戏虚拟货币方式获取网络游戏产品和服务。

第十九条　网络游戏运营企业发行网络游戏虚拟货币的，应当遵守以下规定：

（一）网络游戏虚拟货币的使用范围仅限于兑换自身提供的网络游戏产品和服务，不得用于支付、购买实物或者兑换其他单位的产品和服务；

（二）发行网络游戏虚拟货币不得以恶意占用用户预付资金为目的；

（三）保存网络游戏用户的购买记录。保存期限自用户最后一次接受服务之日起，不得少于180日；

（四）将网络游戏虚拟货币发行种类、价格、总量等情况按规定报送注册地省级文化行政部门备案。

第二十条　网络游戏虚拟货币交易服务企业应当遵守以下规定：

（一）不得为未成年人提供交易服务；

（二）不得为未经审查或者备案的网络游戏提供交易服务；

（三）提供服务时，应保证用户使用有效身份证件进行注册，并绑定与该用户注册信息相一致的银行账户；

（四）接到利害关系人、政府部门、司法机关通知后，应当协助核实交易行为的合法性。经核实属于违法交易的，应当立即采取措施终止交易服务并保存有关纪录；

(五)保存用户间的交易记录和账务记录等信息不得少于180日。

第二十一条 网络游戏运营企业应当要求网络游戏用户使用有效身份证件进行实名注册,并保存用户注册信息。

第二十二条 网络游戏运营企业终止运营网络游戏,或者网络游戏运营权发生转移的,应当提前60日予以公告。网络游戏用户尚未使用的网络游戏虚拟货币及尚未失效的游戏服务,应当按用户购买时的比例,以法定货币退还用户或者用户接受的其他方式进行退换。

网络游戏因停止服务接入、技术故障等网络游戏运营企业自身原因连续中断服务超过30日的,视为终止。

第二十三条 网络游戏经营单位应当保障网络游戏用户的合法权益,并在提供服务网站的显著位置公布纠纷处理方式。

国务院文化行政部门负责制定《网络游戏服务格式化协议必备条款》。网络游戏运营企业与用户的服务协议应当包括《网络游戏服务格式化协议必备条款》的全部内容,服务协议其他条款不得与《网络游戏服务格式化协议必备条款》相抵触。

第二十四条 网络游戏经营单位根据法律法规或者服务协议停止为网络游戏用户提供服务的,应当提前告知用户并说明理由。

第二十五条 网络游戏经营单位发现网络游戏用户发布违法信息的,应当依照法律规定或者服务协议立即停止为其提供服务,保存有关记录并向有关部门报告。

第二十六条 网络游戏经营单位在网络游戏用户合法权益受到侵害或者与网络游戏用户发生纠纷时,可以要求网络游戏用户出示与所注册的身份信息相一致的个人有效身份证件。审核真实的,应当协助网络游戏用户进行取证。对经审核真实的实名注册用户,网络游戏经营单位负有向其依法举证的责任。

双方出现争议经协商未能解决的,可依法申请仲裁或者向人民法院提起诉讼。

第二十七条 任何单位不得为违法网络游戏经营活动提供网上支付服务。为违法网络游戏经营活动提供网上支付服务的,由文化行政部门或者文化市场综合执法机构通报有关部门依法处理。

第二十八条 网络游戏运营企业应当按照国家规定采取技术和管理措施保证网络信息安全，包括防范计算机病毒入侵和攻击破坏，备份重要数据库，保存用户注册信息、运营信息、维护日志等信息，依法保护国家秘密、商业秘密和用户个人信息。

第五章 法律责任

第二十九条 违反本办法第六条的规定，未经批准，擅自从事网络游戏上网运营、网络游戏虚拟货币发行或者网络游戏虚拟货币交易服务等网络游戏经营活动的，由县级以上文化行政部门或者文化市场综合执法机构依据《无照经营查处取缔办法》的规定予以查处。

第三十条 网络游戏经营单位有下列情形之一的，由县级以上文化行政部门或者文化市场综合执法机构责令改正，没收违法所得，并处10 000元以上30 000元以下罚款；情节严重的，责令停业整顿直至吊销《网络文化经营许可证》；构成犯罪的，依法追究刑事责任：

（一）提供含有本办法第九条禁止内容的网络游戏产品和服务的；

（二）违反本办法第八条第一款规定的；

（三）违反本办法第十一条的规定，上网运营未获得文化部内容审查批准的进口网络游戏的；

（四）违反本办法第十二条第二款的规定，进口网络游戏变更运营企业未按照要求重新申报的；

（五）违反本办法第十四条第一款的规定，对进口网络游戏内容进行实质性变动未报送审查的。

第三十一条 网络游戏经营单位违反本办法第十六条、第十七条、第十八条规定的，由县级以上文化行政部门或者文化市场综合执法机构责令改正，没收违法所得，并处10 000元以上30 000元以下罚款。

第三十二条 网络游戏运营企业发行网络游戏虚拟货币违反本办法第十九条第一、二项规定的，由县级以上文化行政部门或者文化市场综合执法机构责令改正，并可根据情节轻重处30 000元以下罚款；违反本办法第十九条第三、四项规定的，由县级以上文化行政部门或者文化市场综合执法机构责令改正，并可根据情节轻重处20 000元以下罚款。

第三十三条　网络游戏虚拟货币交易服务企业违反本办法第二十条第一项规定的，由县级以上文化行政部门或者文化市场综合执法机构责令改正，并处30 000元以下罚款；违反本办法第二十条第二、三项规定的，由县级以上文化行政部门或者文化市场综合执法机构责令改正，并可根据情节轻重处30 000元以下罚款；违反本办法第二十条第四、五项规定的，由县级以上文化行政部门或者文化市场综合执法机构责令改正，并可根据情节轻重处20 000元以下罚款。

第三十四条　网络游戏运营企业违反本办法第十三条第一款、第十四条第二款、第十五条、第二十一条、第二十二条、第二十三条第二款规定的，由县级以上文化行政部门或者文化市场综合执法机构责令改正，并可根据情节轻重处20 000元以下罚款。

第三十五条　网络游戏经营单位违反本办法第八条第二款、第十二条第三款、第十三条第二款、第二十三条第一款、第二十五条规定的，由县级以上文化行政部门或者文化市场综合执法机构责令改正，并可根据情节轻重处10 000元以下罚款。

第六章　附　　则

第三十六条　本办法所称文化市场综合执法机构是指依照国家有关法律、法规和规章的规定，相对集中地行使文化领域行政处罚权以及相关监督检查权、行政强制权的行政执法机构。

第三十七条　文化行政部门或者文化市场综合执法机构查处违法经营活动，依照实施违法经营行为的企业注册地或者企业实际经营地进行管辖；企业注册地和实际经营地无法确定的，由从事违法经营活动网站的信息服务许可地或者备案地进行管辖；没有许可或者备案的，由该网站服务器所在地管辖；网站服务器设置在境外的，由违法行为发生地进行管辖。

第三十八条　网络游戏的网上出版前置审批和出版境外著作权人授

权的互联网游戏作品的审批,按照《中央编办对文化部、广电总局、新闻出版总署〈"三定"规定〉中有关动漫、网络游戏和文化市场综合执法的部分条文的解释》(中央编办发〔2009〕35号)的规定,由有关部门依据相关法律法规管理。

第三十九条 本办法自二〇一〇年八月一日起施行。

文化部关于改进和加强网络游戏内容管理工作的通知

各省、自治区、直辖市文化厅（局），新疆生产建设兵团文化局，北京市、天津市、上海市、重庆市文化市场行政执法总队：

近年来，我国网络游戏市场快速发展，在满足人民群众多样化精神文化需求、促进文化产业发展等方面起到了重要作用。但与此同时，网络游戏原创精品不足、产品结构单一、文化内涵较低问题严重制约了中国网络游戏的健康发展。特别是一些网络游戏企业受利益驱动，片面追求游戏粘着力，甚至以血腥、暴力、色情、赌博等低俗和违法违规内容吸引用户，给消费者尤其是未成年人身心健康带来不利影响。为切实改进和加强网络游戏内容管理，落实网络游戏管理责任，现就有关事项通知如下：

一、建立网络游戏经营单位自我约束机制

（一）树立正确的文化价值取向，提高网络游戏产品的文化内涵。网络游戏产品和服务承担着娱乐、审美、教育、交流等重要的文化使命和社会责任。网络游戏经营单位应当将社会效益放在首位，在游戏的研发运营中以社会主义核心价值体系为指导，增强产品的文化内涵，大力弘扬时代精神和民族优秀文化，为实现人的全面发展与社会和谐服务。

（二）改进游戏规则，调整产品结构。网络游戏企业要根据国家文化发展需要和市场走向，创新游戏规则，丰富游戏内容，调整产品结构，改变以"打怪升级"为主导的游戏模式，对游戏玩家之间的"PK系统"、"婚恋系统"等进行更加严格的限制，采取技术措施，加强对未成年玩家的注册指导和游戏时间限制。

（三）专设机构人员负责产品内容自审自查。网络游戏运营单位要设立专门的内容自审机构负责游戏产品内容的管理，组织产品策划、研发、运营人员进行政策法规培训，提高相关人员的法律意识和社会责任意识。在网络游戏产品研发、申报、上线运营前对产品内容进行自审自查，保障网络游戏产品内容的合法性。内容自审机构的负责人应由经过文化部门培训的人员担任。

（四）健全企业负责人培训考核制度。文化部将制定《经营性互联网文化单位负责人培训考核纲要》，在两年内对包括网络游戏企业在内的网络文化企业负责人及研发、运营部门负责人进行培训考核，将国家的管理要求内化到企业管理之中。

二、完善网络游戏内容监管制度

（五）加强对进口和国产网络游戏内容的审查备案管理。文化部将进一步调整充实网络游戏内容审查机构和人员，完善网络游戏审查技术要求和工作流程，并根据网络游戏产品发展变化，修改完善内容审查细则。

（六）实施网络游戏研发技术引导工程。制定技术标准，建设游戏开发及工程管理规范，为国产原创网络游戏提供必要的技术支撑，带动国产精品网络游戏的研发生产。评选社会效益和经济效益良好的优秀网络游戏产品，鼓励思想性强、趣味丰富、具有教育意义的网络游戏开发运营。

（七）落实网络游戏经营主体属地管理。省级文化行政部门要对本行政区域内从事网络游戏经营活动的企业开展一次全面的梳理，一是要实地检查其是否取得文化部核发的《网络文化经营许可证》、是否严格按照许可证载明的经营范围进行经营；二是要实地检查网络游戏经营单位是否按照有关规定履行网络游戏产品审批或备案手续、落实内容自审制度、运营规范制度；三是要加强对网络游戏经营单位经营管理人员、内容审查人员的政策指导，分期分批开展法律法规和相关业务培训；四是要严格审查申请从事网络游戏经营活动单位的资质，在初审工作中加强注册资本及股东结构的审核，对申请网络游戏经营资质的企业要在营业执照、章程以及股东证明材料、注册资金等方面加强审验；凡不符合

《互联网文化管理暂行规定》所要求条件的，一律不予受理。

（八）加强网络游戏产品内容的跟踪监管。省级文化行政部门要对本行政区域内网络游戏经营单位的网络游戏产品运营情况逐一进行网上巡查，巡查内容包括：网络游戏故事背景、情节语言、地名设置、任务设计、经济系统、交易系统、生产建设系统、社交系统、客服系统、对抗功能、角色形象、声音效果、地图道具、动作呈现、团队系统等方面，产品内容不得含有《互联网文化管理暂行规定》或其他法律法规所禁止的内容。检查中发现的有关问题及时上报。

（九）突出重点，坚决封堵违法网络游戏。各省级文化行政部门和文化市场综合执法机构要重点查处以下违法网络游戏及其经营行为：利用互联网对运营的网络游戏产品进行格调低俗的广告宣传和市场推广；运营宣扬低俗、色情、赌博、暴力等内容的网络游戏产品；未经批准，擅自从事网络游戏经营活动；提供未经文化部批准进口的网络游戏产品；运营国产网络游戏产品未按规定备案的；向未成年人提供虚拟货币交易、在用户直接或变相投入现金或网络游戏虚拟货币的前提下，采取随机抽取等偶然方式使用户获取游戏产品和服务的；非法提供网络游戏"私服"、"外挂"等。要积极会同通信管理、工商行政管理等部门，落实对违法经营单位的行政处罚。同时，将行政处罚和技术监管相结合，对提供违法网络游戏的网站通过技术措施予以封堵。

（十）加强管理与执法责任追究。各级文化行政部门和文化市场综合执法机构要落实管理责任制，根据本地区网络文化市场状况配置专门力量，加强互联网文化管理知识技能学习，提升管理人员素质能力，并将网络游戏管理作为工作重点纳入到对综合执法机构的考核之中。

三、强化网络游戏社会监督与行业自律

（十一）完善社会监督制度。各级文化行政部门要建立学校、家长、媒体、社会紧密配合的综合治理机制，充分发挥网吧及网络游戏管理工作协调小组的重要作用，密切配合，形成合力，提升网络游戏监管水平。根据舆情和举报情况，定期组织教育工作者、消费者、有关部门以及新闻媒体等各方面代表对特定网络游戏产品进行评议，并将评议结

果向社会发布。

（十二）加强行业自律。加快筹建全国及地方网络游戏行业协会，建立和完善行业自律公约，引导网络游戏经营单位增强社会责任感，健全内部管理制度，自觉遵守法律法规和社会公德、职业道德，自觉为营造健康文明的网络文化环境作出贡献。

特此通知。

二〇〇九年十一月十三日

关于开展对"私服"、"外挂"专项治理的通知

新出联〔2003〕17号

各省、自治区、直辖市新闻出版局、通信管理局、工商行政管理局、版权局、"扫黄"、"打非"工作领导小组办公室：

根据国务院《互联网信息服务管理办法》和《出版管理条例》，2002年6月，新闻出版总署、信息产业部联合颁布了《互联网出版管理暂行规定》。该规定的颁布，对于规范互联网出版（包括互联网游戏出版）的行业行为起到了积极作用。

但一个时期以来，互联网游戏出版工作中出现的一些问题，引起了互联网游戏出版机构、游戏消费者和政府有关部门的普遍关注。特别是"私服"、"外挂"等违法行为的出现，严重侵害了著作权人、出版机构以及游戏消费者的合法权益，扰乱了互联网游戏出版经营的正常秩序，给国家、企业和消费者造成了巨大经济损失，在社会上产生恶劣影响。

"私服"、"外挂"违法行为是指未经许可或授权，破坏合法出版、他人享有著作权的互联网游戏作品的技术保护措施、修改作品数据、私自架设服务器、制作游戏充值卡（点卡），运营或挂接运营合法出版、他人享有著作权的互联网游戏作品，从而谋取利益、侵害他人利益。"私服"、"外挂"违法行为属于非法互联网出版活动，应依法予以严厉打击。

针对当前"私服"、"外挂"等违法行为蔓延的势头，新闻出版总署、信息产业部、国家工商行政管理总局、国家版权局、全国"扫黄"、"打非"工作小组办公室决定在全国开展打击"私服"、"外挂"的专项治理行动。现将有关事项通知如下：

一、指导思想和行动目标

以"三个代表"重要思想为指导，认真贯彻执行《著作权法》《出

权的进口网络游戏作品,未经新闻出版总署审查批准,一律不得在境内提供出版运营服务。违章将依法予以取缔,停止运营。

三、新闻出版总署是唯一经国务院授权负责境外著作权人授权的进口网络游戏的审批部门,如发现有其他部门越权进行前置审查审批,违法行政,有关企业可以依法向国务院监督部门举报或提起行政诉讼。

四、在境内举办各种游戏的会展交易节庆活动中,凡涉及境外游戏作品的展示、演示、交易、推广等内容的,必须按进口网络游戏审批规定,事先报新闻出版总署审查批准。违者将依法予以取缔,并追究主办、承办单位和相关企业的责任。

五、有关报纸、杂志及网络媒体,不得为上述违规行为和活动进行报道和宣传,同时要发挥舆论监督作用。

六、各地新闻出版部门要加强管理和监督,应根据本《通知》要求,对本地区相关企业和活动进行一次集中清理。对违反国家相关法律法规的行为,要坚决查处纠正,确保网络游戏出版服务业健康有序发展。

二〇〇九年七月一日

关于加强网络游戏虚拟货币管理工作的通知

文市发〔2009〕20号

各省、自治区、直辖市文化厅（局）、商务厅（局），新疆生产建设兵团文化局、商务局，北京市、天津市、上海市、重庆市、宁夏回族自治区文化市场行政执法总队：

近年来，随着网络游戏的迅速发展，网络游戏虚拟货币广泛应用于网络游戏经营服务之中。网络游戏虚拟货币在促进网络游戏产业发展的同时，也带来了新的经济和社会问题。主要体现在：一是用户权益缺乏保障；二是市场行为缺乏监管；三是网络游戏虚拟货币在使用中引发的纠纷不断。

为规范网络游戏市场经营秩序，根据《互联网文化管理暂行规定》《关于进一步加强网吧及网络游戏管理工作的通知》（文市发〔2007〕10号）和《关于规范网络游戏经营秩序查禁利用网络游戏赌博的通知》（公通字〔2007〕3号）等文件精神，经商中国人民银行等部门同意，现就加强网络游戏虚拟货币管理工作通知如下。

一、严格市场准入，加强主体管理

（一）本通知所称的网络游戏虚拟货币，是指由网络游戏运营企业发行，游戏用户使用法定货币按一定比例直接或间接购买，存在于游戏程序之外，以电磁记录方式存储于网络游戏运营企业提供的服务器内，并以特定数字单位表现的一种虚拟兑换工具。网络游戏虚拟货币用于兑换发行企业所提供的指定范围、指定时间内的网络游戏服务，表现为网络游戏的预付充值卡、预付金额或点数等形式，但不包括游戏活动中获得的游戏道具。

（二）文化行政部门要严格市场准入，加强对网络游戏虚拟货币发

附录：部分涉游戏法规、规章（2009年至2016年12月）

行主体和网络游戏虚拟货币交易服务提供主体的管理。从事"网络游戏虚拟货币发行服务"和"网络游戏虚拟货币交易服务"业务的，依据《国务院对确需保留的行政审批项目设定行政许可的决定》（国务院第412号令）和《互联网文化管理暂行规定》管理。凡提供上述两项服务的企业，须符合设立经营性互联网文化单位的有关条件，向企业所在地省级文化行政部门提出申请，省级文化行政部门初审后报文化部审批。"网络游戏虚拟货币发行企业"是指发行并提供虚拟货币使用服务的网络游戏运营企业。"网络游戏虚拟货币交易服务企业"是指为用户间交易网络游戏虚拟货币提供平台化服务的企业。同一企业不得同时经营以上两项业务。

（三）企业申请从事"网络游戏虚拟货币发行服务"业务的，除依法提交相关材料外，须在业务发展报告中提交虚拟货币表现形式、发行范围、单位购买价格、终止服务时的退还方式、用户购买方式（含现金、银行卡、网上支付等购买方式）、用户权益保障措施、技术安全保障措施等内容。

（四）从事"网络游戏虚拟货币交易服务"业务须符合商务主管部门关于电子商务（平台）服务的有关规定。此类企业在提出申请时，除依法提交的材料外，须在业务发展报告中提交服务（平台）模式、用户购买方式（含现金、银行卡、网上支付等购买方式）、用户权益保障措施、用户账号与实名银行账户绑定情况、技术安全保障措施等内容。

（五）已经从事网络游戏虚拟货币发行或交易服务的企业，应在本通知印发之日起3个月内，向文化行政部门申请相关经营业务。逾期未申请的，由文化行政部门按照《互联网文化管理暂行规定》予以查处。文化行政部门批准文件抄送商务部和中国人民银行。

二、规范发行和交易行为，防范市场风险

（六）网络游戏运营企业应当依据自身的经营状况和产品营运情况，适量发行网络游戏虚拟货币。严禁以预付资金占用为目的的恶意发行行为。网络游戏运营企业发行虚拟货币总量等情况，须按季度报送企业所在地省级文化行政部门。

（七）除利用法定货币购买之外，网络游戏运营企业不得采用其他任何方式向用户提供网络游戏虚拟货币。在发行网络游戏虚拟货币时，网络游戏运营企业必须保存用户的充值记录。该记录保存期自用户充值之日起不少于180天。

（八）网络游戏虚拟货币的使用范围仅限于兑换发行企业自身所提供的虚拟服务，不得用以支付、购买实物产品或兑换其他企业的任何产品和服务。

（九）网络游戏运营企业应采取必要的措施和申诉处理程序措施保障用户的合法权益，并在企业向用户提供服务的网站上显著位置进行说明。

（十）用户在网络游戏虚拟货币的使用过程中出现纠纷的，应出示与所注册的身份信息相一致的个人有效身份证件。网络游戏运营企业在核实用户身份后，应提供虚拟货币充值和转移记录，按照申诉处理程序处理。用户合法权益受到侵害时，网络游戏运营企业应积极协助进行取证和协调解决。

（十一）网络游戏运营企业计划终止其产品和服务提供的，须提前60天予以公告。终止服务时，对于用户已经购买但尚未使用的虚拟货币，网络游戏运营企业必须以法定货币方式或用户接受的其他方式退还用户。

网络游戏因停止服务接入、技术故障等网络游戏运营企业自身原因连续中断服务30天的，视为终止。

（十二）网络游戏运营企业不得变更网络游戏虚拟货币的单位购买价格，在新增虚拟货币发行种类时，需根据本通知第三条所列材料内容报文化行政部门备案。

（十三）网络游戏运营企业不支持网络游戏虚拟货币交易的，应采取技术措施禁止网络游戏虚拟货币在用户账户之间的转移功能。

（十四）网络游戏虚拟货币交易服务企业在提供网络游戏虚拟货币相关交易服务时，须规定出售方用户使用有效身份证件进行实名注册，并要求其绑定与实名注册信息一致的境内银行账户。网络游戏虚拟货币交易服务企业必须保留用户间的相关交易记录和账务记录，保留期自交易行为发生之日起不少于180天。

（十五）网络游戏虚拟货币交易服务企业要建立违法交易责任追究制度和技术措施，严格甄别交易信息的真伪，禁止违法交易。在明知网络游戏虚拟货币为非法获取或接到举报并核实的，应及时删除虚假交易信息和终止提供交易服务。

（十六）网络游戏虚拟货币交易服务企业不得为未成年人提供交易服务。

（十七）网络游戏虚拟货币发行企业和交易服务企业应积极采取措施保护个人信息安全，在相关部门依法调查时，必须积极配合，并提供相关记录。

（十八）网络游戏运营企业提供用户间虚拟货币转移服务的，应采取技术措施保留转移记录，相关记录保存时间不少于180天。

三、加强市场监管，严厉打击利用虚拟货币从事赌博等违法犯罪行为

（十九）各地要按照公安部、文化部等部门《关于规范网络游戏经营秩序查禁利用网络游戏赌博的通知》（公通字〔2007〕3号）的要求，配合公安机关从严整治带有赌博色彩的网络游戏，严厉打击利用网络游戏虚拟货币从事赌博的违法犯罪行为。

（二十）网络游戏运营企业不得在用户直接投入现金或虚拟货币的前提下，采取抽签、押宝、随机抽取等偶然方式分配游戏道具或虚拟货币。

（二十一）网络游戏虚拟货币发行和交易服务企业应积极配合管理部门，采取技术手段打击"盗号"、"私服"、"外挂"等。

（二十二）对经文化部认定的网络游戏"私服"、"外挂"网站上提供网上支付服务的，由文化部通报中国人民银行。

四、加大执法力度，净化市场环境

（二十三）对未经许可，擅自从事网络游戏虚拟货币发行和交易服务的企业,由省级以上文化行政部门依据《互联网文化管理暂行规定》予以查处。

(二十四)对违反本通知要求的网络游戏虚拟货币发行和交易服务企业,由文化行政部门、商务主管部门通知其限期整改。逾期未整改的,由有关部门依法予以查处。

(二十五)建立网络游戏虚拟货币管理工作协调机制,加大对"盗号"、"私服"、"外挂"、非法获利、洗钱等违法行为的打击力度。各部门应定期沟通,协调配合,及时通报有关情况,在各自职责范围内做好网络游戏虚拟货币的管理工作。

(二十六)网络游戏运营企业所发行的网络游戏虚拟货币不得与游戏内道具名称重合。网络游戏内道具的管理规定由国务院文化行政部门会同有关部门另行制订。

特此通知。

文化部　商务部
二〇〇九年六月四日

附录：部分涉游戏法规、规章（2009年至2016年12月）

文化部办公厅关于规范进口网络游戏产品内容审查申报工作的公告

根据《国务院对确需保留的行政审批项目设定行政许可的决定》（国务院第412号令）、《国务院办公厅关于印发文化部主要职责内设机构和人员编制规定的通知》（国办发79号）和《互联网文化管理暂行规定》（文化部令第27号发布，第32号修订），文化部负责对进口网络游戏产品进行前置审查。为进一步完善和规范进口网络游戏的报审工作，现就有关事项公告如下：

一、从事进口网络游戏产品运营的企业应严格按照《文化部关于加强网络游戏产品内容审查工作的通知》（文市发14号）的有关规定进行报审。报审的进口网络游戏产品，须为开发完全、与正式运营（或公测）版本一致的产品。

二、进口网络游戏产品在未获得文化部进口网络游戏产品批准文件时，必须符合以下要求：

（一）不得开放用户注册或通过客户端软件直接注册登录服务器；

（二）如需进行游戏技术测试，须采取限额发放激活码的方式，且活跃用户数不得超过2万；

（三）不得以向用户收费或通过商业合作、广告等方式开展经营。

如有违反，文化部将不予受理该款进口网络游戏的申报，并按相关规定处理。

三、企业决定终止进口网络游戏产品经营的，文化部撤销其进口批准文号；变更运营企业的，原进口批准文号自动撤销，由新的运营企业重新向文化部报审。

四、已通过文化部内容审查的进口网络游戏产品，在运营中有实质内容变动的改版或版本升级的，应将新版本报文化部进行内容审查。

五、为方便网络游戏企业报审工作，提高审查效率，"文化部网络游戏内容审查网上申报及进度查询系统"在中国文化市场网（网址：http://www.ccm.gov.cn）已正式启用。

特此公告。

二〇〇九年四月二十四日

附录：部分涉游戏法规、规章（2009年至2016年12月）

文化部办公厅关于立即查处"黑帮"主题非法网络游戏的通知

各省、自治区、直辖市文化厅（局），新疆生产建设兵团文化局，北京市、天津市、上海市、重庆市文化市场行政执法总队：

近来，以"黑帮"为主题的网络游戏在一些网站公然流行，引起社会高度关注。这类游戏违反了《互联网文化管理暂行规定》关于禁止载有"宣扬淫秽、赌博、暴力或教唆犯罪的"、"危害社会公德或者民族优秀文化传统的"内容等有关规定，文化部决定予以查处。现将有关事项通知如下：

一、以"黑帮"为主题的网络游戏，以"黑帮"、"黑社会"、"黑手党"、"江湖"、"教父"、"古惑仔"等为主要题材，突出表现"黑社会"打、杀、抢、奸、骗等反社会行为，渲染血腥暴力，鼓动、教唆游戏用户在游戏中扮演"黑社会"成员，赞美"黑社会"生活，严重威胁、扭曲社会的法制和道德规范，极易对青少年造成不良影响，必须依法禁止和查处。

二、互联网文化单位要迅速进行自查自纠，立即停止运营、宣传和链接本通知要求禁止和查处的非法游戏内容。

三、各级文化行政部门和文化市场行政执法机构要深入贯彻整治互联网低俗之风专项行动和开展文化市场集中整治行动的工作部署，切实加强互联网文化活动的监管。对继续运营、宣传以"黑帮"为主题的非法网络游戏的单位，依法从重处罚。

请及时向文化部文化市场司报送查处情况。

特此通知。

文化部办公厅
二〇〇九年七月二十四日

关于开展对"私服"、"外挂"专项治理的通知

新出联〔2003〕17号

各省、自治区、直辖市新闻出版局、通信管理局、工商行政管理局、版权局、"扫黄"、"打非"工作领导小组办公室：

根据国务院《互联网信息服务管理办法》和《出版管理条例》，2002年6月，新闻出版总署、信息产业部联合颁布了《互联网出版管理暂行规定》。该规定的颁布，对于规范互联网出版（包括互联网游戏出版）的行业行为起到了积极作用。

但一个时期以来，互联网游戏出版工作中出现的一些问题，引起了互联网游戏出版机构、游戏消费者和政府有关部门的普遍关注。特别是"私服"、"外挂"等违法行为的出现，严重侵害了著作权人、出版机构以及游戏消费者的合法权益，扰乱了互联网游戏出版经营的正常秩序，给国家、企业和消费者造成了巨大经济损失，在社会上产生恶劣影响。

"私服"、"外挂"违法行为是指未经许可或授权，破坏合法出版、他人享有著作权的互联网游戏作品的技术保护措施、修改作品数据、私自架设服务器、制作游戏充值卡（点卡），运营或挂接运营合法出版、他人享有著作权的互联网游戏作品，从而谋取利益、侵害他人利益。"私服"、"外挂"违法行为属于非法互联网出版活动，应依法予以严厉打击。

针对当前"私服"、"外挂"等违法行为蔓延的势头，新闻出版总署、信息产业部、国家工商行政管理总局、国家版权局、全国"扫黄"、"打非"工作小组办公室决定在全国开展打击"私服"、"外挂"的专项治理行动。现将有关事项通知如下：

一、指导思想和行动目标

以"三个代表"重要思想为指导，认真贯彻执行《著作权法》《出

附录：部分涉游戏法规、规章（2009年至2016年12月）

版管理条例》《互联网信息服务管理办法》及《互联网出版暂行规定》，将对"私服"、"外挂"等违法行为的专项治理纳入整顿、规范市场经济秩序和"扫黄"、"打非"斗争的整体部署，坚持专项治理行动与日常监管工作相结合，标本兼治，务求实效，保护知识产权，维护著作权人、出版机构及游戏消费者的合法权益，维护互联网游戏出版的正常秩序。

通过开展专项治理行动，依法查办一批"私服"、"外挂"等违法案件，坚决关闭从事"私服"、"外挂"行为的网站，彻底取缔"私服"、"外挂"的客户端光盘和充值卡，坚决查处承接"私服"、"外挂"客户端光盘和充值卡的复制、加工企业，有效遏制"私服"、"外挂"等违法行为蔓延的势头。

二、主要任务和工作重点

（一）清查从事"私服"、"外挂"行为的网站及销售"私服"、"外挂"客户端程序光盘、游戏充值卡的网点。各地要依法对本辖区从事"私服"、"外挂"行为的网站及销售"私服"、"外挂"客户端程序光盘、游戏充值卡的网点予以取缔，没收用于从事"私服"、"外挂"行为的设备和工具，收缴全部"私服"、"外挂"客户端程序光盘、游戏充值卡，对有关责任单位和个人给予相应的处罚。

（二）追查违规光盘复制企业和游戏充值卡加工企业。各地要根据清查工作中所获得的线索，追根溯源，顺藤摸瓜，查清从事"私服"、"外挂"客户端程序光盘复制的复制企业和从事游戏充值卡加工的加工企业，对违规承接复制加工业务的企业依法予以查处。

三、工作要求

（一）加强领导，周密部署。各地要切实加强对此专项治理行动的组织领导，主要领导要亲自抓，责任落实到人，并结合本辖区实际，制定切实可行的实施方案和工作部署，务求标本兼治，措施到位，狠抓落实，取得成效。

（二）掌握政策，依法行政。在这次专项治理行动中，各地有关部门要按照国家有关法律、法规和规章，严格执法，坚决避免有案不查、执法不严或以罚代刑现象的发生，同时注意掌握政策，人争做好被取缔网站的善后工作，维护社会的稳定。

（三）各司其职，密切配合。此次专项治理行动由各地新闻出版、通信、工商、版权局、"扫黄"、"打非"等部门共同组织实施，新闻出版部门负责对涉及从事非法互联网出版的单位和个人进行认定和查处，对违规复制"私服"、"外挂"客户端程序光盘的复制企业进行查处，对市场上销售"私服"、"外挂"充值卡进行收缴；电信管理部门负责对经新闻出版部门认定从事"私服"、"外挂"行为的网站依法进行查处；工商部门负责对违规加工或销售游戏充值卡的加工企业或销售单位进行查处；版权部门负责对涉及侵犯著作权的单位和个人进行认定和查处；"扫黄"、"打非"工作领导小组办公室负责做好协调组织工作。

（四）注重宣传，扩大影响。各地要充分利用新闻媒体，调动各种宣传力量，对专项治理行动进行连续和追踪报道，加强对政策法规、规章制度、治理成果和重大行动的宣传，以求形成有利于专项治理的社会舆论环境。

四、行动步骤

（一）宣传动员阶段（2003年12月20日至12月31日）。各地制定部署行动方案，明确指导思想、行动目标、主要任务、工作重点和工作要求，向执法人员进行相关法规的培训，广泛动员社会力量积极参与治理行动。

（二）治理行动阶段（2004年1月1日至2月29日）。清查从事"私服"、"外挂"客户端程序光盘、游戏充值卡的网点，收缴"私服"、"外挂"客户端程序光盘、游戏充值卡，追查从事"私服"、"外挂"客户端程序光盘复制的复制企业和从事游戏充值卡的技工企业，并对有关责任单位和个人作出处罚。

（三）检查评估阶段（2004年3月1日至3月15日）。各地有关部门夫专项治理行动情况进行检查和评估，总结行动经验，分析存在问题，并将专项治理情况报新闻出版署、信息产业部、国家工商行政管理总局、国家版权局、全国"扫黄"、"打非"工作小组办公室。新闻出

附录：部分涉游戏法规、规章（2009年至2016年12月）

版总署、信息产业部、国家工商行政管理总局、国家版权局、全国"扫黄"、"打非"工作小组办公室将组织联合检查组，对部分地区专项治理情况进行抽查，并对治理成效显著的地区、单位和个人予以表彰，对问题突出、治理不力的地区予以通报批评并限期整改。

新闻出版总署
信息产业部
国家工商行政管理总局
国家版权局
全国"扫黄""打非"工作小组办公室
二〇〇三年十二月二十三日

中央机构编制委员会办公室关于印发《中央编办对文化部、广电总局、新闻出版总署〈"三定"规定〉中有关动漫、网络游戏和文化市场综合执法的部分条文的解释》的通知

中央编办发〔2009〕35号

文化部、广电总局、新闻出版总署:

2008年7月,国务院办公厅分别印发了文化部、国家广播电影电视总局、国家新闻出版总署的《"三定"规定》。《"三定"规定》印发后,三个部门在执行中对有关动漫、网络游戏和文化市场综合执法工作等条文出现了不同的理解。

按照《"三定"规定》由中央编办负责解释的规定,现将经中央领导同志同意的《中央编办对文化部、广电总局、新闻出版总署〈"三定"规定〉中有关动漫、网络游戏和文化市场综合执法的部分条文的解释》送去,请按此解释切实履行各自职责。《"三定"规定》中明确三个部门之间"划出"、"划入"的职责,请务必在年底前完成"划出"、"划入"工作,并将"划出"、"划入"情况向中央编办备案。凡"划出"的,"划出"部门不再对"划出"职责负责;凡"划入"的,"划入"部门要切实负起责任,严格履行职责。三个部门要严格执行《"三定"规定》,各司其职,各负其责,积极配合,相互支持,共同做好工作。

附件:中央编办对文化部、广电总局、新闻出版总署《"三定"规定》中有关动漫、网络游戏和文化市场综合执法的部分条文的解释

二〇〇九年九月七日

附录：部分涉游戏法规、规章（2009年至2016年12月）

中央编办对文化部、广电总局、新闻出版总署《"三定"规定》中有关动漫、网络游戏和文化市场综合执法的部分条文的解释

国务院各部门《"三定"规定》中规定："本规定由中央机构编制委员会办公室负责解释，其调整由中央机构编制委员会办公室按规定程序办理。"按照这一规定，现对文化部、广电总局、新闻出版总署《"三定"规定》中有关动漫、网络游戏和文化市场综合执法的部分条文作出以下解释。

一、动漫管理的有关条文

文化部、广电总局和新闻出版总署《"三定"规定》中规定："文化部负责动漫和网络游戏相关产业规划、产业基地、项目建设、会展交易和市场监管。国家广播电影电视总局负责对影视动漫和网络视听中的动漫节目进行管理。国家新闻出版总署负责在出版环节对动漫进行管理，对游戏出版物的网上出版发行进行前置审批。"按照上述规定，文化部是动漫的主管部门，对动漫进行统一的宏观管理和日常管理，包括相关产业规划、产业基地、项目建设、会展交易和市场监管。

《"三定"规定》中规定："将国家广播电影电视总局动漫（不含影视动漫和网络视听中的动漫节目）管理的职责划入文化部"。按此规定，文化部的统一管理中"不含影视动漫和网络视听中的动漫节目"，"影视动漫和网络视听中的动漫节目"仍由广电总局负责。"影视动漫和网络视听中的动漫节目"是指动漫电影、电视剧，互联网上的动漫电影、电视剧，网络视听中的动漫节目。在文化部对动漫的行业管理下，这三类节目由广电总局负责。

《"三定"规定》还规定"将国家新闻出版总署动漫、网络游戏管

理（不含网络游戏的网上出版前置审批），及相关产业规划、产业基地、项目建设、会展交易和市场监管的职责划入文化部"。划入文化部后，新闻出版总署"负责在出版环节对动漫进行管理"，"出版环节"是指动漫的书、报、刊、音像制品等动漫出版物的审批。

二、网络游戏管理的有关条文

文化部、新闻出版总署《"三定"规定》中规定："文化部负责动漫和网络游戏相关产业规划、产业基地、项目建设、会展交易和市场监管。""国家新闻出版总署负责在出版环节对动漫进行管理，对游戏出版物的网上出版发行进行前置审批。"《"三定"规定》中还明确"将国家新闻出版总署动漫、网络游戏管理（不含网络游戏的网上出版前置审批），及相关产业规划、产业基地、项目建设、会展交易和市场监管的职责划入文化部。"按照上述规定，文化部是网络游戏的主管部门。

在文化部的统一管理下，新闻出版总署负责"网络游戏的网上出版前置审批"。"网络游戏的网上出版"是指网络游戏的出版物，"前置审批"是指在经工业和信息化部门许可通过互联网向上网用户提供服务之前由新闻出版总署对网络游戏出版物进行审批。一旦上网，完全由文化部管理。对经新闻出版总署前置审批过的网络游戏，文化部应允许上网，不再重复审查，并在管理中严格按新闻出版总署前置审批的内容管理；网络游戏出版物未经新闻出版总署前置审批擅自上网的，由文化部负责指导文化市场执法队伍进行查处，新闻出版总署不直接对上网的网络游戏进行处理。

新闻出版总署《"三定"规定》中科技与数字出版司职责中"负责对出版境外著作权人授权的互联网游戏作品进行审批"中的"出版境外著作权人授权的互联网游戏作品"，是指境外著作权人授权的在互联网上网的游戏出版物。新闻出版总署负责对这类出版物进行审批，其他进口网络游戏的审批工作由文化部负责。

三、文化市场综合执法的有关条文

文化部《"三定"规定》中规定：文化部负责"指导文化市场综合执法工作"，文化部文化市场司负责"指导文化市场综合执法，推动副

附录：部分涉游戏法规、规章（2009年至2016年12月）

省级城市和地市级以下文化、广电、新闻出版等部门执法力量的整合"。具体是指：文化部负责指导文化市场的综合执法工作，负责指导副省级城市和地市级以下的文化、广电、新闻出版等部门执法力量的整合，建立统一的文化市场执法力量。文化市场执法工作由统一的文化市场执法力量承担。

文化部关于规范网络游戏运营加强事中事后监管工作的通知

文市发〔2016〕32号

各省、自治区、直辖市文化厅（局），新疆生产建设兵团文化广播电视局，西藏自治区、北京市、天津市、上海市、重庆市文化市场（综合）行政执法总队：

近年来，我国网络游戏行业发展迅速，在促进网络文化市场发展，丰富人民群众文化娱乐活动，扩大和引导文化消费等方面发挥了积极作用。但是，网络游戏经营单位运营责任不清、变相诱导消费、用户权益保护不力等问题日益突出。为进一步规范网络游戏市场秩序，保护消费者和企业合法权益，促进网络游戏行业健康有序发展，根据《互联网信息服务管理办法》、《互联网文化管理暂行规定》、《网络游戏管理暂行办法》等法律法规，现就有关事项通知如下：

一、明确网络游戏运营范围

（一）网络游戏运营是指网络游戏运营企业以开放网络游戏用户注册或者提供网络游戏下载等方式向公众提供网络游戏产品和服务，并通过向网络游戏用户收费或者以电子商务、广告、赞助等方式获取利益的行为。

（二）网络游戏运营企业通过开放用户注册、开放网络游戏收费系统、提供可直接注册登录服务器的客户端软件等方式开展的网络游戏技术测试，属于网络游戏运营。

（三）网络游戏运营企业为其他运营企业的网络游戏产品提供用户系统、收费系统、程序下载及宣传推广等服务，并参与网络游戏运营收益分成，属于联合运营行为，应当承担相应责任。

二、规范网络游戏虚拟道具发行服务

（四）网络游戏运营企业发行的，用户以法定货币直接购买、使用网络游戏虚拟货币购买或者按一定兑换比例获得,且具备直接兑换游戏内其他虚拟道具或者增值服务功能的虚拟道具,按照网络游戏虚拟货币有关规定进行管理。

(五)网络游戏运营企业变更网络游戏版本、增加虚拟道具种类、调整虚拟道具功能和使用期限,以及举办临时性活动时,应当及时在该游戏的官方主页或者游戏内显著位置公示所涉及虚拟道具的名称、功能、定价、兑换比例、有效期限以及相应的赠予、转让或者交易方式等信息。

(六)网络游戏运营企业采取随机抽取方式提供虚拟道具和增值服务的,不得要求用户以直接投入法定货币或者网络游戏虚拟货币的方式参与。网络游戏运营企业应当及时在该游戏的官方网站或者随机抽取页面公示可能抽取或者合成的所有虚拟道具和增值服务的名称、性能、内容、数量及抽取或合成概率。公示的随机抽取相关信息应当真实有效。

(七)网络游戏运营企业应当在游戏的官方网站或者游戏内显著位置公布参与用户的随机抽取结果,并保存相关记录以备相关部门查询,记录保存时间不得少于90日。公布随机抽取结果时,应当采取一定措施保护用户隐私。

(八)网络游戏运营企业以随机抽取方式提供虚拟道具和增值服务时,应当同时为用户提供其他虚拟道具兑换、使用网络游戏虚拟货币直接购买等其他获得相同性能虚拟道具和增值服务的方式。

(九)网络游戏运营企业不得向用户提供网络游戏虚拟货币兑换法定货币或者实物的服务,但是网络游戏运营企业终止提供网络游戏产品和服务,以法定货币方式或者用户接受的其他方式退还用户尚未使用的虚拟货币的情况除外。

(十)网络游戏运营企业不得向用户提供虚拟道具兑换法定货币的服务,向用户提供虚拟道具兑换小额实物的,实物内容及价值应当符合国家有关法律法规的规定。

三、加强网络游戏用户权益保护

（十一）网络游戏运营企业应当要求网络游戏用户使用有效身份证件进行实名注册，并保存用户注册信息；不得为使用游客模式登录的网络游戏用户提供游戏内充值或者消费服务。

（十二）网络游戏运营企业应当限定网络游戏用户在单款游戏内的单次充值金额，并在用户进行充值或者消费时发送要求用户确认的信息。确认信息中应当包括充值或者消费的法定货币或者虚拟货币金额、获得的虚拟道具或者增值服务的名称等内容，以及适度娱乐理性消费等提示语。网络游戏运营企业应当保存用户充值及消费等信息记录不少于180日。

（十三）网络游戏运营企业应当严格落实"网络游戏未成年人家长监护工程"的有关规定。提倡网络游戏经营单位在落实"网络游戏未成年人家长监护工程"基础上，设置未成年用户消费限额，限定未成年用户游戏时间，并采取技术措施屏蔽不适宜未成年用户的场景和功能等。

（十四）网络游戏运营企业应当在游戏内显著位置标明用户权益保障联系方式。网络游戏经营单位在网络游戏用户合法权益受到侵害或者与网络游戏用户发生纠纷时，可以要求网络游戏用户出示与所注册的身份信息相一致的个人有效身份证件。审核真实的，应当协助网络游戏用户进行取证。对经审核真实的实名注册用户，网络游戏经营单位负有向其依法举证的责任。

（十五）网络游戏运营企业要采取有效措施保护用户个人信息，防止用户个人信息泄露、损毁，未经授权不得将用户信息以任何方式向第三方企业或者个人提供。

四、加强网络游戏运营事中事后监管

（十六）各地文化行政部门和文化市场综合执法机构要充分利用网络文化市场执法协作机制，对网络游戏市场全面实施"双随机一公开"监管。要不断提高网络游戏随机抽查工作水平，对投诉举报较多的网络游戏经营单位，要加大随机抽查和日常检查频次，重点监管。要及时向

社会公布查处结果。

（十七）各地文化行政部门和文化市场综合执法机构要依法加强对网络游戏市场的信用监管，按照"谁处罚，谁列入"的原则，将违法违规网络游戏经营单位列入黑名单或者警示名单，并会同有关部门实施联合惩戒，强化对违法违规网络游戏经营单位和相关责任人的信用约束。

（十八）各级文化行政部门和文化市场综合执法机构要加强对辖区内网络游戏经营单位的指导、服务和培训工作。省级文化行政部门要组织和指导企业开展政策法规和业务规范培训，定期检查企业内容自审和运营规范等相关制度执行情况，及时为网络游戏经营单位提供行政指导。

五、严肃查处违法违规运营行为

（十九）网络游戏运营企业从事本通知第（一）、（二）、（三）项规定的活动，运营未取得批准文号或者逾期未取得备案编号的网络游戏的，由县级以上文化行政部门或者文化市场综合执法机构按照《网络游戏管理暂行办法》第三十条、第三十四条予以查处；提供网络游戏下载，或者以电子商务、广告、赞助等方式获取利益的，按照《互联网文化管理暂行规定》第二十七条、第二十八条予以查处。

（二十）网络游戏运营企业从事本通知第（四）项规定的网络游戏虚拟货币发行服务的，应当遵守《网络游戏管理暂行办法》第六条、第十八条、第十九条、第二十二条的有关规定，违反相关规定的，由县级以上文化行政部门或者文化市场综合执法机构按照《网络游戏管理暂行办法》予以查处。

（二十一）网络游戏运营企业违反本通知第（五）、（六）、（七）、（八）项有关规定的，由县级以上文化行政部门或者文化市场综合执法机构按照《网络游戏管理暂行办法》第三十一条予以查处。

（二十二）网络游戏运营企业违反本通知第（九）项有关规定的，由县级以上文化行政部门或者文化市场综合执法机构按照《网络游戏管理暂行办法》第三十二条予以查处。

(二十三）网络游戏运营企业违反本通知第（十）项有关规定的，由县级以上文化行政部门或者文化市场综合执法机构按照《网络游戏管理暂行办法》第三十条予以查处。

(二十四）网络游戏运营企业违反本通知第（十一）项有关规定的，由县级以上文化行政部门或者文化市场综合执法机构按照《网络游戏管理暂行办法》第三十四条予以查处。

(二十五）网络游戏运营企业违反本通知第（十三）项有关规定的，由县级以上文化行政部门或者文化市场综合执法机构按照《网络游戏管理暂行办法》第三十一条予以查处。

(二十六）网络游戏经营单位违反本通知第（十二）、（十四）项有关规定的，由县级以上文化行政部门或者文化市场综合执法机构按照《网络游戏管理暂行办法》第三十五条予以查处。

本通知自 2017 年 5 月 1 日起施行。

特此通知。

文化部
2016 年 12 月 1 日